JN098264

グラフィック経営学ライブラリ ⑤

グラフィック
ヒューマン・リソース・マネジメント

守島基博・島貫智行 編著

鳥取部真己・初見康行・江夏幾多郎・西村孝史
中野浩一・林　有珍・佐藤佑樹 著

新世社

ライブラリ編者のことば

　社会においては，自治体，企業，その他の組織体が中心となって動いており，多くの人々がこれらに関わり，その生活は成り立っている。これらの組織体の運営を効率的・効果的に行うための考え方・原理を究明する学問が経営学であり，いわゆる社会科学の一分野となる。経営学の主な対象は企業だが，それと関わる人々も対象となっている。最近では経済学も行動経済学など類似領域が登場して来ているが，経営学の方が扱う範囲に多様性があり，かつ実践的だと言えよう。

　経営学のより具体的な内容としては，企業などが事業の継続に必要な，人，モノ，カネ，情報などの経営資源をうまく配分し，製品やサービスなどを生み出し，それを市場において対価と交換して，再び経営資源に変えることにより，永続しようとするための考え方が中心である。

　なぜ経営学を学ぶかというと，混沌とした状態を解明し，その構造を明らかにし，どう対応すれば良いかの方針を指し示してくれることが多いからだ。卑近な例えでは，料理をするにしてもどうすれば美味しくなるかには一定の知識が必要である。つまり，過去の料理の歴史やどのように料理を作れば美味しくなるかの理論がいる。そして料理を食べる人々の好みを知る必要がある。費用がいくらかかるかを整理する必要もあるなどだ。そしてこれらをうまく組み合わせることにより，食べる人の喜ぶ美味しい料理を，想定内のコストや時間で作り出すことができる。料理と同様に経営にも多様な領域がある。企業などを対象として，これらの領域をミックスして組織体を管理・運営するものだ。何も知らずに管理・運営に関わっていくことは可能だが難しい。経営学の基本を学べば正しい判断を時間効率よく行える可能性が高まっていくのである。

　この「グラフィック経営学ライブラリ」の特徴は，わかりやすく，楽しく学べるが統一的な視点となっている。見開きページの左側に解説があり，右側に図，表が来ていて，直観的な理解を促進してくれる。解説を読み，理解する左脳と図表で直観的に把握する右脳，両方のサポートで理解を促す。ただし図表を多用し，理解しやすいテキストを書くのは執筆者にとって実は大変なのである。読者対象となる学生やビジネスマンなどの方々は，各執筆者と編者の努力の結実をしっかり楽しみ，かつ学んで頂ければ幸いである。

上田　隆穂

はしがき

　本書が出版される 2023 年，ヒューマン・リソース・マネジメント（HRM）は，大きな転換期にある。企業の経営環境は変化し，その結果として，企業の経営戦略も変わっている。同時に，働き手は，生産年齢人口の減少で量的に少なくなり，同時に価値観の変化・多様化により質的にも変化している。さらに，直近で大きな影響を与えたのは，2020 年春から始まった新型コロナウイルス（COVID–19）の感染拡大である。テレワークや在宅勤務などの新たな働き方が急速に導入され，この動きは，労働形態や組織のあり方だけではなく，人々の価値観までも変えようとしている。

　こうした環境変化のなかで企業の成長を支え，働く人の生活を維持し向上させていくために，HRM は変化を余儀なくされている。第 1 章で紹介されるこれまでの典型的な日本企業の HRM のあり方は，過去の経営環境には適合的だった。だが，未来の経営環境で，同じシステムが，どこまで有効なのかは，残念ながら，わからない。大掛かりな変革も含め模索が続いている。

　ただ，考えてみると，わが国の HRM は，常に変化を繰り返してきた歴史を持っている。第二次世界大戦終了後に生まれたいわゆる年功的な人事制度が，1950 年代の終わりから始まった高度成長期において変化を余儀なくされ，本書でも紹介される職能資格制度などの新たな仕組みが導入された。さらに，1990 年代終わりのいわゆるバブル経済の崩壊によって再び変化が起こっている。このとき導入されたのが，いわゆる成果主義と呼ばれる評価・処遇制度である。どの時期にも，このままでは HRM の有効性が失われるという，現在と似たような議論がなされ，HRM の仕組みは変わってきた。

　その意味で，HRM は生き物なのである。企業の変化と働く人の変化，他にも法律の改正や技術革新などに適応するために変わることが HRM には求められる。

　だが，ここで重要なのは，そうした変化を通じて，本質というか原理原則を見失ってはいけないことである。例えば，HRM は単に企業に貢献するだ

けでは不十分であって，同時に働く人のキャリアを支援し，人生を豊かにするものでなければならないという点や，評価・処遇制度は，従業員の優劣を決めるだけではなく，一人ひとりの能力と業績の成長を促進するものであるという点である。さらには，人材育成とは，企業が経営目的を達成するために働く人の能力を開発する HRM 活動だが，個人にとっても，人材としての価値を高め，報酬を上げ，成長を支援し，自己有能感を高める価値を持つことなども挙げられる。全て本書の各章に埋め込まれたメッセージである。

本書では，各章で可能な限りこうした原理原則を書き留めようとした。これからも変化し続ける HRM で，不変なもの，普遍なものを書き留めようとしたのである。使われる言葉は，変わるかもしれない。例えば，「ワーク・ライフ・バランス」という用語は，20 年前の HRM の教科書には登場しなかったかもしれない。でも，ワークとノンワークをともに充実させることで，人生（ライフ）を充実させていくという基本的な原則は，常に存在したのである。

私たちの望みは，今後変化する HRM の仕組を設計し，構築する人たちが，こうした原理原則を忘れないで欲しいということである。原理原則を忘れると，過去私たちの先人が作ってきたような有効な HRM の体系はできないかもしれない。

本書のもう一つの特徴は，私を除く 8 人の筆者が，一橋大学の大学院商学研究科（当時）の守島基博研究室から巣立った研究者だということである。その 1 人である，島貫智行君が，私と一緒に編集の労をとってくれた。いや，ほぼ彼が一人で編集してくれたのである。

執筆してくれた，鳥取部真己君，初見康行君，江夏幾多郎君，西村孝史君，中野浩一君，イム・ユジン君，佐藤佑樹君は，全て現在若手または中堅の HRM 研究者として立派に活躍している人達である。このような仲間が，次世代の HRM を担ってくれるのは，私にとって大きな誇りであり喜びである。皆さんありがとう。読者の皆さんも彼らが奏でる "協奏曲" を楽しんで HRM を学んでほしい。

2023 年 1 月

著者を代表して，学習院大学 守島　基博

目　次

第1章

企業経営とヒューマン・リソース・マネジメント (HRM)

◆ 本章のねらい

本章では，以下の点について学んでいきます。

・ヒューマン・リソース・マネジメント（HRM）とは何か。

・HRM の目的と特徴は何か。

・HRM にはどのような機能があるか。

・HRM の実践者にはどのような組織や人たちがいるか。

・日本企業の HRM の特徴は何か。現在までにどのような変化
が生じているか。

◆ キーワード

HRM，人的資源の価値，機能，人事部，職場の管理者，長期
雇用慣行

1.1 HRM とは

　私たちの日常生活を取り巻く製品やサービスは，企業の活動により提供されています。企業活動に必要な経営資源にはヒト・モノ・カネ・情報の4つがあり，このなかのヒト（人材）という資源，すなわち人的資源を確保し活用する全ての活動を，ヒューマン・リソース・マネジメント（Human Resource Management，HRM），日本語訳では人的資源管理と呼んでいます。

　人的資源は，例えば新しい製品を開発し，工場で部品加工や組み立てを行い，店舗で販売するという経済活動にいずれも人材が活用されているように，企業経営のあらゆる活動に必要とされます。また，企業という組織が人材の集まりから成り立つならば，組織を構成する従業員や組織を取り巻く顧客，取引先，株主，地域といった様々なステークホルダー（stakeholder：利害関係者）に対する配慮が，企業が健全に存続するうえで欠かせません。

　これらをふまえると HRM の目的は，企業の経済活動への貢献とステークホルダーに対する社会活動への貢献という軸と，当面の短期的な貢献と将来に向けた長期的な貢献という軸を交差することにより，次の4つに整理することができます（図表 1-1-1）。

①経営戦略の実現

　企業の経済活動への短期的な貢献として，HRM には経営目標の達成のための経営戦略を実現することが求められます。具体的には，労働市場から経営戦略やビジネスモデルに即して労働者を採用し業務を割り当てることが必要です。また，業務の進捗管理や評価を行い賃金などの報酬を与えることにより，従業員に業績達成の動機づけをすることが考えられます。さらに，従業員各人の業務遂行の効率化を図り，生産性を向上させることが期待されます。

②組織能力の蓄積

　企業の経済活動への長期的な貢献として，HRM には企業の持続的な成長のために経営環境の変化に対応できる組織能力を蓄積することが求められます。具体的には，従業員の能力開発や技能形成に取り組み，業務の幅を広げたり専門性を高めたりすることが必要です。また，従業員に裁量や権限を付

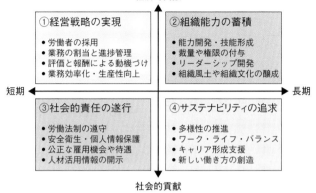

■図表 1-1-1　HRM の４つの目的

経済的貢献

①経営戦略の実現
- 労働者の採用
- 業務の割当と進捗管理
- 評価と報酬による動機づけ
- 業務効率化・生産性向上

②組織能力の蓄積
- 能力開発・技能形成
- 裁量や権限の付与
- リーダーシップ開発
- 組織風土や組織文化の醸成

短期　←→　長期

③社会的責任の遂行
- 労働法制の遵守
- 安全衛生・個人情報保護
- 公正な雇用機会や待遇
- 人材活用情報の開示

④サステナビリティの追求
- 多様性の推進
- ワーク・ライフ・バランス
- キャリア形成支援
- 新しい働き方の創造

社会的貢献

（出所）　筆者作成

■図表 1-1-2　日本企業の経営課題

　日本能率協会が経営者を対象に実施した調査によれば，現在および３年後の重要な経営課題として「人材の強化（採用・育成・多様化への対応）」「企業ミッション・ビジョン・バリューの浸透や見直し」「働きがい・従業員満足度・エンゲージメントの向上」が上位に挙げられています。

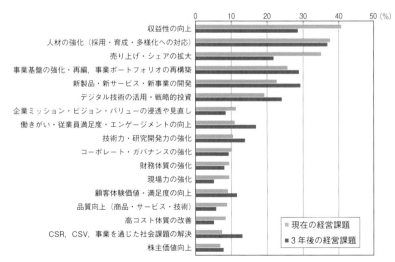

（注）　1.　重要度の高いものを３つまで回答（n＝517）
　　　　2.　現在の経営課題の回答割合が多い順に掲載
（出所）　日本能率協会（2021）『日本企業の経営課題 2021』（p.9）をもとに筆者作成

与するなどして，主体性や創造性を発揮させることが期待されます。さらに，経営戦略や企業の将来像を構想できるリーダーシップを開発することや，企業のパーパスや経営理念，ビジョンを従業員に共有したりコミュニケーションを活性化させたりして，協働的で革新的な組織風土や組織文化を醸成することも考えられます。

③社会的責任の遂行

企業の社会活動への短期的な貢献として，HRM には従業員や顧客，取引先，株主，地域などのステークホルダーの要請に適切に対応し社会的責任を遂行することが求められます。具体的には，従業員の労働条件や待遇に関する法律や制度を遵守することに加え，安全衛生や個人情報に配慮した就業環境を整備することが必要です。また，性別や年齢，障がい，国籍などによらず公正な雇用機会や待遇を提供し社会的不平等を解消することや，人材活用の方針や実績などの情報をステークホルダーに開示することが期待されます。

④サステナビリティの追求

企業の社会活動への長期的な貢献として，HRM にはステークホルダーの多様性や存在意義を尊重し協働しながらサステナビリティ（sustainability：持続可能性）を追求することが求められます。具体的には，多様な価値観やバックグラウンドを持つ従業員一人ひとりの個性を尊重し働きやすく働きがいのある就業環境を充実させて，従業員とその家族のワーク・ライフ・バランスの実現や健康の増進を図ったり，自律的なキャリア形成を支援したりすることが必要です。また，従業員への情報発信や対話を通じて企業と従業員の相互信頼を築き，協力して社会貢献やステークホルダーとの共存共栄を推進すること，さらにテクノロジーを用いて新しい働き方を創造することが期待されます。

企業が継続事業体（ゴーイング・コンサーン）として存続・成長するうえで，HRM には経営戦略の実現や組織能力の蓄積といった経済的側面が重視されるのは当然のことですが，近年，企業が社会の一員として持続可能な社会の実現に向けた取り組みを強化するなか，社会的責任の遂行やサステナビリティの追求といったステークホルダーの期待に応える HRM の社会的側面が重要性を増しています。

Column 1.1 ● HRM のデリバラブル（提供価値）

　HRM の目的に関連して，HRM のデリバラブル（deliverable：提供価値）という考え方
があります。デリバラブルとは，HRM がどのように企業経営に貢献するのかという提
供価値のことを意味します。1990 年代にミシガン大学のデイブ・ウルリッチ（Dave
Ulrich）が提唱しました。ウルリッチは，経営者の視点から事業と人材，長期と短期と
いう二軸を交差することによって，4 つの提供価値を示しています。

　事業にかかわる長期的なデリバラブルは「戦略のパートナー」と呼ばれ，経営戦略
と人事戦略を連動させて経営戦略の実現に必要な人材を供給することを指します。事
業にかかわる短期的なデリバラブルは「管理のエキスパート」と呼ばれ，人事制度を
整備して人材の管理や組織の運営の効率化を図ることを指します。一方，人材にかか
わる短期的なデリバラブルは「従業員のチャンピオン」と呼ばれ，従業員の声に耳を
傾けて業績達成やキャリア形成を支援することを指します。最後に，人材にかかわる
長期的なデリバラブルは「変革のエージェント」と呼ばれ，経営環境の変化を分析し
て組織の活性化や組織風土の改革を進めることを指します。ウルリッチは，人事部は
これら 4 つの提供価値を常に意識して相互のバランスを図りながら HRM に取り組む
必要があると主張しています。

　日本においては 2000 年代半ばに守島基博が，長期と短期，経営視点と働く人視点と
いう二軸を交差することによって，「成果による戦略達成への貢献を高める」「戦略を
構築する能力を獲得し，その能力を向上させる」「公平で情報開示に基づいた評価と処
遇を提供する」「キャリアを通じた人材としての成長を支援する」という 4 つの提供価
値を示しています。守島が提示した 4 つのデリバラブルは，経営者と従業員の労使関
係を重視したもので，日本の雇用慣行により一層適したフレームワークであると考え
られています。

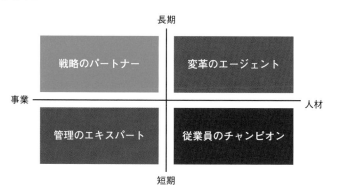

（出所）　デイビッド・ウルリッチ（梅津祐良訳）（1997）『MBA の人材戦略』日本能率協会マネジメントセンター，
　　　　図 2-1（p.34）をもとに筆者作成

1.2 HRM の特徴

　HRM では人材を単なる労働力ではなく，企業に経済的・社会的な貢献を
もたらす経営資源とみなします。また，人材は労働市場から調達すれば一様
に企業活動に貢献してくれるわけではなく一人ひとり異なる人間であり，そ
れは個々人の人的資源としての価値の差異となります。この人的資源の価値
に重要な要素が，次の3点です。

　①能　力

　能力は，人的資源の価値を構成する最も重要な要素です。能力とは，業務
を遂行するうえで必要とされる能力や技能（スキル），知識を意味します。能
力を高めるには学習が不可欠です。また，外部環境の変化に伴い企業の経営
戦略やビジネスモデルが変われば，求められる能力も変わります。HRM で
は，従業員が必要な能力を蓄え適切に業務を遂行できるように，従業員の継
続的な学習の促進に取り組みます。

　②意　欲

　意欲もまた，人的資源の価値を左右する重要な要素です。意欲とは，従業
員が業務を遂行する意志を意味し，**モチベーション**と呼ばれます。意欲を高
めるには動機づけが重要であり，有効な方法は各人で異なります。また，同
じ人でも意欲が高いときもあれば低いときもあり変化します。HRM では，
従業員が常に意欲的に業務を遂行できるように，様々な方法を効果的に組み
合わせて従業員の動機づけに取り組みます。

　③機　会

　人的資源の能力と意欲が高くとも，それを発揮する機会がなければ企業活
動への貢献につながりません。HRM では，従業員が実力を存分に発揮して
業務を遂行できるように，従業員の能力と意欲を活かす機会の提供に取り組
みます。

　このように人的資源の価値は，従業員の「能力×意欲×機会」という掛け
算によって捉えることができます。HRM には，人的資源の価値を最大化し，
企業の経済・社会活動へ最大限に活用することが求められます。

Column 1.2 ● HRM において考慮すべき組織内外の要因

HRM を実践する際には，組織の外部と内部の要因を考慮に入れる必要があります。

外部要因とは，企業を取り巻く環境要因のことであり，労働市場，労働法制，社会規範，テクノロジーなどがあります。例えば，労働市場の需要（企業がどの程度労働者を必要としているか）と供給（企業に雇用され働きたいと考える労働者がどのくらいいるか）のバランスは，企業の採用をはじめ，育成や処遇に影響します。企業は，労働力人口や性別・年齢等構成の状況や予測を考慮して人材を確保する必要があります。また，労働法制とは労働者の保護を図るための様々な法律を指し，代表的な法律として労働基準法や最低賃金法，労働契約法，男女雇用機会均等法などがあります。企業は，労働法制を遵守して人材を活用することが求められます。

一方，内部要因とは，企業内の組織要因のことであり，経営戦略，組織構造，組織文化などがあります。例えば，経営戦略と連動して人員計画の策定や人事制度の設計を行うことを戦略人事と呼び，**第2章**で詳しく解説しています。また，組織文化とは従業員に共有された価値観や信念，規範，行動様式を意味します。企業は，自社の組織文化の特徴を把握し，それを活かして従業員が能力や意欲をより発揮できる人材活用を行うことが求められます。

■図表 1-2-1　有効求人倍率の推移

有効求人倍率とは，求職者一人あたりどのくらいの求人があるかを示す指標で，公共職業安定所（ハローワーク）に申し込まれた求人数を求職者数で除して算出します。1 を超える場合には人材の確保が難しい状況であることを意味します。

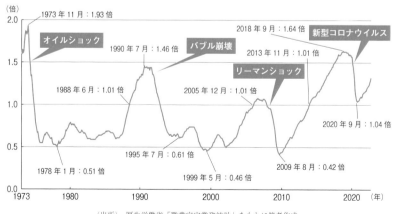

（出所）厚生労働省「職業安定業務統計」をもとに筆者作成

1.3 HRM の機能

人的資源の価値を最大化するために，HRM には①採用，②配置，③育成，④評価，⑤処遇という基本的な機能があります（図表 1-3-1）。

①採　用

人的資源を外部労働市場から調達する機能です。その活動は，人員計画の策定→募集→選考という三段階で行われます。人員計画の策定は求める人材要件と人数を設定することであり，募集はその計画に基づき候補者グループを形成すること，選考は候補者グループから採用者を選抜することを指します。大学や高校などを卒業したばかりの新規学卒者を採用することを新卒採用，また学卒後に就業経験のある労働者を採用することを中途採用と呼びます。労働者は雇用されると，その企業の従業員となります。

②配　置

人的資源を企業内に振り分ける機能です。従業員に業務を割り当てる活動であり，ジョブ・アサインメントとも呼ばれます。従業員の能力や技能，適性に相応する業務や部署に配置する適材適所が重要です。他の業務や部署に変更することを異動や配置転換，また住居の変更を伴う異動や配置転換を転勤と呼びます。採用と配置には，人的資源の価値のうち機会を拡大することが期待されています。

③育　成

人的資源の価値，特に能力を向上させる機能です。従業員に対して業務遂行に必要な能力や技能，知識を習得させる活動であり，能力開発とも呼ばれます。育成方法には，業務経験を通じた指導（On-the-Job Training，OJT）と業務から離れた教育研修（Off-the-Job Training，Off-JT）があり，これらを効果的に組み合わせます。OJT と Off-JT は企業が主導して実施する能力開発ですが，従業員個人が主体的に取り組む能力開発を自己啓発と呼んでいます。従業員本人の希望を考慮に入れた長期的なキャリア形成を支援することも行われています。

■図表 1-3-1　HRM の機能

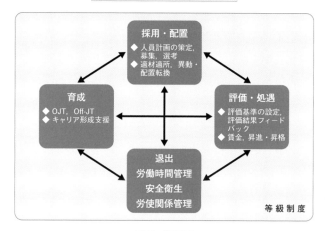

（出所）　筆者作成

■図表 1-3-2　日本企業の組織・人事課題

　日本能率協会が経営者を対象に実施した調査によれば，組織や人事で重視する課題として「管理職層のマネジメント能力向上」「人事・評価・処遇制度の見直し・定着」「組織風土改革，意識改革」「次世代経営層の発掘・育成」が上位に挙げられています。

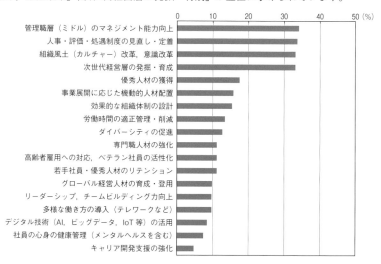

（注）　重要度の高いものを 3 つまで回答（n＝517）
（出所）　日本能率協会（2021）『日本企業の経営課題 2021』（p.69）をもとに筆者作成

④評　価

　人的資源の価値を定める機能です。従業員の業務遂行を観察して企業活動への貢献度を測定する活動であり，人事評価や人事考課，人事査定とも呼ばれます。経営上重視する従業員の能力や技能，成果，行動特性，勤務態度などについて評価基準を設定し，それに基づき成績を付けます。評価結果は処遇に適用されるほか，本人にフィードバックし業務遂行の改善や能力開発・キャリア形成支援にも活用されます。

⑤処　遇

　人的資源を価値に応じて待遇する機能です。従業員に対して報酬を分配する活動であり，代表的な報酬に賃金と昇進・昇格があります。賃金には主に毎月の給与と業績貢献に応じた賞与があり，また昇進とは課長から部長になるといった上位の役職に就くことを，昇格とは後述する等級制度における等級が上昇することを指します。賃金は短期的処遇，昇進・昇格は長期的処遇といえます。評価と処遇には，人的資源の価値のうち意欲を向上させることが期待されています。

　このように，採用機能により企業内に調達した人的資源を配置から育成，評価，処遇機能を通じて確保し活用する仕組みは，企業内の労働市場とみなせることから，外部労働市場と対比して内部労働市場と呼ばれています。

　5つの機能以外にも，退出，労働時間管理，安全衛生，労使関係管理といった機能があります。退出は，人的資源を外部労働市場に還元する機能であり，従業員の退職に関わる活動です。労働時間管理や安全衛生は，人的資源の状態を良好に保つ機能であり，従業員のワーク・ライフ・バランスの実現や心身の健康増進を支援する活動です。労使関係管理は，人的資源と企業の関係を安定的に維持する機能であり，労働組合を通じた従業員の意見・要望の把握や経営者の方針の発信など，従業員と経営者のコミュニケーションを円滑にする活動です。

　なお，こうしたHRMの諸機能の基盤となるのが等級制度です。等級制度とは，従業員の能力の程度や業務の重要度・難易度などを区分し序列化する制度であり，一般に従業員が保有する能力に基づく職能資格制度と，従業員が従事する業務に基づく職務等級制度があります。等級制度により企業が人

BOX1.1　日立製作所，全社員ジョブ型に　社外にも必要スキル公表

　日立製作所は7月にも，事前に職務の内容を明確にし，それに沿う人材を起用する「ジョブ型雇用」を本体の全社員に広げる。（中略）必要とするスキルは社外にも公開する。（中略）ジョブ型は欧米では一般的な働き方で，職務記述書（ジョブディスクリプション）で職務ごとに必要なスキルを明記する。賃金も基本的には職務に応じて決まり，需要が大きく高度な職務ほど高くなる。働き手にとってはスキルの向上が重要になる。事業環境の変化が速まるなか，企業が必要とする能力を身につければ転職もしやすくなる。日本では職務を限定しない「メンバーシップ型雇用」が多い。幅広い仕事を経験する総合職型で，終身雇用と一体で運用されてきた。

　（中略）日立が職務記述書を社外に公開するのは，必要な人材を社外から機動的に募るためだ。年功制や順送り人事の壁を取り払い，管理職の約1万人とあわせ本体3万人が全面的にジョブ型にカジをきる。一般社員では約450の職種で標準となる職務記述書を作成した。経営戦略に基づき，システムエンジニアや設計など職種や等級などに応じ，個々のスキル内容や職務を明示する。新卒者や転職希望者はホームページで日立が求める人材を理解できる。例えば，金融機関向けシステムの技術者を募る際，顧客との交渉力やシステムの構築力を明記する。投資家向け広報（IR）ではファンドの運用担当者と対等な議論ができる財務・会計の知識などを求める。新卒採用でも21年度にジョブ型のインターンシップを始めた。プログラミング言語の能力や，学会での発表経験などの要件を示し，日立が研究中の65種類ほどのテーマで参加者を募った。

　日立は20年にスイス重電大手のABBから送配電部門を，21年に米IT企業のグローバルロジックを買収した。連結従業員37万人のうち海外の21万人の大半は既にジョブ型で働く。日立本体については11年からジョブ型導入の準備を進め，21年度には国内管理職に導入済みだ。今回の導入拡大で国内グループ会社を含め16万人の2割がジョブ型で働くことになる。（中略）職務記述書の内容は今後，事業環境や注力分野の変化にあわせて柔軟に見直す。社員のスキル向上のために（中略）19年に3つの研修機関を統合した新会社「日立アカデミー」を設立し，人工知能（AI）などデジタル関連の分野では100種類のメニューを用意した。今後は事業戦略に応じた研修内容の拡充が事業成長とジョブ型の定着に欠かせない。多様な人材が働きやすい環境づくりや，そうした人材を共通に評価する制度づくりも必要となる。（後略）

求めるスキルを持つ社内外の人材を配置
（日立のジョブ型のイメージ）

本　体（3万人）　　**国内外のグループ会社（約34万人）**

職務記述書

職務内容
システム構築

若手社員
Aさん
（22歳男性）

Cさん（29歳女性）

必要なスキル

①システム構築能力
②顧客との交渉力
③英語力

シニア
Bさん
（63歳男性）

転職市場
Dさん
（35歳男性）

必要なスキルを持つDさんを配置

（出所）　日本経済新聞2022年1月10日より抜粋

的資源の価値のどのような面を重視するかが明確になり，HRMの各機能も
それに依拠して充実させます。等級制度とHRMの機能の関係は，例えるな
らパソコンのOSとアプリケーションのような関係といえます。

　HRMにおいて重要なことは，採用・配置・育成・評価・処遇という基本
機能を中心に各々の機能を有機的に結び付けて，経営戦略やビジネスモデル
と連動し一貫した活動にすることです。また，経営環境の変化に柔軟に対応
し最適な機能に見直すことや，これらの活動をステークホルダーに対して情
報開示することも必要です。

1.4　HRMの実践者

　HRMの諸機能を有機的に結び付けるには，HRMの実践者の連携が重要で
す。HRMの実践者として人事部，職場の管理者，経営者の中心的な三者を，
加えて労働組合と人材サービス企業を挙げることができます（図表1-4-1）。
　①人 事 部
　日本の大企業の多くが導入している事業部制という組織構造は，事業ごと
のライン部門と事業を支援するスタッフ部門に分かれます。人事部は，経営企
画部や法務部，経理部，広報部などとともにスタッフ部門を構成します。企
業がスタッフ部門を設計する理由は2つあります。1つは，特定の専門領域
に関する知識を蓄積し発揮するためです。もう1つは，事業部は特定市場の
ニーズや変化に対応する傾向が強いことから，全社的な観点から企業経営を
支援するためです。したがって，人事部にはHRMの専門部署として企業全
体を俯瞰的かつ多角的に捉え，経営者や職場の管理者を支援する役割があり
ます。

　例えば，人事部は経営戦略の実現や組織能力の蓄積のために人員計画を策
定します。また，等級制度や評価制度，賃金制度など企業全体にかかわる人
事制度を設計したり，新卒採用や教育研修など企業全体での実施が効率的な
取り組みを一括して行ったりします。さらに，従業員の相談や職場の管理者
の課題に対してHRMの専門知識から的確なアドバイスを与えたり，経営者

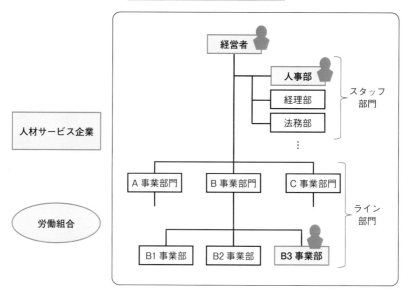

■図表 1-4-1　HRM の実践者

（出所）　筆者作成

■図表 1-4-2　人材活用情報の開示

ESG 投資の進展により株主や投資家が人的資本経営を重視するなか，企業会計では資産とみなされない人的資源の価値を開示する動きが広がっています。2018 年に国際標準化機構（ISO）が HRM のガイドライン（ISO30414）を策定し，ダイバーシティや従業員の生産性，離職率，後継者計画など 58 指標を設定しています。

オムロン	人的創造性	年間の付加価値 ÷ 人件費 （2024 年度までに 7％増の目標）
味の素	人材投資額	次世代リーダー育成研修などの費用 （2020 ～ 22 年度に 1 人当たり 88 万円）
三井化学	後継者準備率	後継者候補数 ÷ 重要ポジション数 （20 年度は 226％）
双　日	チャレンジ指数 （新分野開拓）	上司の評価が「平均より上」の割合 （20 年度は 51％。23 年度目標は 70％）

（出所）　日本経済新聞 2022 年 4 月 12 日

に HRM の方針や人事制度を提言したりします。

②職場の管理者

職場の管理者は，ラインマネジャーとも呼ばれ，部下の従業員に対して日常的に HRM を実践する役割があります。例えば，従業員各人の能力や技能，適性にあわせて職場内の業務の割り当てや業務分担の変更を行います。また，従業員の仕事ぶりを観察し評価して業務指導や面談を行います。さらに，従業員の労働時間や休暇取得，健康状態を把握して働きやすい職場づくりに努めます。HRM が功を奏すには，職場の管理者が人事部と連携・協力しながら各々の職場や従業員個人にあわせて HRM を実践することが不可欠です。

③経 営 者

経営者には，企業のパーパスやビジョン，価値観を示し経営戦略や業績目標を明確にすることに加えて，HRM の方針を決定する役割があります。その方針に即して人事部が人事制度を設計し，また職場の管理者も経営者の方針を理解して人事制度を運用することが，HRM の一貫性を確保するうえで重要です。企業経営を取り巻く外部環境は不確実性が高く変化も激しいことから，経営戦略やビジネスモデルの転換に応じて人材活用を大きく変更したり，外部環境の変化を先取りして人材活用を見直したりする場合に，経営者の方針の重要性が高くなります。

④労 働 組 合

労働組合は，労働者が自主的に労働条件や待遇，就業環境の改善を目的として組織する団体であり，HRM の改善を働きかける役割があります。日本では個別の企業ごとに組織する企業別労働組合が主流であり，組合員である従業員の意見や要望を集約し，団結して対等な立場で企業と交渉します。経営者をはじめ上記 HRM の実践者は，労働組合と対話や協議を通じて良好な関係を構築し，HRM の改善と企業の持続的な成長の好循環を生み出していくことが求められます。

⑤人材サービス企業

人材サービス企業とは，企業が人材活用を外部化（アウトソーシング）する際に利用する企業を指し，HRM の一部を代行する役割があります。例えば，企業はより迅速・柔軟に人材を確保するために，人材斡旋会社を通じて中途

BOX1.2　知識・経験より育成力　管理職に必要な役割変化

（前略）テレワークの広がりは，管理職の優劣も浮き彫りにした。リモートでも仕事を適切に割り振った管理職がいる一方，目の前に部下のいない状況に戸惑い業務が滞った人もいた。新型コロナウイルス後をにらんだ管理職改革が広がっている。

（前略）内閣府の調査では，テレワークで生産性が落ちたとの回答が約半数を占めた。一因は上司と部下のコミュニケーション不全だ。アデコが管理職と一般社員を対象に20年7月実施した調査によると，テレワークで部下とのコミュニケーションが減ったとの回答が約4割に上った。具体的な課題（複数回答）は「チーム間でのコミュニケーション不足」33％，「部下とのコミュニケーション不足」31％，「部下の仕事ぶりが分からない」22％など。部下側も「上司とのコミュニケーション不足」31％，「さぼっていると思われないか」28％など，上司と部下双方の不満がうかがえる。（後略）

管理職に求められる役割は変化している。中央大学大学院の「職場における男女正社員の育成に関する管理職調査」では，現在管理職に必要な能力と入社当時の管理職に必要とされた能力を尋ねた。「部下を指導・育成する能力」は「現在」だと77％でトップだが，「入社当時」は40％で3位だった。「入社当時」のトップ2「豊富な経験」と「専門的な知識やスキル」はそれぞれ順位を下げている。調査を担当した佐藤博樹は「指導・育成のなかでも，部下にどうやって意欲的に仕事に取り組んでもらうか，ヒューマンスキルの重要性が特に高まっている」と指摘する。ひと昔前と比べて経済環境の変化は著しい。先が見通せず，何が正解か分からないなかでは，社員一人ひとりのモチベーションが部署の業績に結びつく。管理職には部下のやる気を高める手腕が求められている。

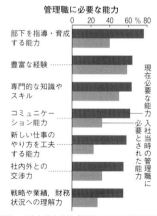

管理職に必要な能力

（注）　中央大学大学院「職場における男女正社員の育成に関する管理職調査」（2018）

働く側の価値観も多様化している。年功序列と終身雇用といった日本型雇用を前提に，かつてはヒエラルキーに頼った指示・命令が効いた。今は会社への所属意識が薄かったり，仕事よりも生活に比重を置きたかったりするメンバーが増えている。（中略）管理職にとっては受難な時代だ。自分が若手だったときに仕えた管理職のやり方は参考にできない。一方でプレーイングマネジャーとして現場仕事も会社に求められ，メンタルヘルス対応やパワハラ・セクハラ対策など役割は増えている。新たなマネジメント手法を確立できるよう，会社の手厚い支援も不可欠だ。

（出所）　日本経済新聞2020年9月15日より抜粋

採用を行ったり，人材派遣会社や請負会社に労働者派遣や業務請負を依頼したりすることができます。また，HRM の専門性に特化した採用代行会社や教育研修会社に採用や育成機能を任せることもできます。

1.5 日本企業の HRM の特徴

日本企業の HRM について，従来の特徴と現在の変化を以下の5点に整理します。

①長期雇用慣行と正社員

日本には正社員として雇用し，定年まで長期の雇用保障を与えるという慣行があります。正社員とは，こうした長期雇用慣行のもと期間の定めのない無期労働契約を結んで活用する雇用形態を指します。

現在は正社員に加えて，パートタイマーに代表される非正社員や，派遣労働者や請負労働者といった外部人材の活用を組み合わせた人材ポートフォリオを構築しています。非正社員とは企業が期間の定めのある有期労働契約を結んで活用する雇用形態を，外部人材とは企業が直接雇用せず人材サービス企業を通じた形態を指します。

また，正社員の担い手は男性が中心でしたが，男女雇用機会均等法の制定・改正などを経て，女性が正社員として活躍する機会が広がりました。高齢者や障がい者，外国人といった多様な属性の労働者も就業するようになり，職場における多様性（ダイバーシティ）が進んでいます。

②新卒採用と企業内育成

新規学卒者を正社員として毎年4月に一括して採用する定期採用を行い，採用後に OJT を中心に育成して企業特殊的スキルを習得させてきました。企業特殊的スキルとは，特定の企業のみで有用なスキルを意味し，どの企業でも活かせる一般的スキルと対比されます。また，営業や経理といった特定分野のスペシャリストではなく，配置転換により幅広い分野に精通するゼネラリストとして育成してきました。

現在も採用の中心は新卒一括採用であるものの，通年採用や中途採用，特

富士通は経営のグローバル化を進めるなかで，職能資格制度から職務等級制度へ，能力主義から成果主義へ転換していきました。

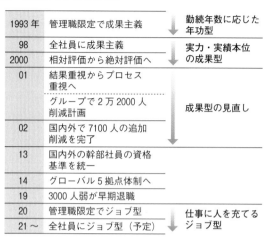

1993 年	管理職限定で成果主義	勤続年数に応じた年功型
98	全社員に成果主義	実力・実績本位の成果型
2000	相対評価から絶対評価へ	
01	結果重視からプロセス重視へ	成果型の見直し
	グループで 2 万 2000 人削減計画	
02	国内外で 7100 人の追加削減を完了	
13	国内外の幹部社員の資格基準を統一	
14	グローバル 5 拠点体制へ	
19	3000 人弱が早期退職	
20	管理職限定でジョブ型	仕事に人を充てるジョブ型
21 ～	全社員にジョブ型（予定）	

（出所）　日本経済新聞 2021 年 2 月 14 日

■図表 1-5-2　人工知能（AI）と仕事の未来

テクノロジーは，私たちの仕事や働き方に大きな変化をもたらします。AI やロボット等に代替される可能性の高い職業と低い職業が予想されています。

●代替可能性が高い職業例
（100 種の職業から一部抜粋，50 音順）

- 一般事務員
- スーパー店員
- 受付係
- 製パン工
- 駅務員
- 倉庫作業員
- 会計監査係員
- 測量士
- CAD オペレーター
- タクシー運転者
- 銀行窓口係
- 宅配便配達員
- 金属プレス工
- 駐車場管理人
- クリーニング取次店員
- 通関士
- 警備員
- データ入力係
- 検収・検品係員
- 電気通信技術者
- 建設作業員
- 電子部品製造工
- 自動車組立工
- 電車運転士
- 自動車塗装工
- 保険事務員
- 新聞配達員
- ホテル客室係
- 診療情報管理士
- 郵便外務員

●代替可能性が低い職業例
（100 種の職業から一部抜粋，50 音順）

- アートディレクター
- 産業カウンセラー
- アナウンサー
- 小学校教員
- アロマセラピスト
- 商品開発部員
- 医療ソーシャルワーカー
- 人類学者
- インテリアコーディネーター
- スポーツインストラクター
- 映画監督
- 精神科医
- グラフィックデザイナー
- ツアーコンダクター
- ケアマネージャー
- バーテンダー
- 経営コンサルタント
- ファッションデザイナー
- ゲームクリエイター
- フリーライター
- 外科医
- 保育士
- 言語聴覚士
- 放送ディレクター
- 工業デザイナー
- マーケティング・リサーチャー
- コピーライター
- マンガ家
- 雑誌編集者
- 理学療法士

（出所）　野村総合研究所（NRI）の推計をもとに筆者作成（資料「日本の労働力人口の 49％が人工知能やロボット等で代替可能に」（2015 年 12 月 2 日））

定分野に限定した採用や育成も行うようになってきました。また，長期的な
キャリア形成支援の観点から，労働市場におけるエンプロイアビリティ
（employability：雇用可能性）を向上させる取り組みや，従業員の主体的な
キャリア・デザインを促す取り組みも行われてきています。

③職能資格制度と遅い昇進

正社員に企業特殊的スキルの蓄積を促しゼネラリストとしての長期の貢献
を引き出すために，等級制度は職務遂行能力に基づく職能資格制度が用いら
れてきました。現在では，職務価値に基づく職務等級制度や折衷型の役割等
級制度を導入する企業も増えています。また，職能資格制度における評価で
は，職務遂行能力の蓄積・伸長を評価基準としていましたが，成果や行動特
性も重視するようになってきました。賃金は等級制度に基づき設定され，職
能資格制度では職能給，職務等級制度では職務給と呼ばれます。

昇進については，広範な多くの正社員に動機づけをして意欲を長く維持さ
せる観点から，上位役職への昇進時期をキャリア後期まで遅らせる「遅い昇
進」を行ってきました。現在では，将来の経営層候補に重点的に育成投資を
行えるように，キャリアの早期から昇進させる早期選抜も行われています。

④転勤と残業

労働契約において，正社員は定年までの雇用保障を与えられる代わりに，
勤務地の変更（転勤）や所定労働時間を超える勤務（残業）を受け入れること
が前提とされてきました。これは日本の労働者の労働時間が世界的にみて長
い一因となっていました。現在では，従業員のワーク・ライフ・バランスの
実現の観点から，労働時間の適切な管理や休暇の取得促進が重視され，さら
には従来の正社員と比べて勤務地の範囲や労働時間を縮小した「限定正社員」
も活用されてきています。

⑤企業別労働組合

日本の労働組合は企業別労働組合が主流であり，組合員資格を正社員に限
定し，企業の実態に即して独自に運営してきました。しかし，雇用形態の多
様化や労働者の価値観や行動様式の変化などに伴い，労働組合加入率は低下
しています。環境の変化や時代に求められる労働組合の意義や，企業（使用
者）と従業員（労働者）との対話方法が模索されています。

BOX1.3　ファストリ，入社 3 年で年収 3000 万円も　幹部に登用

　ユニクロを運営するファーストリテイリング（以下ファストリ）は優秀な若手の確保に向けて 2020 年春にも人事制度を見直す。入社後最短 3 年で子会社の幹部などに抜てきする。年収は 1 千万円を超え，欧米勤務では最大 3 千万円程度とする。（後略）

　（前略）新たな人事では入社後に店舗や IT（情報技術）などの経験を積ませ，3〜5 年で国内外の経営幹部として登用する。時期や地域によって報酬は異なり国内で 1 千万円超，欧米では 2 千万〜3 千万円を想定する。有価証券報告書によると，18 年 8 月末時点の平均年収は 877 万円だ。新入社員は接客や店舗運営を学ぶためほぼ一律に店舗に配属される。20 年春入社の社員からは一律ではなく，個人の能力に応じて IT やデザインなど専門性が高い部門にすぐに配属する人を増やしていく予定だ。

　柳井社長は「優れた人材にはチャンスを与え，それに見合った教育や待遇が必要だ」と説明する。問題を改善し物事を変えていく力や常に新しい事に挑戦する積極性といった資質を重視する。新人の段階から専門性や個人の能力に応じたポストを与えて個別に育成していく。必要とされる能力やスキルを持つ人材に高い給与で報い，若手の高度な能力を身に付け成長しようとする意欲を高める。同社の場合，数年前に採用サイトで公開した年収早見表（当時）では入社後，一番下の等級は平均で 400 万円弱だった。裁量の権限が強い「スーパースター店長」では平均 1 千万円を超え，執行役員では 1 億円も少なくないとされる。

　（中略）柳井社長は接客を担うパートやアルバイトからも優秀な人材を引き上げるため，優秀なら時給を高くして地域の正社員並みの給料にする予定だ。ファストリは 20 年春にユニクロなどの総合職の初任給を 25 万 5 千円に引き上げる方針を示した。入り口で有望な人材を取りこぼさない策と育成の両輪で人事改革を進める。

　ファストリはこれまでも人事制度改革に取り組んできた。12 年から学年を問わず大学生の通年選考を進め，大学 1 年生にも内々定を出す。14 年には働く地域を限定した「地域正社員」を本格的に導入。

　短い日数や短時間の勤務など柔軟な働き方を認め，優秀な人材を取りこぼさないようにしてきた。本社勤務への昇格を含めキャリアアップの道筋も示す。

　衣料品会社で世界一を目標にする同社は世界中で優秀な人材が不可欠となる。優秀な素質のある人材の獲得や育成方法を充実させ，学生らから選ばれる企業を目指す。

デジタル分野を中心に
人材獲得競争が激化している

初任給を差異化・引き上げ	
ソニー	初任給に差。2019 年から AI 人材など最大 2 割高く
ファーストリテイリング	20 年から初任給を約 2 割引き上げて 25 万 5000 円に
高度人材に高い給与	
LINE	20 年から高度人材の初年度の最低年俸を約 200 万円増額
東　芝	19 年から AI 人材などの雇用制度を新設
ヤフー	18 年に通常より年俸が 5 割高い高度人材の採用枠を新設

（出所）　日本経済新聞 2019 年 6 月 3 日

（出所）　日本経済新聞 2019 年 6 月 23 日より抜粋

第2章

戦略人事

◆ 本章のねらい

本章では，以下の点について学んでいきます。

・戦略人事とは何か。

・戦略人事で重要な活動は何か。

・戦略人事を行っている企業の事例

・なぜ今，戦略人事が（再び）注目されているのか。

◆ キーワード

戦略人事，垂直的適合，水平的適合，日本型雇用の合理性，
DX 時代の人的資源管理

2.1 戦略人事という考え方

　戦略人事（または戦略的人的資源管理）とは，簡単にいえば，企業の経営戦略の実現のために人的資源管理（HRM）を行うことです。英語では，Strategic Human Resource Management（SHRM）と呼びます。**第1章**で述べたように，HRMは，多様な目的を持っています。なかでも最重要な目的は，企業や組織の経営戦略の実現だといっても言い過ぎではないでしょう。経営戦略とは，経営目的を達成するためのシナリオで，経営をすることで実現したい目標と，目標実現までの道のりの両方を含みます。言い方を変えれば，企業経営の指針であり，青写真ともいえます（図表2-1-1）。

　もちろん，考えてみると，**第1章**にもあったように，HRMは企業経営の一部なのですから，企業の経営戦略に沿って行われるのは当たり前で，そう考えると全てのHRM活動が戦略人事であるということもできます。HRMは，企業や組織の経営活動の一環なので，企業経営の根幹である経営戦略の達成や実現に貢献をすることが必要条件なのです。

　近年そうした考えに基づいて，通常のHRMの頭に「戦略」をつけて戦略人事と呼び，HRM活動は，究極的には，経営目標や戦略目標の実現という目的に貢献しないとならないという点を強調するようになってきました。そうでないと，HRMの個別の活動（採用，評価，育成，異動など）をうまくやることだけに目が行き，その先にある戦略目標の実現という本来の目的が忘れられることがあるからです。アメリカで1990年代に提唱され，日本にも導入されるようになった考え方です。

2.2 戦略にあわせた人的資源の確保

　では，経営戦略の実現へ向けて，HRMが担う役割とは何なのでしょうか。戦略人事では，経営戦略の実現に向けての最も中核的な活動は，経営戦略を実現する人的資源の確保であると考えます（図表2-2-1，*Column* 2.1）。ただ

■図表 2-1-1　戦略人事

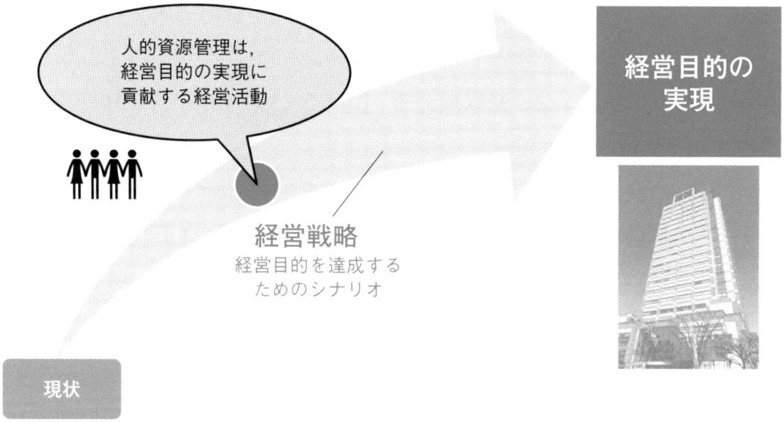

人的資源管理は,
経営目的の実現に
貢献する経営活動

経営目的の
実現

経営戦略
経営目的を達成する
ためのシナリオ

現状

（出所）　筆者作成

■図表 2-2-1　戦略人事の中核的活動

戦略人事の
中核的活動
人的資源の確保

経営戦略
の実現

重要なのは,人材に意欲を
持って働いてもらうこと

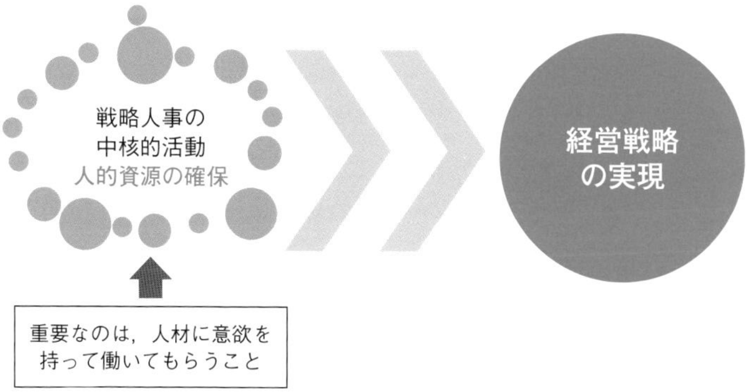

（出所）　筆者作成

し，人的資源の「確保」というのは，単に従業員として労働契約を結ぶ以上に高い意欲を持って人材として働いてもらうところまでもっていって初めて確保できたと考えます。このように経営戦略に合った人的資源を確保することを，戦略人事論では，最も重要な目的としています。

そして，戦略人事論では，確保された人的資源が戦略実現に貢献する人材であるためには，経営戦略と HRM の仕組みとに整合性があることが必要だと考えます。このような，経営戦略と HRM とに整合性がある状態を「垂直的適合（vertical fit：バーティカル・フィット）」と呼びます。経営戦略が HRM よりも，企業経営においては上位にある概念だという観点から，こうした呼び方になっているのです。言い換えると，経営戦略と HRM の仕組みが適合していて，戦略達成に必要な人的資源が確保されている状況が，垂直的適合が成立している状態と考えます。

垂直的適合を図表 2-2-2 に示しておきました。これをみると，極めて単純な図表で，もしかすると，この図表に示したことを完成させるのであれば，戦略人事はそれほど難しくないだろうという印象を与えるかもしれません。

しかし，この図表に表されたことを実現するには，2 つの大きな壁があります。まず第 1 に，右下にある吹き出しの内容です。企業の経営戦略は，時々の経営環境や顧客の状況によって，大きく素早く変化します。そのため，ある時点で垂直的適合が確立され，戦略実現のための人的資源が確保されていたとしても，経営戦略が変化すると，適合は壊されてしまう可能性があるのです。垂直的適合はいったん完成して終わりではなく，経営戦略の変化に応じて継続的に作り出す必要があることが，垂直的適合成立の第 1 の壁です。

第 2 の壁は，「働く人のココロ」です。先にも述べたように，人的資源を確保するとは，単に従業員として労働契約を結び，雇用するだけでは不十分なのです。意欲を持って，モチベーション高く働いてもらうところまで持ち込んで，はじめて人的資源を確保したと考えるのです。

人は意思や心を持った存在です。そのため，人が企業の経営目的を達成するための資源（人的資源）になるかどうかは，雇用されるだけで決まるわけではなく，最終的にはその人の意思や判断に依っています。ましてや，経営戦略の実現に向かって貢献するというようなことは，本人がその気にならな

Column 2.1 ● 人的資源の確保：製薬会社の例

例えば，製薬企業がガンの特効薬を作り，販売したいという戦略をとった場合，薬を研究開発し，製造し，販売する全ての段階で，人的資源が必要になります。現在は，製造のかなりの部分は機械やロボットなどに置き換わりましたが，ガンの特性を研究して，新薬の基盤となる化学物質を作りあげるなどの研究開発活動は，一部が将来 AI（人工知能）等で代替されたとしても，多くは人が行う作業として残ると予想されています。

言い方を変えれば，製薬企業が，そうした特効薬を作って，世界のできるだけ多くの患者に届けるという戦略を立てた場合，その戦略の実現は，人的資源なしには不可能なのです。こうした経営戦略実現のために必要な人的資源を，企業は HRM を通じて確保します。

そして，確保された人的資源は，戦略にそった人的資源でなくてはなりません。例えば，ガンの特効薬を開発するという戦略の場合，必要なのは，化学や生物学などの専門的知識を持った研究者であり，同じ理工系でも，工学系技術者の必要性は低いのです。HRM はこのように，経営戦略に適合した能力，スキル，モチベーションなどを持った人的資源を確保することが必要です。

■図表 2-2-2　戦略と人的資源の適合を作る（垂直的適合）

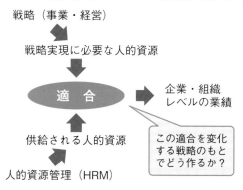

戦略（事業・経営）

戦略実現に必要な人的資源

適　合 → 企業・組織レベルの業績

供給される人的資源

人的資源管理（HRM）

この適合を変化する戦略のもとでどう作るか？

（出所）　筆者作成

くてはかなり難しくなります。

　このことも，人材を戦略実現のための経営資源だと考える戦略人事では，とても重要な壁になるのです。HRM を戦略にあわせて行うには，企業の側に働く人の心や意思を尊重し，納得してもらって，経営戦略の実現に貢献してもらうための工夫や努力が必要だということです。

2.3　ヤマト運輸宅急便ビジネスの戦略人事

　ではここで，戦略人事を実際に行っている企業の事例を考えてみましょう。今では，私たちの生活の一部となっているヤマト運輸の宅急便事業の戦略人事の事例です。ただし，現在の話ではなく，1976 年にヤマト運輸が宅急便事業を始めた頃の話です（図表 2-3-1，図表 2-3-2）。本節の記述は，江夏・林・西村・守島（2007）をもとにしています。

　宅急便事業の戦略の要は，全国に張り巡らされた配送ネットワークです。そもそも全国規模での宅急便事業を行い，便利で質の高いサービスを提供し，競争相手（当時は郵便事業を営む郵政省）から顧客を奪うためには，全国をカバーするネットワークを築き，集配を速くかつ丁寧にし，サービスの質を高める必要がありました。こうしたネットワークを活用して，丁寧でスピードの速いサービスを提供する。それが宅急便事業の経営戦略だったのです。

　この経営戦略の実現のために，ヤマト運輸が採用した経営戦略は，小規模多店化でした。他の配送業に比べて，地域を細かく区分し，集配を行う営業所を数多く設けるというやり方です。これによって，地域ごとに密度の高い集配体制を持ち，顧客に全国どこでもスピーディで丁寧なサービスを提供して，数多くの荷物を配送しようと考えたのです。

　ただ，いくら小規模営業所を数多く設置し，トラックなどによる配送ネットワークを整備しても，顧客から荷物を集め，また配送する人たちがいなければ，ネットワークは宝の持ち腐れです。そこで，ネットワークの効果を十分に引き出すために，ヤマト運輸が目をつけたのが，セールスドライバー（sales driver：SD）と呼ばれる，集配を行う人達でした。今のようにコ

■図表 2-3-1　宅急便ネットワークの拡大（1976 〜 1980 年）

時　期	宅急便ネットワークの拡大
1976 年 1 月	関東支社に宅急便センターを設置。東京 23 区および都下の営業所 24 店，関東 6 県の営業所 60 店体制で宅急便の営業を開始。
3 月〜	取扱範囲を関東以外の地域へ拡大。
	静岡市，浜松市，仙台市（〜 4 月）
	宮城，福島，静岡，愛知，三重，京都，大阪，兵庫，福岡（5〜6 月）
	岡山，広島，佐賀，長崎各県の主要市部，札幌市および北海道一部市部（9〜11 月）
1977 年	遠隔地へエリア拡大（山形市，福井，滋賀，奈良，和歌山，香川，徳島，大分各県の市部および関東 1 都 6 県の全域（離島を除く）。
1978 年	新潟，岐阜，鳥取，山口，愛媛，高知，宮崎各県の主要市部と島根県の一部。
1980 年 3 月	取扱区域が全国主要都市のほか関東などの地域では郡部にも拡大，日本の人口の 74.8%，面積では 27.4% をカバーするネットワークを完成。

（出所）　ヤマトホールディングス株式会社編（2020）『ヤマトグループ 100 年史』pp.172–173 をもとに筆者作成

■図表 2-3-2　宅急便の取扱個数と売上高の推移

年	取扱個数	売上高（営業収益）（千円）	店所数（所）	取扱店数（店）	車両台数（台）
1977 年 3 月末	1,705,195	—	102	450	2,783
1978 年 3 月末	5,399,774	—	135	3,000	3,067
1979 年 3 月末	10,873,406	8,054,000	156	6,000	3,425
1980 年 3 月末	22,265,278	16,972,000	206	9,701	4,415

（出所）　ヤマトホールディングス株式会社編（2020）『ヤマトグループ 100 年史』表 6–3（p.179）

ンビニでの荷物の集荷や，宅配ボックスなどへの配送がない時代です。全て，SD が対面で行っていたのです（**Column** 2.2）。

そして，ヤマト運輸は，こうした SD に求める人材像として，「顧客に安心感を与え，親しみを持ってもらえる人」を設定します。こうした資質を持った人的資源が，顧客に丁寧なサービスを提供し，扱う荷物の個数を増やし，前述した全国ネットワークに基づく戦略を最も効果的に実現すると考えたのです。

ではこうした SD を確保するために行った HRM はどういう内容だったのでしょうか。最も特徴的なのは，①仕事を通じた育成（育成については**第 5 章**参照），②評価の仕組みと出来高給（評価・処遇については**第 6・7 章**参照），③補完人材の活用の 3 つです。

まず，育成については，営業所は全国に散らばっているので，一カ所に集合しての研修などは難しい状況でした。しかし逆に，小規模の営業所において，仕事を通じた育成（OJT）を行うには適切な状況だったともいえます。10 人程度の営業所というユニットで，お互いの仕事がよく見え，また指導などもマンツーマンでやり易いなかで，新人等を教育していくのです。一人ひとりの SD がヤマト運輸を代表しているという，「ヤマトは我なり」という企業理念も，小規模の営業所のなかで浸透していきました。

さらに小規模の営業所は，評価の仕組みにも活用されます。ここでも人数が少ないので，お互いが見えやすく，評価において，いわゆる「360 度評価」のような仕組み（上司だけではなく，同僚や先輩，後輩などが全方位で一人の従業員を評価する仕組み，上司だけの評価だけに依存しないという点で納得感が高まるといわれている）を使って評価を行います。さらに SD は，通常 1 人で顧客の所に出向くのですが，シフトの状況によっては，同じ顧客を 2 人以上の SD が集配を担当することもあり，こうしたときに 2 人目の SD から入る情報が，評価の精度を高めます。「補完人材の活用」と呼ばれる施策です。

なお，育成と評価，両方に小規模営業所のメリットが使われていますが，こうした仕組みの基盤は，製造業の工場現場でつちかわれた，小集団を利用した HRM（「小集団管理」と呼びます）から学んだことが多かったといわれています。

Column 2.2 ● セールスドライバー（SD）の存在意義

　ヤマト運輸にとって，SD は単なるドライバーや集配員ではなく，これまで郵便がさばいていた荷物をヤマトに向けさせ（「家まで集荷にきてくれるし，また配送も丁寧で速いので，次はヤマトで送ってみよう！」），さらに新たな需要を引き出す（「安心して送れるのだから，これまで何も送ってなかった田舎の〇〇ちゃんにも送ってみよう！」）ための，顧客と密着したまさにセールススタッフだったのです。

　また SD は，単に配送荷物の丁寧な運搬を行うだけではなく，潜在的な顧客のニーズを掘り起こし，新たな商品やサービスを開発し，需要を掘り起こす起点としての役割も持っていました。現在，ヤマト運輸の宅急便は，配達時間指定やゴルフ宅急便，スキー宅急便など，多様なサービスや商品を持っていますが，その多くは，SD の情報収集がもとで作られたものです。こうした新サービスも配送個数を増やし，配送ネットワークを活用することにつながりました。

■図表 2-3-3　SD 確保のためのヤマト運輸の HRM

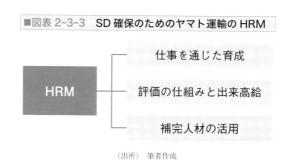

（出所）　筆者作成

さらに，賃金等の処遇も，どれだけの荷物を集配したかという出来高給と，360度評価などによる仕事ぶりの丁寧な評価に基づく能力評価給の2本だてになっており，出来高給で，集配する個数を増やすインセンティブを与えつつ，同時に働きぶりの評価に基づく能力給で，顧客をないがしろにして配送個数を増やす行為を防ぐことにもつながっています。

つまり，ヤマト運輸では，小規模多店の営業所を基盤に，育成，評価・処遇などを総動員して，「顧客に安心感を与え，親しみを持ってもらえる」SDを全国で確保し，取り扱い量を増やし，ネットワークの効果を充分に実現し，経営戦略を実現していったと考えられます。

図表2-3-4にこの流れが要約してあります。左半分が宅急便事業の経営戦略，右半分がそれを支える人的資源管理ということです。開始から40年以上がたったいま，ヤマト運輸の宅急便事業の経営戦略とHRMは大きく変化していますが，SDを大切にするという基本は，今でも踏襲されています（BOX2.1）。

2.4 これからの戦略人事

先ほど，戦略人事（戦略的人的資源管理）という考え方は，1990年代ごろにアメリカから入ってきたといいました。そして，近年，わが国では，企業は過去にも増して，戦略人事を志向しなくてはならないということが強くいわれるようになってきています。

この点に関して，図表2-4-1に，HRビジョンという会社が2021年に行った調査の結果を示してあります。この調査をみると，「戦略人事は重要である」という問いに対し，「自社にあてはまる」または「どちらかといえばあてはまる」と答えた割合は，約600社余りの回答企業のうち91.0％となっています。

ところが，「自社で戦略人事は機能している」という問いに対しては，「当てはまらない」と「どちらかといえばあてはまらない」と答える割合は66.7％もいるのです。なぜ，近年になって戦略人事という考え方が重要に

■図表 2-3-4　ヤマト運輸宅急便事業の戦略人事

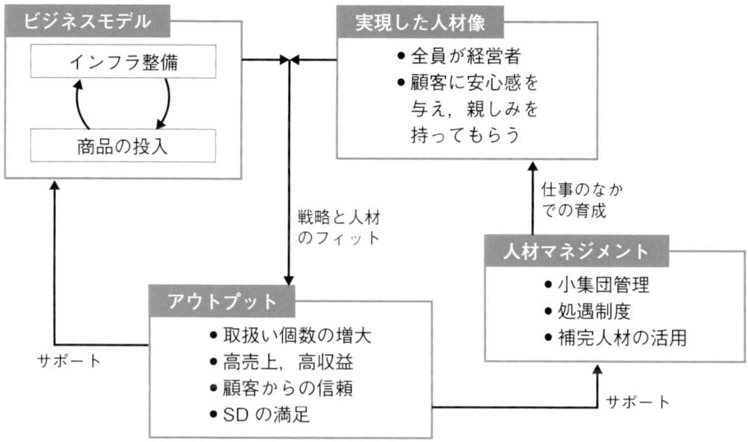

（出所）　江夏幾多郎・林有珍・西村孝史・守島基博（2007）「「ヤマトは我なり」：コア競争力の源泉としてのセールスドライバーのマネジメント」『日本労働研究雑誌』49（4），p.52

BOX2.1　ヤマト運輸 HRM：最近の動き
　　　　「ヤマト，非正規 5000 人を正社員に　労使合意で待遇改善」

　宅配便最大手のヤマト運輸は 15 日，春季労使交渉で，契約社員の約 5000 人を 5 月に正社員登用することで合意した。うち 3000 人はフルタイムで働くトラック運転手で，全員を正規雇用に切り替える。事務職などの契約社員で 3 年が経過したら無期雇用に転換する制度も導入する。待遇改善で士気を高めて，人材確保につなげる。（後略）

（出所）　日本経済新聞 2018 年 3 月 16 日より抜粋

なってきたのに，多くの企業で困難を感じているのでしょうか。

そこで，まず初めに，これまでを振り返って，わが国の企業が，はたしてこれまで「戦略人事」を行ってこなかったのかを考えてみましょう。

第二次世界大戦後を概観してみると，日本企業のHRMは，特に製造業において，1つの企業に長期に雇用され，熟練度が高く，一所懸命働く生産労働者の確保などを成功させ，質が高く価格の安い，大量のものを作るモノづくりの経営戦略に合った人的資源を供給することに役だってきました。また労使関係（**第13章**）の観点では，労働者と使用者の対立の少ない，安定的な労使関係を作ることも，重要な要因でした。

そのためのHRMの仕組みが，終身雇用，年功賃金，そして企業別労働組合というような，いわゆる日本的雇用システムです。この3つは，「日本的経営の三種の神器」と呼ばれることもあり，現在は，**第1章**で述べたような①長期雇用の慣行，②企業内部の育成，③能力主義に基づく処遇などに変化しています。

そして，これらは，個別の施策としてだけではなく，お互いにその効果を強めながら，総合的なHRMの仕組みとして，日本企業が高度成長期に実現しようとしていた経営戦略が必要とする人的資源を提供し，企業の経営戦略の実現に貢献し，結果として，日本経済の発展をもたらしたのです。

ちなみに，HRMの個々の施策が，個別ではなく，お互いに効果を強めながら，経営戦略が必要とする人的資源を確保する状況を，施策同士の整合性という意味で，「水平的適合（horizontal fit：ホリゾンタル・フィット）」と呼びます。HRMの施策同士が適合していて，お互いにその効果を高めあう影響があるという意味です。例として，**図表2-4-2**に，日本的雇用システムにおける水平的適合を示しておきました。ここでは，**第1章**で紹介された現在の日本的雇用システムの代表的3施策に，**第4章**で紹介される，日本的雇用システムのもう1つの特徴である「新卒一括採用」を加えてあります。

現在でもそうした「三種の神器」に近いHRMの仕組みが多くの企業で残っており，多くの日本企業の雇用システムの底辺に流れる考え方となっているのは，長い間，こうした仕組みが望ましい効果をもたらし，戦略人事として，一定の価値があったためでしょう。現在は批判されることの多い日本的雇用

■図表 2-4-1　戦略人事の重要性と現状

問：自社で戦略人事は重要である。

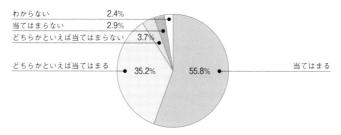

問：自社で戦略人事は機能している。

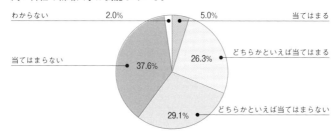

（出所）　HR ビジョン『日本の人事部　人事白書 2021』pp.15–16

■図表 2-4-2　HRM 施策間の水平的適合

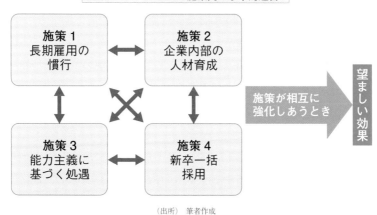

（出所）　筆者作成

慣行も，一時期は企業の戦略実現に貢献する立派な戦略人事だったのです。

2.5 戦略人事の現状

　ただ，現在，企業経営の在り方やHRMを取り巻く環境が大きく変化しています。図表2-5-1にまとめておきましたが，多くの企業がこれまでとは大きく異なった経営戦略を採用し始めています。例えば，自社の商品やサービスを海外に展開し，市場や経営のグローバル化を通じて，競争優位を保とうとする企業が増えています。

　また最近では，IT技術を使って事業の変革を行おうとする企業も増えています。マスコミに取り上げられることの多い，いわゆるDX（Digital Transformation：デジタルトランスフォーメーション）という経営戦略です。さらには，現在，自社の事業分野（事業ドメイン）を再定義し，事業構造を変革している企業も多く，またサブスクリプションやMaaS（Mobility as a Service）など，商品やサービスの新たな売り方を開発しようとしている企業も増えました。さらに企業の戦略目標として，いわゆるSDGs（Sustainable Development Goals）などを重視する企業も増えてきました。

　こういう形で，経営戦略が変化しつつある今，多くの企業で人的資源の不足が予想されています。図表2-5-2は，三菱総合研究所の推定で，今後10年ぐらいで，生産職と事務職が大きく余り，ITが使える人材などを中心に，専門職人材が大きく不足するという人的資源ミスマッチの予想図です。この推定は，主に技術革新とそれに伴う企業のビジネスの変化（DXなど）に対応する人材不足に関するものですが，他の経営戦略の変化も同様の人材不足をもたらすことが予想されます。

　戦略が変化するとき，当然のことですが，人的資源に求められる資質や能力は変わります。新たな戦略やビジネスの内容のもとで，新たな専門性を持った人材や既存人材に新たな職務行動や成果が求められるからです。そのため，戦略が変化する時には，新しい戦略を実現する人的資源を確保し活用するために，HRMにも変化が求められます。既存の人的資源の能力の転換，

■図表 2-5-1　経営戦略の変化と HRM

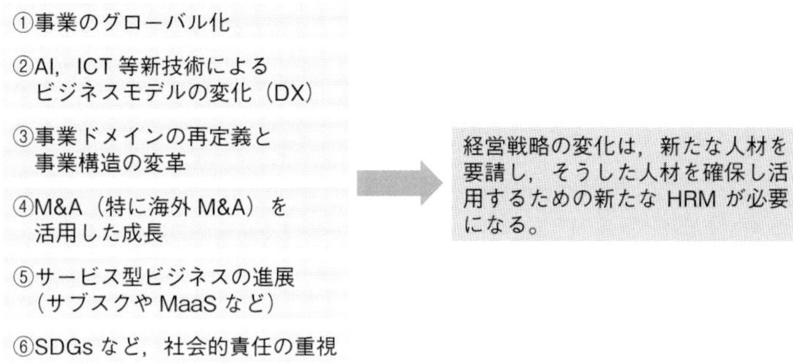

①事業のグローバル化
②AI，ICT 等新技術による
ビジネスモデルの変化（DX）
③事業ドメインの再定義と
事業構造の変革
④M&A（特に海外 M&A）を
活用した成長
⑤サービス型ビジネスの進展
（サブスクや MaaS など）
⑥SDGs など，社会的責任の重視
経営戦略の変化は，新たな人材を要請し，そうした人材を確保し活用するための新たな HRM が必要になる。

（出所）　筆者作成

■図表 2-5-2　職種別の人的資源ミスマッチ

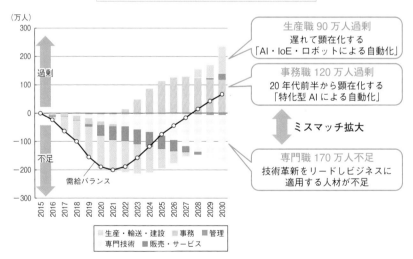

（万人）
300
200
100
0
−100
−200
−300
過剰
不足
需給バランス
2015
2016
2017
2018
2019
2020
2021
2022
2023
2024
2025
2026
2027
2028
2029
2030
生産職 90 万人過剰
遅れて顕在化する
「AI・IoE・ロボットによる自動化」
事務職 120 万人過剰
20 年代前半から顕在化する
「特化型 AI による自動化」
ミスマッチ拡大
専門職 170 万人不足
技術革新をリードしビジネスに
適用する人材が不足
生産・輸送・建設
事務
管理
専門技術
販売・サービス

（出所）　三菱総合研究所（2018）「内外経済の中長期展望 2018–2030 年度」図表Ⅱ–21（p.33），図表のタイトルおよびグラフ等の色は筆者変更

スキル（技能）などの転換も求められるようになるでしょう。まさに戦略人事が重要になってくるのです。こうした状況下で、新たな HRM の仕組みが求められています。新たな経営環境で新たな経営戦略を展開しようとしている企業が、必要な人的資源を確保するためには、HRM の仕組みも変化しなくてはならないのです（BOX2.2）。

　例えば、企業がビジネスモデルを抜本改革するデジタルトランスフォーメーション（DX）は、日本の人材育成に変革を迫っています。**第 5 章**で紹介されるように、わが国の企業では、従業員の能力開発は「職場内訓練（OJT）」が定番でした。しかし、OJT は現在存在する仕事のノウハウを先輩や上司から学ぶことにとどまりがちで、新しいサービスや事業プランを描く力は身につきにくいという欠点があります。そのため、一般の従業員を DX の戦力に仕立てるには、体系的なプログラムづくりなど社内教育のテコ入れが求められています（*Column* 2.3）。

　第 1 章で紹介された現在進行しつつある HRM の変化も、多くはこうした経営戦略上の要請によって起こってきたと考えられます。例えば、**第 11 章**にある非正社員の活用拡大です。現在、わが国の経済では、かつてのような製造業のウェイトが大きい状況から、サービス業が大きな役割を占めるようになってきています。現在の日本で、飲食、宿泊、生活関連サービス（理容・美容等）などのサービス業が GDP（国民総生産）に占める比率は、ほぼ製造業のそれに匹敵する、または少し追い抜いているといわれています。昭和の終わりごろの 1985 年近辺には、GDP に占めるサービス業対製造業の比率が、ほぼ 1 対 2 だったのに比べて大きな成長です。

　非正社員の活用拡大という、HRM の変化は、こうしたサービス業の増大も大きくかかわっていると考えられます。例えば、飲食等の店舗では、時間帯や季節によって、顧客の数が増減するので、常に一定の時間決まって働くことを期待されている、正社員の働き方は、経営戦略と不適合だったことが予想されます。

　そして、サービス業の生産性も、製造業のそれに比べて低い時期が長い間続いてきたのですが、ようやく 2010 年ぐらいになって製造業のそれに追いついてきたという研究結果もあります（大和・市川，2013）。サービス業にお

Column 2.3 ● DX による戦略人事：住宅販売会社の例

　住宅販売の事業が DX 化される場合を事例として考えてみましょう。その場合，人的資源という観点で考えなくてはならないのは，単に IT に精通した技術者を確保するだけではなく，これまで顧客の住まいなどに直接訪問して，住宅を売り，顧客情報の処理や管理は，紙や営業所に戻ってからのパソコン入力などで対応してきた営業スタッフ一人ひとりが，仕事の仕方を変える必要性です。DX 化後には例えば，顧客情報の記録は手持ちのモバイル端末を使い，その場で入力し，顧客データの管理はクラウドのデータベースで行うようになるかもしれません。また顧客との商談は，オンラインで行う機会も増えるでしょう。つまり，既存の営業の人達にも，これまでとは違ったスキルや営業スタイルが必要になるのです。結果として，営業スタッフの育成や評価の仕方などを変えなくてはならないかもしれません。DX 化のために新たな IT 人材を確保するだけではなく，既存の人材を，DX 化という新たな経営戦略に適合した人材に転換する。そうしたことを行うことが，この事例での戦略人事となります。

いて，戦略人事が進展し，企業が人的資源を有効活用できてきたということかもしれません。

　現在，企業や組織の経営戦略は大きく変わろうとしています。そのなかで，わが国のHRMはさらに変わっていくことが求められています。先にも述べたように，HRMというのは，経営戦略を実現するための人的資源の確保・活用のための活動です。HRMは，変化する経営戦略に適合し，この目的を達成することが求められるのです。現在は，経営環境や経営戦略が大きく変化し，経営戦略実現のために，戦略人事が重要な時代なのです。

第3章

雇用区分制度と
社員格付け制度

◆ 本章のねらい

　本章では，以下の点について学んでいきます。

・なぜ雇用区分と社員格付け制度が重要なのか。

・雇用区分とは何か。

・社員格付け制度とは何か。

・雇用区分や社員格付け制度はどのように変化してきたのか。
　今後はどのように変化していくのか。

◆ キーワード

　雇用区分，社員格付け制度，正社員，非正社員，職能資格制
　度，職務等級制度，役割等級制度

3.1 雇用区分制度と社員格付け制度とは

　本章では，HRM の基盤となる「雇用区分制度」と「社員格付け制度」について学びます。雇用区分制度は，企業が雇用する人材をいくつかのグループに区分して扱う枠組みのことです。区分された人材グループごとに，異なる社員格付け制度を適用したり，異なる採用施策や配置施策，処遇施策，育成施策などを実施したりします。

　社員格付け制度は等級制度ともいい，企業が雇用する従業員を，企業にとって重要な順にランキングする制度をいいます。このランキングを，評価・報酬や昇進に結び付けることで，生じる格差に一貫性を持たせるとともに，従業員へのインセンティブとしての役割を持たせます。

　これらの雇用区分制度と社員格付け制度は，相互に関連しながら，人材の採用や評価・報酬，昇進，人材育成といった他の人事制度へ影響を与えることから HRM の基盤をなす制度となります。そのため，雇用区分制度と社員格付け制度を PC やスマートフォンの「OS」のようなものと例えることがあります。この場合，採用や賃金，昇進，人材育成といった HRM の諸制度は，いわば「アプリ」に相当するものになります（図表 3-1-1）。つまり雇用区分制度と社員格付け制度は，HRM における OS のようなものであり，アプリとしての採用や評価・報酬，昇進，人材育成など HRM の諸制度の基盤になるものであると考えるとよいでしょう。

3.2 雇用区分制度の必要性

　雇用区分制度は，前述したとおり企業が雇用する人材をいくつかのグループに区別して扱う枠組みのことです。雇用区分のことを社員区分と呼ぶこともあります。雇用区分の仕方には様々ありますが，よくみられる雇用区分の例として，契約期間に定めがあるか否かと，企業と従業員が直接雇用されるか否かで区分する枠組みがあります（図表 3-2-1）。契約期間に定めのな

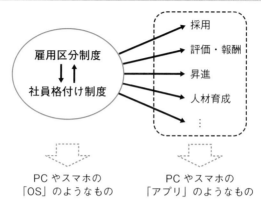

■図表 3-1-1　HRM の基盤をなす雇用区分制度と社員格付け制度

雇用区分制度
↓↑
社員格付け制度

採用
評価・報酬
昇進
人材育成
⋮

PC やスマホの
「OS」のようなもの

PC やスマホの
「アプリ」のようなもの

（出所）　筆者作成

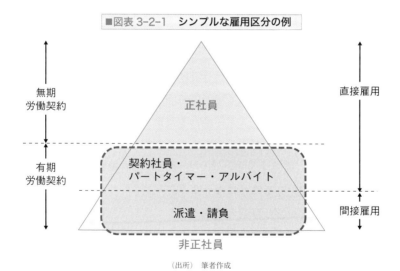

■図表 3-2-1　シンプルな雇用区分の例

無期
労働契約

有期
労働契約

正社員

契約社員・
パートタイマー・アルバイト

派遣・請負

非正社員

直接雇用

間接雇用

（出所）　筆者作成

い労働契約（無期労働契約）を企業と締結している従業員を一般に正社員と呼びます。逆に契約期間の定めのある労働契約（有期労働契約）を企業と締結している従業員は，一般に非正社員と呼びます（*Column* 3.1）。次に，非正社員のなかでも，企業が直接労働契約を締結する直接雇用か，それとも企業とは直接の雇用関係はなく他社と労働契約を締結する間接雇用かで，契約社員・パートタイマー・アルバイトと，派遣・請負の雇用区分が分かれます。

　なぜこのような雇用区分が企業にとって必要になるのかを，正社員と非正社員の区分で考えてみましょう。仮に企業が正社員のみで構成されている場合，企業が営む事業の繁閑に応じて従業員数を調整することが難しくなります。スキー場を経営する企業を例にすると，スキー場は，冬期に繁忙を極めますが，それ以外の期間は休業します。それにもかかわらず全従業員を無期労働契約の正社員で雇用した場合，スキー場の休業期間中も全員を雇用し続けることになり，人員の余剰が生じるうえ，休業中にもかかわらず賃金を支払い続けることになります。そこで，年間を通して事業遂行に必要な人数のみを正社員として雇用し，冬期などスキー場営業の繁忙期にのみ必要な人数を必要な期間だけ非正社員として有期の労働契約を締結できれば，事業の繁閑に応じた適切な数の従業員を確保することができます（図表3-2-2）。

　また，スキー場を経営する企業にとって，年間を通して雇用する人材と，冬期のみ雇用する人材は，企業で担う役割が異なります。年間を通して雇用する人材のほうが，一般的には多様で広範囲な役割期待が生じるのに対して，冬期のみ雇用される人材は，スキー場とそれにまつわる施設運営に特化した役割期待となります。そのため，採用も人材育成もその焦点も変わってくるでしょう。そして，果たす役割の違いや持つ能力の違いにより，人材の評価・報酬にも違いが生じることになります。

　このように，企業が営む事業の繁閑に応じて人材を柔軟に雇用するという点から，正社員と非正社員の雇用区分は有用です。そして，正社員と非正社員それぞれに対して異なる役割期待があり，それが評価・報酬や人材育成での違いに結び付くことも，多くの企業で正社員と非正社員の雇用区分が用いられる理由につながります。

正社員と非正社員は，下表に示すとおり労働契約が無期か有期かで一般には区別されます。また，一般的に雇用条件は下表のように整理されます。正社員は，非正社員に比べて雇用条件の限定性がないことがわかります。

	労働契約	所定労働時間	時間外勤務	職務配置の異動	勤務地の異動
正社員	無期労働契約を企業と締結している従業員	8時間	あり	あり	あり
非正社員	有期労働契約を企業と締結している従業員	契約次第	契約次第	通常はなし	なし

この整理はあくまでも一般的なもので，企業によって異なる場合があります。例えば。非正社員とされるパートタイマーのなかにも，いわゆる「無期転換ルール」により，労働契約が反復されるなかで無期労働契約に転じている場合があるなど，上記の表に示す区分や整理は，あくまでも一般的なものであると考えてください。

■図表 3-2-2　スキー場経営企業を例とした正社員と非正社員の雇用区分

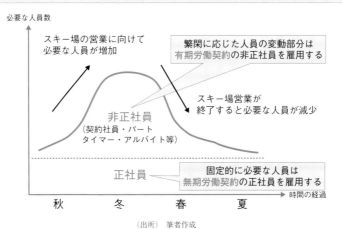

（出所）　筆者作成

3.3 多様な雇用区分とその変化

　これまで契約期間により区分される正社員と非正社員について主に説明してきましたが，企業は正社員のなかにも雇用区分を作って従業員を区別しています。過去の日本企業では，基幹的・企画的業務を担う総合職と，補助的・定型的業務を担う一般職という形での正社員の区分がよくみられました。また，企業は従業員が担う仕事の違いを職種という形でもグルーピングしています。

　このように雇用区分には，様々な区分の仕方と区分の程度があります。外部環境の変化や自社の戦略遂行のため，区分の仕方や区分の程度を見直すことによる対処が行われます。この対処をより戦略的に行うことを1つの主眼とした HRM の枠組みが**第 11 章**で学ぶ「人材ポートフォリオ」です。

　企業を取り巻く環境変化への雇用区分による対処として，主に2つの理由から「限定正社員」という新たな雇用区分を用いる企業が現れています。1つの理由は，**第 7 章・第 11 章**で学ぶ正社員と非正社員の格差問題からです。例えば一般に正社員が務める店長をパートタイマーが担う，いわゆる「パート店長」は，正社員相当の仕事を遂行しているにもかかわらず有期雇用のうえ賃金が正社員の店長の賃金よりも相当程度低いことがあります。この格差の改善が「同一労働同一賃金」に基づく公正性の考え方から求められています。

　もう1つの理由は，正社員の労働条件の無限定性の問題です。***Column*** 3.1 に示したように，正社員の労働条件は時間外労働や職種・勤務地異動が限定されておらず，**第 10 章**で学ぶ**ワーク・ライフ・バランス**上の問題が生じるおそれがあります。

　限定正社員は，一般に正社員と非正社員の中間的な労働条件が設定されています。BOX3.1 に示したように，非正社員から限定正社員や正社員へ社員区分を転換することで，労働条件の改善とモチベーション向上が期待できます。また，正社員から限定正社員へ社員区分を転換することでワーク・ライフ・バランス上の問題を改善することができます。令和 2 年度には約 3 割の

BOX3.1 「りそなが崩した「正規」の壁：社員区分を事情に合わせ転換」

正社員には支給されるのに非正社員の従業員はもらえない。正社員の恵まれた立場を象徴していた様々な手当が「同一労働同一賃金」の名の下に見直されている。それでも正社員と非正社員を隔てる溝は容易には埋まらない。りそなグループは過去の危機を契機に，社員の区分を越えて人材を活用する制度を模索してきた。

「やはり給与が増えるのはうれしい。励みになる」。りそな銀行東京本社で「パートナー社員（パートタイマー）」として金融商品販売の事務手続きをサポートするAさんの給与に4月分から5千円が上乗せされることになった。

りそなグループの社員は，業務範囲や勤務時間の条件によって，①限定なしの正社員，②どちらかを限定した「スマート社員（限定正社員）」，③どちらも限定したパートナー社員，の3つに分かれる。この春，正社員だけを対象としていた子育て支援手当が他の区分にも拡大され，大学生の息子がいるAさんも恩恵を受けることになった。

（中略）

りそなホールディングスオムニチャネル戦略部でマーケティング分析などに携わっているBさんは17年，社内の登用制度を使って時間限定のパートナー社員から限定なしのスマート社員（限定正社員）に転じた。「家庭と仕事の両立を考えてパートの仕事を選んだが，もっと時間をかけて広く深くデータを分析したいという意欲が強くなった」と話す。

りそなグループでは，スマート社員制度が始まった16年以降，試験と面接を経てパートナー社員300人弱をスマート社員や正社員に登用してきた。育児や介護などの事情で，正社員がスマート社員などに転換することも可能だ。（後略）

（出所） 日本経済新聞2020年5月12日より抜粋

■図表 3-3-1 限定正社員制度の導入状況

厚生労働省の令和2年度調査によれば，約3割の企業が限定正社員制度を導入しており，限定正社員制度導入企業のうち，①勤務時間の限定，②勤務地の限定，③職務の限定，の3種別ともそれぞれ約4割前後が導入しています。

（単位：%）

	限定正社員制度あり	勤務時間限定制度	勤務地限定制度	職務の限定制度	限定正社員制度なし	不明
限定正社員制度の有無割合	28.6	16.3	17.0	11.8	70.3	1.0
限定正社員制度利用「あり」の内訳	—	43.8	41.7	37.7	—	—

（出所） 厚生労働省「令和2年度 雇用均等基本調査」をもとに筆者作成

企業が限定正社員制度を導入しています（図表3-3-1）。

3.4 社員格付け制度の必要性

　社員格付け制度は，企業が雇用する従業員を，企業にとって重要な順にランキングする制度をいいます。社員格付け制度は従業員をランキングする制度のため，等級制度とも呼ばれます。ランキングに応じて，職務や役割，賃金などの処遇，人材育成などの施策が連動して決まります。

　社員格付け制度は，大相撲における横綱や大関などの番付（番付表）に例えられることがあります（図表3-4-1）。大相撲では力士達の「強さ」が重要になります。番付は，力士の「強さ」を表すものとして場所での勝敗に着目し，力士の場所での勝敗数に応じて次場所の番付の昇進・降格を決めています。より高位の番付ほど名誉と報酬などでの優遇があることで，強くなって勝つための稽古や切磋琢磨を促進する役割を果たします。また，力士の対戦は一定の番付の範囲内で行われるため，極端な実力差を避けて秩序と公正性があるなかでの熱戦を促すとともに，勝ち進んだ若手力士による番狂わせのようなドラマと緩やかな世代交代を促す役割もあります。

　企業における社員格付けも大相撲と同様に，その企業において重要であると考える基準に基づいて従業員をランキングします。次節で詳述するように，*Column* 3.2 に示した経緯で，日本で独自に発展した職務遂行能力に基づくものと，アメリカで発展して世界に普及した職務の価値に基づくものがあります。この基準，つまり賃金などに結び付く企業が重視する価値を明示してランキングの軸にすることで，企業の HRM のなかに一貫性を持たせて社内の秩序と公正性を維持する効果や，図表3-1-1 に示したように採用や評価・報酬や昇進，人材育成といった HRM の諸制度へ結び付くことで，HRM の基盤的制度としての役割を果たすだけでなく，従業員にとってどうすれば評価や報酬がアップするのかを示すインセンティブとしての効果が期待されます。

　逆に，社員格付け制度がない場合は，評価・報酬や昇進に一貫性が失われ

■図表 3-4-1　大相撲の番付

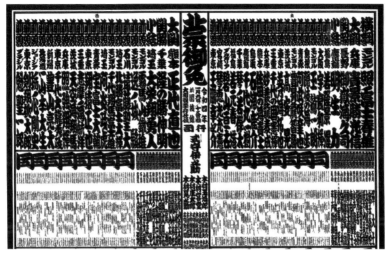

(出所)　令和 4 年初場所番付表の一部を筆者撮影

Column 3.2 ● 日本企業の社員格付け制度の歴史的変遷

　第 2 次世界大戦後から 1960 年代頃までの日本企業における社員格付け制度は，戦前の日本企業の「職員」と「工員」という身分制度に基づくものと，課長や部長といった役職に紐付くものが中心で，いずれも年功制的な考え方がベースにありました。その後の高度経済成長に伴う大幅な人員増と，その終焉に伴う組織の固定化により，増大した候補者に対して部課長などの役職ポストの数が不足するというポスト不足問題が生じました。この時期，年功制からの脱却も目指してアメリカで発達した職務等級制度の導入が試みられましたが，役職と職務等級がリンクするために役職ポスト不足問題の解決につながりにくいうえ，図表 3-5-4 に示した日本企業のあいまいな職務の定義が問題となり，一部の企業の導入にとどまりました。そこで日経連（日本経営者団体連盟）が，人材の職務遂行能力を基準とした「職能資格制度」という社員格付け制度を開発し，その導入を主導していきます。図表 3-5-2 に示したように，役職をイメージしつつも，役職と切り離された職能資格という社内資格を作り，職能資格を賃金とリンクさせることで，役職制度と社員格付け制度を分離し，ポスト不足問題を解決しました。日本の多くの企業に職能資格制度は採用されたものの，バブル経済の崩壊により職能資格制度が持つデメリットが顕在化して現在に至ります。

てしまい，場当たり的な格付けや評価・報酬，昇進が行われることで，従業員の不公正感が増し，離職やモチベーション低下などの問題が生じる懸念が考えられます。

3.5 職能資格制度と職務等級制度

社員格付け制度には，日本で独自に発展した職能資格制度と，アメリカを中心に世界に普及している職務等級制度の2つの基本形があります。これらの2つの基本形は，何に着目してランキングを行うかが異なっており，職能資格制度では従業員の職務遂行能力でランキングを行い，職務等級制度では従業員が従事する職務の価値でランキングを行います。これらのランキングと評価・報酬，昇進が結び付くことで，それぞれに異なる様々な特徴が生じます（図表3-5-1）。

職能資格制度では，従業員の職務遂行能力の高低に着目してランキングを行いますが，職務遂行能力を判断する基準として経験年数を重視する企業が多いという特徴があります。人事部に所属する新卒入社3年目のAさんと新卒入社10年目のBさんを例にすると，BさんのほうがAさんより7年勤続年数が長く，その分様々な経験を積んでおり潜在能力が高い，つまり職務遂行能力が高いと考えることができます。その結果，Bさんのほうが高い職能資格に格付けられて賃金も高くなります。つまり，職能資格制度では，経験年数を積むことで高まる潜在的な職務遂行能力に着目してランキングを行うことから，「人基準」の格付け制度と呼ばれることがあります。

職能資格制度では，役職とは違う社内資格の職能資格でランキングされ，賃金（職能給）とリンクします（図表3-5-2）。役職と賃金が切り離されることで，*Column* 3.2 に示したようにオイルショック後の日本企業が直面していた役職ポスト不足問題への対処ができました。また，就く仕事は職能資格と賃金にリンクしないので，ジョブ・ローテーションで多くの仕事を経験するゼネラリスト育成に向きます。そして経験年数を重視する年功的な制度運営により，従業員の生活は安定し，企業に勤続し続けるインセンティブとし

	職能資格制度	職務等級制度
等級の決定基準	職務遂行能力（人基準）	職務の価値（仕事基準）
賃金の対価	蓄積された職務遂行能力	就いている職務の価値
昇進・昇格パターン	役職の昇進と職能資格上の昇格の2つのはしご	役職の昇進と職務自体の再評価
主なメリット	●役職と賃金が分離され，役職ポスト不足問題を解決できる ●異動で賃金が変化しないのでジョブ・ローテーションが容易	●就いている職務の価値に応じた賃金なので同一労働同一賃金を実現しやすい ●スペシャリストを育成しやすい
主なデメリット	●就いている職務の価値と賃金に乖離が生じやすい ●年功序列で資格が昇格することで総額人件費が増大しやすい	●就く職務で賃金が変わるのでジョブ・ローテーションが難しい ●職務外の援助行動や職務の自発的拡大を阻害する
適した雇用システム	メンバーシップ型雇用	ジョブ型雇用

（出所）　守島基博（2010）『人材の複雑方程式』日本経済新聞出版，表4-1（p.158）をもとに筆者作成

■図表 3-5-2　職能資格制度のイメージ

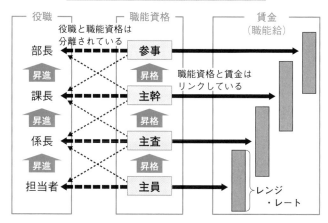

（出所）　佐藤博樹・藤村博之・八代充史（2019）『新しい人事労務管理（第6版）』有斐閣，図3-2（p.74）をもとに筆者作成

て機能します。一方で，実際に就いている職務やその成果への着目が不十分のため，職務価値や成果と賃金との間に不公正感が生じやすくなります。また，勤続年数が多い従業員が多数を占めるようになると，高賃金の従業員が多くなって総額人件費が増大するという企業経営上の問題につながります。

　一方，職務等級制度では，従業員が従事する「職務の価値」に着目してランキングを行います。従業員には，従業員が就く職務の内容を表す職務記述書が明示され，その職務記述書をもとに職務分析が行われて，職務の価値を表す得点が決まります。その得点に応じて職務等級に格付けられて，賃金（職務給）が決まります（図表3-5-3）。

　前述した人事部のAさん（入社3年目）・Bさん（入社10年目）の例でいえば，Aさん・Bさんがどの職務等級に格付けられるかは，Aさん・Bさんが実際に就いている職務内容とその価値によって決まります。もしAさん・Bさんが，同一内容の職務記述書の職務に就いている場合，同一の職務価値として同じ職務等級になることになります。経験年数や年齢など人の要素を考慮せずに，就いている職務の内容とその価値，つまり仕事のみに着目するので，「仕事基準」の社員格付け制度とも呼ばれます。

　このように，職務等級制度では，就いている職務の価値によってランキングされて賃金にリンクするので，同一労働同一賃金を実現する公正性の高い社員格付け制度であると考えられています。しかし，職務等級が変わるような昇進や異動がないと賃金の大きなアップが見込みにくく，転職を誘発しやすいという問題や，図表3-5-4に示した日本企業の職務の曖昧性の問題，ジョブ・ローテーションによって賃金が変化してしまうという問題もあって，*Column* 3.2に示したように日本企業での導入は少ない状況が続いています。

3.6　社員格付け制度の今日的変化

　バブル経済の崩壊後，日本経済は低迷期を迎えて日本企業の経営も苦境に陥ります。そのなかで，日本企業の多くが採用してきた職能資格制度のデメリットが顕在化し，その解決のために**第7章**で学ぶ「成果主義」による

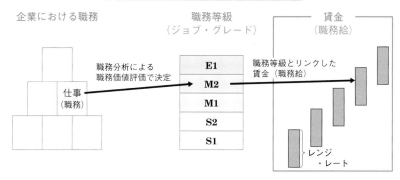

■図表 3-5-3　職務等級制度のイメージ

企業における職務　　　　　　　職務等級　　　　　　　　賃金
　　　　　　　　　　　　　　（ジョブ・グレード）　　　　（職務給）

職務分析による
職務価値評価で決定

仕事
（職務）

E1
M2
M1
S2
S1

職務等級とリンクした
賃金（職務給）

レンジ
・レート

（出所）　筆者作成

■図表 3-5-4　日本と欧米の職務の明確化と仕事の構造の違い

　欧米企業では，職務記述書が整備されて従業員の職務と責任が明確化されており，その従業員個々の職務をピラミッドの石のように積み上げて企業全体の仕事が形成されています。日本企業の場合は，従業員の職務があいまいにしか定義されておらず，どの従業員が遂行するか決まっていない図中の青色部分の職務を，従業員個々の能力と自発性に応じて各従業員が適宜遂行する形になっています。

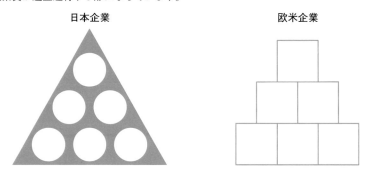

日本企業　　　　　　　　　　　欧米企業

（出所）　石田英夫（1989）『企業と人材』放送大学教育振興会，図1–1（p.11）をもとに筆者作成

HRM改革を進めました。その改革成果が十分とはいえないなかで，現在3つの変化が社員格付け制度で進んでいます。1つ目は，職務等級制度への移行です。職務等級制度は，同一労働同一賃金を実現しやすく公正性確保の観点から望ましい社員格付け制度であるとの考え方があります。そしてアメリカなどのコンサルティング会社によりグローバルな職務等級とそれに対応する賃金水準情報が提供されることで，欧米系企業だけでなく世界で広く採用されています。

日本企業は，図表3-5-4に示したように職務の定義があいまいななかで，「メンバーシップ型雇用」と呼ばれる雇用システムを形成してきました（図表3-6-1）。これに対して職務等級制度は「ジョブ型雇用」に適した社員格付け制度であり，メンバーシップ型雇用を行う日本企業にとって職務等級制度に移行しジョブ型雇用に転換するのは容易ではありません。しかし，ジョブ型雇用と職務等級制度は欧米企業を中心にグローバルに浸透しており，**第1章**のBOX1.1に示された日立製作所の事例のように，グローバル化を進める日本企業において職務等級制度を導入する企業が現れています。

2つ目は，従業員が担う役割の重要度に応じてランキングする「役割等級制度」への移行です。役割等級制度はリーダーや管理職の役割の重要性に着目しつつ役職や職位，職種を組み合わせて役割等級を作り，その役割等級に応じて役割給を設定するという社員格付け制度です。役割への着目は，職務等級制度における職務（仕事）の要素を職能資格制度に取り入れたと考えることができます。しかし，職務等級制度ほどの厳密さはなく，企業の状況に応じて役割を抽出して等級を自由に企業が設定でき，企業の変化に応じて柔軟に役割等級の見直しができるという長所があります。結果として，役割定義があいまいで職能資格制度に類似したものから，役割定義を緻密に行うことで職務等級制度に類似したものまで企業による制度の違いが幅広いものになっています（図表3-6-2）。この役割等級制度の柔軟性もあって，職能資格制度から役割等級制度へ移行する日本企業が増加しています。

3つ目は，正社員に一律に同じ社員格付け制度を導入するのではなく，異なる社員格付け制度を組み合わせる動きです。管理職階層に職務等級制度や役割等級制度を導入し，非管理職階層にはこれまでの職能資格制度を維持す

■図表 3-6-1　メンバーシップ型雇用とジョブ型雇用

	メンバーシップ型雇用	ジョブ型雇用
人と仕事の結び付き	人ありき	仕事ありき
従業員の企業への意識	就社（会社に就く）	就職（職に就く）
採用活動の中心	新卒一括採用	中途採用
企業での職務の定義	あいまい	職務記述書で明確に定義
企業での人材育成	企業主導	個人主導
適した社員格付け制度	職能資格制度	職務等級制度
主な採用企業	日本企業	欧米企業

（出所）　筆者作成

■図表 3-6-2　役割等級制度の概念的な位置付け

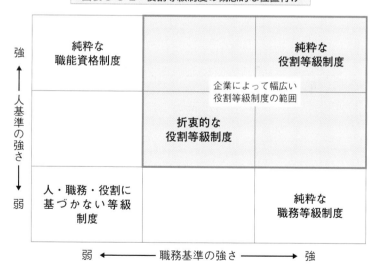

（出所）　平野光俊（2010）「社員格付け制度の変容」『日本労働研究雑誌』図1（p.77）をもとに筆者作成

るというハイブリッド型を採用する企業が現れています。

　企業にとって，雇用区分制度や社員格付け制度の革新は，新たな経営環境に対応するための，いわば「OS のアップデート」でもあり，①企業の戦略実現や従業員の高業績促進，②人材をいかに惹きつけるか，③多様化・国際化，④公正性，等に対応したアップデートを進める必要があるでしょう。

第4章

採用と定着

◆ 本章のねらい

本章では，以下の点について学んでいきます。

・企業が採用を行う理由と目的は何か。

・採用にはどのような種類があるのか。

・どのようなプロセスを通して採用活動は行われるのか。

・採用した人材を定着させ，活躍してもらうために，企業はどのようなことをしているか。

◆ キーワード

採用，定着，RJP，組織社会化，リテンション

4.1 採用とは

　企業が事業計画を達成するためには，適切な人材を確保し，活躍してもらう必要があります。例えば，これから A 社で新たな事業が始まるとしましょう。新規事業に必要な人材を集めるために，A 社では，はじめに新事業でどのような仕事（職務）が必要になるかを検討します。次に，その仕事ができる人を探してこなければなりません。その方法は大きく 2 つに分かれます。1 つは，A 社の「社内」でみつけることであり，もう 1 つは，A 社の「社外」からみつけてくることです。1 つずつみていきましょう。

　「社内」で適切な人材をみつけ，新事業で働いてもらう方法はいくつかあります。第 1 に，他の事業部で働いている人を新事業に水平的に動かす「異動」です。営業から営業，営業からマーケティングなど，同じ職務で異動することもあれば，そうでない場合もあるでしょう。第 2 の方法は「昇進・昇格」による垂直的な異動です。例えば，新しい事業をまとめる課長職が必要になった場合，有望な若手人材を昇進させることによって，必要となるポジションを埋めることがあります。他にも，関連会社や親会社・子会社から人を異動させる「出向・転籍」という方法も考えられます。新事業に限らず，企業は社内の人材プールである「内部労働市場」から適切な人を異動させたり，昇進・昇格させたりすることによって，事業に必要となる人材を確保しようとします。

　一方，時には社内だけでは事業に必要な人材を確保することができないこともあるでしょう。そのような場合，企業は「社外」の人材プールである「外部労働市場」から適切な人材をみつけることを試みます。これが「採用」です。採用については**第 1 章**でも触れましたが，事業に必要な職務を担う能力があると考えられる人を，外部労働市場から獲得し，活躍してもらうことを目的に行われます。採用された人材の活躍がその後の事業計画の達成に影響を及ぼすという意味において，採用は人的資源管理においても重要な位置を占めます（図表 4-1-1）。

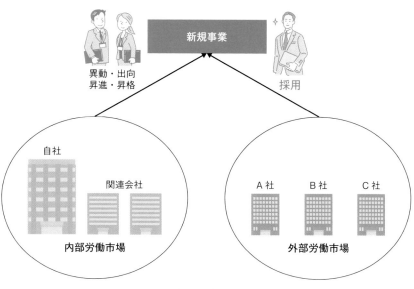

■図表 4-1-1　採用とは

異動・出向
昇進・昇格

採用

新規事業

自社

関連会社

内部労働市場

A社　　B社　　C社

外部労働市場

（出所）　筆者作成

BOX4.1　大卒新卒採用の歴史：大卒新卒採用の原型は戦前に確立

　日本に大学という教育機関が誕生したのは 1870 年代。卒業生のほとんどが学界や官界を目指していたが，実業界も積極的に働きかけ始めた。三菱はその代表であり，1879 年より学卒の新入社員を定期的に採用し始めた。これが，日本企業の新卒定期採用の嚆矢とされる。その後，大企業のみならず中小企業も大卒を採用するようになるが，旧態依然とした組織が近代的な教養を身につけたごく一握りの大卒者を使いこなすのは難しかった。

　新卒一括採用方式が本格的に広まったのは，第一次大戦後の 1920 年から深刻化した不況期だった。就職希望者が殺到するようになり，選抜試験を行うことが慣行化された。また，新入社員の解雇，採用取り消しなども常態化していた。こうした就職難に対応するために，大学は就職部を設け，就職ガイダンスや模擬面接などを行うようになった。

（出所）　リクルートワークス研究所（2010）「『新卒採用』の潮流と課題」より抜粋

4.2 採用の種類

　企業が行う採用活動には大きく2つの種類があります。1つは「新卒採用」，もう1つが「中途採用」です。それぞれの採用の違いは，①採用対象，②採用基準，③採用時期にその特徴が表れます。以下では，新卒採用と中途採用の違いについてみていきましょう。

新卒採用とは

　新卒採用とは，一般に就業経験のない新規学卒者を対象として行われる採用活動を指します。その起源は明治時代にまでさかのぼり，三菱・三井といった旧財閥系企業が大卒学生を定期的に採用したことが始まりだといわれています。企業が卒業予定の学生を対象に一斉に採用試験を行い，卒業後すぐに入社させる制度は「新卒一括採用」と呼ばれ，日本独特の雇用慣行として発展してきました（BOX4.1）。

　新卒採用の第1の特徴は，前述したように，就業経験のない学生を採用対象としていることです。既に学校を卒業した者は「既卒」として扱われ，新卒採用の対象にはなりませんが，現在は国の方針により，卒業後3年程度までは新卒として扱う企業が増えています。次に，新卒採用の第2の特徴は，潜在能力（ポテンシャル）を基準とした採用が行われることです。就業経験のない学生が採用対象であるため，仕事の能力を基準とした採用を行うことはできません。したがって，採用時点での潜在能力，将来性を重視した採用が行われます。ただし，近年ではあらかじめ募集職種を決めて，その職種に必要なスキル（技能）や知識を備えた者を採用する「ジョブ型採用」にも注目が集まっており，大手企業を中心に導入する企業が増えつつあります。また，採用時期についても，日本の学校の卒業時期である3月に合わせて行われ，翌4月に入社することが一般的です。しかしながら，新卒採用の時期については明確なルールが定まっておらず，問題点も指摘されています。例えば，企業による大学生の採用活動は大学3年生の後半から4年生の前半にピークを迎えますが，採用時期の早期化・長期化による学業への支障が懸念

　政府は13日，インターンシップ（就業体験）に参加した学生の評価を企業が採用選考時に利用できるようルールを見直した。インターンに関するルールは文部科学，厚生労働，経済産業の3省による合意文書で決めているが，同日付で改正した。容認するインターンに条件を設け，企業にも事前にインターンを採用活動に生かすと明らかにすることなどを求めた。

　今回のルール改正は2024年度以降に卒業・修了する大学生と大学院生などが対象となる。今の大学2年生からのインターンを想定する。

　（中略）これまで採用活動前の学生のインターン情報については「広報活動・採用選考活動に使用できない」と明記していたが，一定の条件を満たすインターンは活用できる方針を追記した。

　対象とするのは，実施期間が一般的なインターンであれば5日以上，専門的な内容を含む場合であれば2週間以上を要件とする。このうち半分以上は職場の就業体験にあててもらう。学業との両立への配慮から，学部3〜4年時の長期休暇などに限るといった条件も設けた。（後略）

（出所）　日本経済新聞2022年6月13日より抜粋

大学生のインターンシップ参加率と平均参加社数

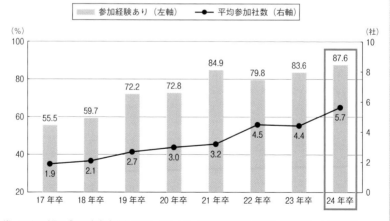

（出所）　マイナビ調べ「2024年卒 大学インターンシップ・就職活動準備実態調査〜中間総括〜」（https://career-research.mynavi.jp/reserch/20221028_38586/）（2022年11月22日アクセス）

されてきました。これを受け，日本経済団体連合会は企業の採用活動方針を定めた「倫理憲章」を策定してきましたが，抜本的な解決には至っていません。さらに，近年では学生の「インターンシップ」参加率が上昇しており，就職活動のさらなる早期化が懸念されています。学業に支障がない形でのインターンシップ実施と採用活動の連携も模索されており，今後は政府が主導し，新卒採用の時期・在り方の指針を示していくことになっています（BOX4.2）。

　以上の点を合わせると，新卒採用とは「就業経験のない学生」を対象に，「潜在能力」を基準として，在学中という「特定の時期」に実施される採用活動といえるでしょう。

新卒採用の長所と短所

　上記では，採用の「対象」，「基準」，「時期」を通して，新卒採用の特徴をみてきました。このような就業経験のない学生を対象とした採用手法には，複数の長所と短所が存在します。例えば，新卒採用の長所やその目的として頻繁に挙げられるのが，「将来の幹部候補人材の確保」，「組織の活性化」，「年齢など人員構成の適正化」です。またそれに加え，就業経験のない学生が採用対象であるため，入社後，組織の文化や価値観が浸透しやすいという利点があります。さらに，採用人数の多い企業では，新卒一括採用によって一人あたりの採用費用を軽減できるなど，経済的メリットも考えられます。

　一方，新卒採用の短所としては，「採用プロセスが長い」，「育成に費用・時間が掛かる」，「入社後のミスマッチ」などが挙げられます。多くの場合，新卒採用は募集開始から入社まで1年近くあり，その間には会社説明会の実施，筆記試験，面接試験，内定式，内定者フォロー，入社前研修，入社式など，様々な業務が企業側に発生します。また，入社後も育成に多大な費用・時間が掛かること，さらに，入社前のイメージと入社後の実態が異なることによって，早期に離職してしまうリスクなどがあります（図表4-2-1，図表4-2-2）。

　以上のような長所・短所はありつつも，新卒一括採用は日本独特の雇用慣行として長年に渡って実施されてきました。しかし，近年では，新卒・中途

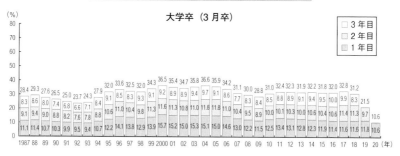

■図表 4-2-1　大卒者の入社 3 年以内離職率

（出所）　厚生労働省（2021）「新規学卒者の離職状況」

■図表 4-2-2　「初めての正社員勤務先」を離職した理由（複数回答）

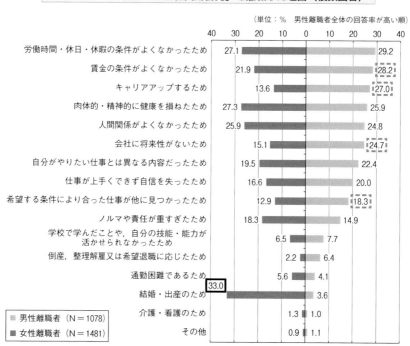

（出所）　労働政策研究・研修機構（2019）「若年者の離職状況と離職後のキャリア形成Ⅱ」図表 5-1（p.105）

を問わず企業が自由なスケジュールで採用活動を行う「通年採用」の出現，あらかじめ職種（職務）を指定して採用する「職種別採用」や「ジョブ型採用」，低学年からの「インターンシップ」など，複数の変化がみられます。時代の変化とともに，わが国独特の雇用慣行である新卒採用も，今後大きく変化していくでしょう。

中途採用とは

　中途採用とは，一般に既に就業経験のある人を対象として行われる採用活動を指します。「採用対象」，「採用基準」，「採用時期」からみた場合，中途採用には以下のような特徴があります。

　はじめに，上記の定義にもあるように，中途採用では就業経験のある人が採用対象になります。特に中途採用では，事業の拡大や欠員補充など，新たな人材が必要となった場合，外部労働市場から実務経験豊富な「即戦力の人材」を採用しようとします。そのため，中途採用の採用基準は新卒採用に比べて明確です。営業・人事・経理・システムエンジニアなど，中途採用では職種別での採用が基本であり，多くの場合，必要とされるスキル・能力・資格や，どの程度の実務経験年数が必要であるかが事前に示されます。採用基準として，潜在能力ではなく「顕在能力」が重視される点が，中途採用の大きな特徴です。また，採用時期についても，特定の時期に一斉に行われる新卒採用とは異なり，中途採用は必要なタイミングに応じて不定期に行われます。以上の点をあわせると，中途採用とは，「就業経験のある人材」を対象に，「顕在能力」を基準として，「不定期（通年）」で行われる採用活動といえるでしょう。

中途採用の長所と短所

　新卒採用と同様に，中途採用にも多くの長所・短所があります。はじめに，中途採用の長所やその目的として頻繁に挙げられる点が，「即戦力の確保」，「育成に費用・時間が掛からない」，「新しい知識・ノウハウが獲得できる」などです。また，中途採用は新卒採用と比較して，募集開始から入社までの期間が短いことが特徴です。募集方法にもよりますが，短ければ数週間，長

■図表 4-2-3　**新卒採用と中途採用の特徴**

	新卒採用	中途採用
採用対象	新規学卒者 （就業経験なし）	社会人 （就業経験あり）
採用基準	潜在能力 （ポテンシャル採用）	顕在能力 （即戦力採用）
採用時期	在学中 （特定の時期）	必要なときに適時 （通年）
長　所	● 組織の活性化 ● 人員構成の適正化 ● 幹部候補の採用 ● 組織の文化，価値観が浸透しやすい ● 採用人数によっては1人あたりのコストが安くなる など	● 即戦力の確保 ● 採用期間が短い ● 育成に費用・時間が掛からない ● 新しい知識・ノウハウの獲得 など
短　所	● 採用期間が長い ● 入社後のミスマッチ ● 育成に時間・費用が掛かる など	● 組織の文化，価値観が浸透しにくい場合がある ● 転職可能性がある ● これまで培った個人のやり方に固執してしまう可能性 など

（出所）　筆者作成

くても数ヶ月以内に新たな人材を獲得することが可能です。急な事業拡大や欠員補充に対応できる点は，中途採用の大きな長所の１つです。一方，短所としては，「組織の文化・価値観が浸透しにくい場合がある」，「すぐに転職してしまう可能性がある」，「個人のやり方に固執してしまう人がいる」などの点が指摘されています。

　以上のように，新卒採用・中途採用には，それぞれ長所・短所があり，どちらの採用手法が優れているということはありません。事業の状況や計画に沿って，最適な採用手法で人材を確保していくことが重要です（図表4-2-3）。

4.3　採用プロセス

　これまで，企業が行う採用の種類について学んできました。では実際に企業が採用を行う場合，その活動はどのようなプロセスで進んでいくのでしょうか。一般に企業が採用活動を行う場合，はじめに「採用計画」を立て，次に「募集」，「選考」が行われます。以下では，それぞれのプロセスについて，その内容や目的，近年の傾向について学んでいきましょう。

採用計画とは

　4.1 節で確認したように，採用の目的は事業に必要な人材を外部労働市場から獲得し，それによって事業計画を達成することです。したがって，採用計画と事業計画は密接に連動します。言い換えれば，企業は事業の計画や戦略に沿って，適切な採用計画を立てる必要があります。例えば，A社の事業戦略が，他社にはないユニークな商品を開発していくこと（差別化戦略）だとしましょう。まだ市場にない新しい商品を開発するためには，どのような職務経験を持った人材が必要になるでしょうか。また，そのような人材を採用し，事業計画に沿って商品開発を進めていくためには，いつまでに，どれくらいの人数を，どのように集める必要があるでしょうか。このように，事業の計画や戦略と採用計画は密接に結び付いており，両者を切り離して考えることはできません。企業が採用計画を立てる際には，事業戦略に沿った

	検討事項・手法	検討内容
採用計画	①採用ターゲット ②採用人数 ③採用時期 ④募集方法 ⑤選考方法	事業戦略に沿って，①～⑤の内容を事前に検討する
募集方法	①Web求人広告（インターネット求人広告） ②求人・転職アプリ ③SNSを利用したリクルーティング ④求職者へのダイレクトリクルーティング ⑤自社採用ホームページ ⑥従業員からの推薦・紹介（リファラル採用） ⑦大学・専門学校等からの紹介 ⑧人材紹介会社からの紹介 ⑨人材派遣会社からの紹介 ⑩合同企業説明会（転職フェアなど） ⑪縁故採用 ⑫折り込みチラシ ⑬ハローワークなど	採用ターゲットに最もアプローチできる手法を選び（組み合わせ），募集活動を行う
選考方法	①書類選考（履歴書・エントリーシート等） ②筆記試験 ③適性試験（適職診断・心理テスト等） ④グループワーク・ディスカッション ⑤インターンシップ ⑥実技試験 ⑦面接試験など	最適な人材を選ぶための選考手法を選び（組み合わせ），選考活動を行う
内　定 フォロー	①内定者フォロー ②入社前研修 ③内定式・入社式など	内定後，適切なフォロー活動を行う

（出所）　筆者作成

①採用ターゲット（どのような人材を採用するのか），②採用人数（何人必要なのか），③採用時期（いつまでに必要なのか），④募集方法（どのように採用候補者を集めるのか），⑤選考方法（候補者からどのように最適な人材を選ぶのか）を，事前に検討しなければなりません（図表 4-3-1）。

募集について

　採用ターゲット，人数，時期などの基本的な採用計画が決まった後，実際の採用活動としてはじめに行われるのが「募集」です。「募集」は，「事業に貢献してくれそうな採用ターゲットを惹きつけ，集めること」を目的に行われます。近年では情報技術，インターネットの発達等により，募集方法も多様化しています。主な募集方法として，図表 4-3-1 の「募集方法」に示したものなどが挙げられます。

　企業はこのような多数の募集方法のなかから，採用ターゲットに最もアプローチできる可能性が高い方法を選び（時に組み合わせ），募集活動を行います。現在はインターネットを利用した Web 求人広告や人材紹介会社からの紹介が主流ですが，自社の従業員から採用候補者を推薦・紹介してもらうリファラル採用や SNS を活用した採用などにも注目が集まっています。

　次に，募集の際に重要になるのが，求める人材と実際の応募者のマッチングです。言い換えれば，採用ターゲットとなる人材と実際に応募してきた人材の間にズレがないか，という問題です。たくさんの応募があったとしても，採用ターゲットと全く異なっていては意味がありません。そのため，企業は募集をかける際，様々な工夫をして，採用ターゲットと応募者のマッチングの精度を高めようとします。例えば，求人情報のなかに「平均的な 1 日の過ごし方」，「従業員の声」，「仕事のやりがい」などを掲載し，仕事内容や入社後のイメージにズレが生じないようにします。また，面接時などに，会社の良い面・改善点，処遇・待遇等を包み隠さず伝えることで，採用段階でのミスマッチを防ごうとします。このような企業の実態をリアルに伝え，企業・仕事と求職者のマッチングの精度を高める行為を，「RJP（Realistic Job Preview）」といいます。RJP の理論を提唱したアメリカの産業心理学者ジョン・ワナウス（John P. Wanous）によれば，RJP の具体的な効果として「①ワ

■図表 4-3-2　RJP（Realistic Job Preview）とは

RJP の 4 つの代表的効果

1. ワクチン効果

会社や仕事のネガティブな情報も事前に伝えることで，過剰な期待を抑え，入社後の幻滅や失望を緩和させる効果

2. セルフスクリーニング効果

会社や仕事の正確な情報を伝えることで，応募者自身が会社との適合性を判断できる効果

3. コミットメント効果

会社や仕事の情報を誠実に伝えることで，企業に対する愛着や帰属意識が高まる効果

4. 役割明確化効果

会社や仕事における役割を事前に明確に伝えることで，応募者が入社後のイメージが掴め，新たな職場への適応や就業意欲が高まる効果

(出所)　筆者作成

■図表 4-3-3　RJP による企業の情報提供

企業 ─〈 入社予定者へ満足している企業群はそれ以外の企業群に比べ RJP に則った活動をより実施している 〉

● 入社予定者全体に満足している企業とそれ以外の企業の採用の情報提供の度合い

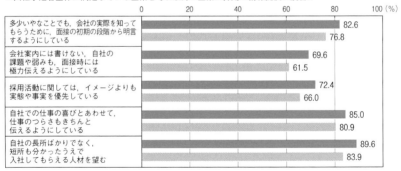

	満足している企業群	それ以外の企業群
多少いやなことでも，会社の実際を知ってもらうために，面接の初期の段階から明言するようにしている	82.6	76.8
会社案内には書けない，自社の課題や弱みも，面接時には極力伝えるようにしている	69.6	61.5
採用活動に関しては，イメージよりも実態や事実を優先している	72.4	66.0
自社での仕事の喜びとあわせて，仕事のつらさもきちんと伝えるようにしている	85.0	80.9
自社の長所ばかりでなく，短所も分かったうえで入社してもらえる人材を望む	89.6	83.9

■満足している企業群　■それ以外の企業群

すべての項目において優位な差が認められたが，特に「会社案内には書けない，自社の課題や弱みも，面接時には極力伝えるようにしている」「自社の長所ばかりでなく，短所も分かったうえで入社してもらえる人材を望む」の 2 項目において，大きな有意差が認められた。ネガティブ情報を含めたリアルな実態を，包み隠さずありのままに開示する意義を示している。

(注)　2021 年卒採用実施企業／単一回答。各項目の数値は採用の情報提供における「あてはまる・計」の割合
(出所)　リクルート 就職みらい研究所「就職白書 2021」(p. 37) より (https://shushokumirai.recruit.co.jp/wp-content/uploads/2021/04/hakusyo2021_01-48_up.pdf) (2022 年 8 月 17 日アクセス)

クチン効果」,「②セルフスクリーニング効果」,「③コミットメント効果」,
「④役割明確化効果」の４点が挙げられています（図表4-3-2, 図表4-3-3）。

　以上のように, 採用プロセスの「募集」段階においては, 採用ターゲット
にアプローチできる最適な募集方法を選択し, 正確で誠実な情報提供（RJP）
を行うことが重要になります。これにより, 企業は適切な採用候補者の母集
団を形成し, 次の「選考」プロセスに移ることができます。

選考について

　「選考」とは, 複数の対象を比較し, 最適な人材を選び出す行為です。採
用候補者となる母集団が形成された後, 企業は「選考」を行うことによって,
募集している仕事に最も適した人を採用しようとします。では, いったいど
のようにして多くの候補者のなかから最適な人材を見つけ出すのでしょうか。
図表4-3-1 の「選考方法」に示した「①書類選考」,「②筆記試験」,「③適
性試験」,「④グループワーク・ディスカッション」,「⑤インターンシップ」,
「⑥実技試験」,「⑦面接試験」は, 企業が選考において使用する代表的手法
です。

　以上のような多様な選考方法を通して, 企業は最適な人材を選び出そうと
します。しかし, これらの方法を全て使用する必要はなく, また, その組み
合わせや順番に決まったルールはありません。例えば, 新卒採用であれば,
書類選考, 筆記試験, グループワーク・ディスカッション, 複数回の面接試
験などの選考プロセスが多い一方, 中途採用では書類選考後, すぐに面接試
験を行うことも多いです。また, 近年では特に新卒採用において自己PR動
画の作成や一部の選考に AI を活用するなど, 選考方法についても多様な取
り組みがなされています。さらには, 2020年以降, コロナ禍によって, 直
接会って話をする「対面」方式ではなく, インターネットを介した「オンラ
イン」方式よる選考も増加しています。このような選考手法や選考プロセス
の多様性は, 選考方法に唯一絶対の正解が存在しないことを示しています。

　他にも, 近年では採用候補者の将来のパフォーマンスを予測する手段とし
て,「コンピテンシー（competency：思考性・行動特性)」に注目した選考が行わ
れています。コンピテンシーとは, 特定の職務において「高業績（ハイパ

■図表 4-3-4　コンピテンシーによる面接と評価基準

	一般的な面接	コンピテンシー面接
質問内容	これまでの職務経歴，キャリア観，自己PR，志望理由など	具体的な仕事の体験談，意思決定のプロセスやその背景
質問方法	面接官によって異なる（面接官の経験に依存）	「なぜ」，「どのように」など回答に対して深掘りをしていく
評価基準	面接官の主観によって評価にばらつきが出やすい	「コンピテンシーレベル」によって客観的に評価
評価内容	面接での印象・頭の良さ社風に合うかなどの総合評価	成果を生み出す思考性・行動特性があるかを評価

コンピテンシーレベル	行　動	内容例
レベル1	受動行動	言われたことのみをやる。主体性がなく，場当たり的で一貫性がない行動をする。
レベル2	通常行動	与えられた業務について，過不足なく必要最低限の行動ができる。
レベル3	能動・主体的行動	自分なりの意図や判断基準に基づいて主体的に行動する。より良い成果を求めて工夫する。
レベル4	創造・課題解決行動	独創的なアイディアによって課題を解決できる。PDCAサイクルを回して高い成果を生み出す。
レベル5	パラダイム転換行動	既成概念を覆す斬新なアイディアによって，ゼロから価値を生み出すことができる。

（出所）　筆者作成

フォーマンス）につながる思考・行動」を指します。企業は特定の職務で高い業績を出している従業員を観察し，どのような思考・行動が高い業績につながるのかを分析することで自社のコンピテンシーモデルを作成します。そして，そのコンピテンシーモデル（特定の思考性・行動特性）が採用候補者にあてはまるかどうかを判断基準に選考を行います。例えば，面接時にある仕事の場面を設定し，「あなたであればどのような行動をとりますか，なぜそうするのですか」と質問することで，採用候補者のコンピテンシーを評価します（図表4-3-4）。コンピテンシーについては，モデルの作成に時間・手間が掛かること，事業環境が変化した場合にモデルが通用しなくなるなどの問題点が指摘されていますが，採用候補者の将来のパフォーマンスを予測する有効な手段として注目が集まっています。

4.4 定 着

これまで，企業の「採用」活動に注目し，採用計画・募集・選考について学んできました。これらのプロセスを経て，最適な人材を採用した後に重要になるのが「定着」です。いかに優れた人材を採用したとしても，組織に定着し，活躍してもらわなければ事業計画の達成は困難です。そのため，企業は採用後も採用者が長期間組織に留まって，その能力を発揮することができるように，様々な施策を実施します（図表4-4-1）。

定着を目的として企業が行う代表的な活動が「組織社会化（Organizational Socialization）」です。高橋弘司（1993）によれば，組織社会化とは，「組織への参入者が，組織の一員となるために，組織の規範・価値・行動様式を受け入れ，職務遂行に必要な技能を習得し，組織に適応していく過程」と定義されています。言い換えれば，「新たに組織に参加するメンバーが，真にその組織の一員になるための過程」といえるでしょう。企業は多様な組織社会化施策を実施しますが，その内容・基準は大きく①文脈的（context），②内容的（content），③社会的（social aspects）の3つに分けることができます。

「文脈的」とは，組織社会化にかかわる情報がどのような文脈（形式）で提

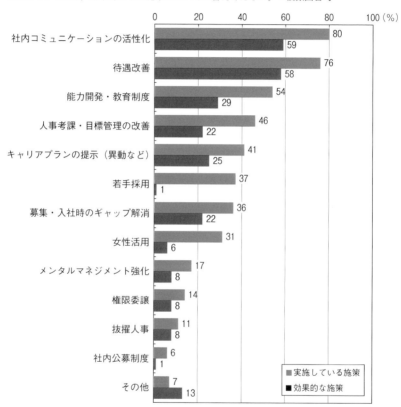

■図表 4-4-1　企業の主なリテンション（定着）施策

（「リテンションを対応している」と回答した企業）
実施している施策，効果的だった施策についてお答えください。※複数回答可

施策	実施している施策	効果的な施策
社内コミュニケーションの活性化	80	59
待遇改善	76	58
能力開発・教育制度	54	29
人事考課・目標管理の改善	46	22
キャリアプランの提示（異動など）	41	25
若手採用	37	1
募集・入社時のギャップ解消	36	22
女性活用	31	6
メンタルマネジメント強化	17	8
権限委譲	14	8
抜擢人事	11	8
社内公募制度	6	1
その他	7	13

（出所）　エン・ジャパン『人事のミカタ』調べ（2016）「リテンションに効果的な施策は，社内コミュニケーションの活性化と待遇改善」図2（https://corp.en-japan.com/newsrelease/2016/3247.html）（2022 年 8 月 17 日アクセス）

供されるかを指します。具体的には，組織社会化の情報が集団もしくは個人を対象に提供されるのか（集団的 or 個人的），研修など通常の業務外で公式に提供されるのか，業務内で非公式的に提供されるのか（公式的 or 非公式的）を示しています。次に，「内容的」とは，組織社会化の内容の計画性や明示性を示すものです。具体的には，組織社会化が上手く進むように学習内容が段階的・計画的なものになっているか（規則的 or 場当たり的），内容が事前に明示されているかどうか（固定的 or 可変的）を指します。最後に，「社会的」とは，組織社会化が組織内のどのような社会的関係のなかで行われているかを指します。具体的には，新人にとって上司や先輩社員が組織適応の有効な学習モデルとして機能しているかどうか（連続的 or 分離的），組織適応のための知識や技能を上司や先輩社員が新人に積極的に提供しているかどうか（付与的 or 剥奪的）を示しています。

　組織社会化の活動として最も想像しやすいのは，新入社員研修でしょう。企業は新規学卒者に対して新入社員研修を実施することにより，企業の文化・価値観，基本的なビジネススキル，この企業では何が評価され，何が評価されないかを伝えることによって，組織への適応を促進しようとします。また，配属後も，上司や先輩社員が教育係（メンター）となって，仕事に関する技術的アドバイスや仕事の進め方について教えていきます。このような組織社会化施策の実施は，組織に対するコミットメントの向上や離職意思の低下，仕事に対する満足感の向上などに影響することが確認されており，採用者が組織に長く定着し，その能力を発揮してもらうための重要な取り組みとなっています。

　また，近年では特に高業績者や企業のコア人材（タレント人材とも呼ばれます）を対象にした「リテンション」施策が多数行われています。リテンションとは「保持・維持」を意味する言葉ですが，人的資源管理の分野では，優秀な人材を自社に引き留め（流出を防ぎ），活躍してもらうための様々な取り組みを指します。

　具体的には，企業のリテンション施策は大きく「金銭的報酬」と「非金銭的報酬」に分けることができます。金銭的報酬とは，給与や賞与の増額，目標達成時のインセンティブ支給，ストックオプションの付与など，直接的な

BOX4.3　リテンションの工夫（サイボウズ株式会社）

制度 ── 多様な働き方を可能に ──

　サイボウズは，社員が自分らしく働くことができるような制度策定に取り組んでいます。多様性を受け入れる制度は，優秀な人材の採用・定着，個人・チーム両方の生産性の向上に貢献しています。

　家族の看護のためのケア休暇や忌引休暇，育児・介護休暇制度，介護・育児のための短時間勤務制度，慶弔金などは，事実婚，同性婚，法律婚の区別なく，利用・取得が可能です。

ワークスタイル変革のきっかけ ── 離職率が 28％から 3％前後に ──

　離職率が 28％と過去最高を記録した 2005 年以降，組織や評価制度を見直し，ワークライフバランスに配慮した制度や，社内コミュニケーションを活性化する施策を実施。その結果，現在の離職率は 3-5％程度となっています。

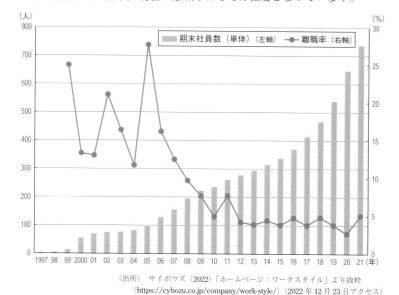

（出所）　サイボウズ（2022）「ホームページ：ワークスタイル」より抜粋
（https://cybozu.co.jp/company/work-style/）（2022 年 12 月 23 日アクセス）

経済的報酬を指します。一方，非金銭的報酬とは，フレックスタイム，在宅勤務，時短勤務などの労働時間の柔軟化，希望する事業や仕事への異動，能力開発・キャリア開発の機会提供などが挙げられます。このような定着を目的とした一連の施策を「リテンション・マネジメント」と呼び，企業は将来の経営幹部候補であるタレント人材に対して，多大な投資を行っています。さらに，近年ではリテンション施策を全従業員にまで広げ，組織の活性化や生産性の向上，全社的な離職率の低減などにつなげる企業も増えています（BOX4.3）。このように，企業が事業計画を達成するためには，適切な人材を採用するだけでなく，長く活躍してもらうための定着にも注力していくことが不可欠になっています。

第5章

人材育成とキャリア

◆ 本章のねらい

本章では，以下の点について学んでいきます。

・なぜ人材育成が重要なのか。

・人材育成にはどのような方法があるか。

・キャリアを通じた人材育成とは何か。

・今後どのような人材育成が求められるのか。

◆ キーワード

人的資本理論，OJT，Off-JT，自己啓発，キャリア，知的熟練，エンプロイアビリティ，キャリア・デザイン

5.1 人材育成の意義

この章では，人材育成とそれに関連するキャリアについて学びます。まず，人材育成について，企業がなぜ人材育成を行うのかを考えてみましょう。というのも，人材育成には，教室の用意や講師など教える側の直接的な費用だけでなく，従業員の就業時間を本来の生産やサービス活動への従事ではなく人材育成に充てることになるなど間接的な費用も必要です。

企業が直接・間接の費用を負担して人材育成を行う理由は，主に3点あると考えられます（図表 5-1-1）。まず，企業が戦略達成のために従業員に割り当てる仕事や役割を遂行するうえで，従業員に求められる能力やスキルを十分には有していない状況があることです。例えば，高校や大学を卒業したばかりの新卒者は，採用されたとはいえ仕事に十分なスキルや能力を有していない場合がほとんどです。そこで，仕事に必要な能力と，従業員が現実に保有する能力とのギャップを埋めるために企業は人材育成を行うのです。

2つ目は，企業が行う人材育成は，当該企業の競争力を強化する効果があるということです。経済学における人的資本理論では，どの企業でも有効な一般的スキルと，当該企業のみに有効な企業特殊的スキルがあると考えます（*Column* 5.1）。企業が従業員の人材育成に注力することで，企業特殊的スキルが向上し，当該企業において価値のある高度な人的資本が形成されることになります。これにより生産性が向上したり，企業独自の価値創出が可能になったりすることで，企業の競争優位確立に大きく貢献します。

3つ目は，企業が人材育成を行うことは，従業員にとっても価値があることです。前述したように人材育成によりひいては報酬が増加することに加えて，私たちのなかにある成長したいという成長欲求が，人材育成によって刺激されます。この刺激でモチベーションが高まるうえ，企業に貢献しようという意識も高まります。逆に人材育成がなされない企業では，成長欲求が刺激されず，モチベーションが高まらず，離職につながりかねません。また，人的資本の価値も低い状態にあり従業員の収入も伸びません。このように，企業と従業員双方にとって，人材育成は意義があるのです。

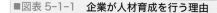

■図表 5-1-1　**企業が人材育成を行う理由**

人材育成を
行うことで…

・仕事に必要な能力と，従業員が現実に
　保有する能力とのギャップを埋める

・企業の競争力を強化する

・従業員のモチベーションを高める

企業と従業員の双方にとって得るものが多い

（出所）筆者作成

Column 5.1 ● 人的資本理論

　人的資本理論は，金融資本などにみられる投資によって価値が増大すること
を人間にあてはめたもので，人間の価値を表す人的資本が教育投資によって向
上することを主張します。教育投資には公的な教育と企業の人材育成の2種類
あり，下図のように，国や自治体が行う学校などの公的な教育は，社会や企業
一般に通用する一般的スキルを向上させ，企業が行う人材育成は当該企業のみ
で価値を持つ企業特殊的スキルを向上させて，人材の価値，すなわち人的資本
の価値向上による生産性向上をとおして，GDPや企業の売上高の増大や，個人
の収入増に結び付くと考える理論です。

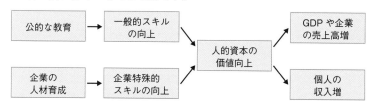

　人的資本理論は，公的教育と企業の人材育成の双方にとっての理論的な根拠
となっています。人的資本理論の主たる研究者の一人であるゲーリー・ベッ
カー（Gary S. Becker）が，1992年にノーベル経済学賞を受賞したことで広く
知られるようになりました。

5.2 人材の能力と育成方法

　企業が人材育成を行ううえで，どのような能力やスキルを人材育成によって高めるのかを考える必要があります。例えば図表5-2-1のような調査結果がありますが，本来は企業それぞれが戦略や事業内容に応じて，求める能力やスキルを定めて人材育成を行うべきものです。この企業の人材育成体系に影響を与えている能力やスキルにまつわる枠組みとして，ロバート・カッツ（Robert L. Katz）による「カッツのモデル」があります（図表5-2-2）。このカッツのモデルでは，リーダーやマネジャー層が持つべき能力・スキルを，テクニカル・スキル，ヒューマン・スキル，コンセプチュアル・スキルの3つに整理し，下級管理職から中間管理職，そして経営者など上級管理職に昇進するに従って，必要なスキルが変化することを示しています。このモデルに従えば，新入社員はまずテクニカル・スキルを習得する必要があること，そして社内の階層を昇進・昇格するなかで，ヒューマン・スキルやコンセプチュアル・スキルを習得する必要があることがわかります。

　そして，これらの能力を育成する方法は，大別すると①業務経験を通じた指導（On-the-Job Training，OJT），②業務から離れた教育研修（Off-the-Job Training，Off-JT），③自己啓発の3つの方法があります（図表5-2-3）。企業は，この3つの方法を組み合わせて，人材育成を行います。

　OJTは，実際の仕事の場で仕事を行いながら上司や先輩からその仕事の仕方を学ぶという育成方法です。大学生がアルバイトを始めたときに，先輩から指導を受けながら仕事を行う場面もOJTですから，ほとんどの企業・組織において，OJTが何らかのかたちで行われています。

　Off-JTは，仕事を離れて教室などに集合して学校教育のように行う育成方法です。新入社員が教室などに集まって行われる新入社員研修がOff-JTの典型例になります。企業によっては外部の団体が主催するセミナーへ従業員を派遣することがありますが，これら外部のセミナーのほとんどがOff-JTにあたります。

　自己啓発は，企業が斡旋する通信講座の自主的な受講や，自分自身で興味

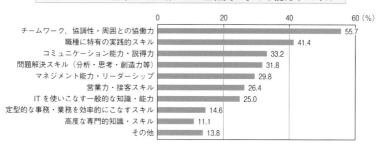

■図表 5-2-1　企業が 50 歳までの正社員に求める能力やスキル

項目	値
チームワーク，協調性・周囲との協働力	55.7
職種に特有の実践的スキル	41.4
コミュニケーション能力・説得力	33.2
問題解決スキル（分析・思考・創造力等）	31.8
マネジメント能力・リーダーシップ	29.8
営業力・接客スキル	26.4
IT を使いこなす一般的な知識・能力	25.0
定型的な事務・業務を効率的にこなすスキル	14.6
高度な専門的知識・スキル	11.1
その他	13.8

（注）　3 つまでの複数回答のため，各数値を合計しても 100％にはなりません。
（出所）　厚生労働省（2022）「令和 3 年度 能力開発基本調査」をもとに筆者作成

■図表 5-2-2　カッツのモデル

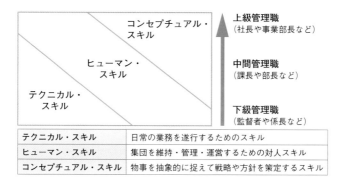

テクニカル・スキル	日常の業務を遂行するためのスキル
ヒューマン・スキル	集団を維持・管理・運営するための対人スキル
コンセプチュアル・スキル	物事を抽象的に捉えて戦略や方針を策定するスキル

（出所）　カッツ（1982）「スキル・アプローチによる優秀な管理者への道」『DIAMOND ハーバード・ビジネス』7(3) をもとに筆者作成

■図表 5-2-3　3 つの人材育成方法

OJT	実際の仕事の場で仕事を行いながら上司や先輩から仕事の仕方を学ぶ育成方法
Off-JT	仕事を離れて教室などに集合して学校教育のように行う育成方法
自己啓発	自分自身で通信教育を受けたり書籍を読むことで学ぶ育成方法

（出所）　筆者作成

を感じたビジネス関連書籍を購入して通勤時や帰宅後に読むなどして学ぶ育成方法です。就業時間後の夜間や休日に自主的に学校に通うなども自己啓発に該当します。

　これら3つの人材育成方法には，図表5-2-4のようにそれぞれメリット・デメリットがあります。そこで企業は，OJTを中心に3つの人材育成方法を適宜・適切に組み合わせて，従業員に求める企業での役割とその変化に応じた能力・スキルを習得できるように人材育成を行います。

　例えば企業が新卒者を新規採用すると，入社後まず数日～数カ月の新入社員研修を行います。当該企業に勤務する従業員に共通して必要な諸知識や，新入社員全員にとって必要な言葉遣いや電話応対，社内制度の解説などは，知識の一律的な付与に優れたOff-JTにより行います。次に，当該従業員の遂行すべき実際の仕事に配置して，上司や先輩からの指導を受けながら仕事をするOJTでの教育が始まります。OJTにより自己が遂行する仕事を行いながら，その仕事にまつわる能力やスキルを高める一方で，大手企業の多くは当該従業員の属する階層や職種にまつわる能力やスキルを体系的・多面的に高めるべくOff-JTや自己啓発を併用する人材育成体系を持っています（図表5-2-5）。

5.3　キャリアを通じた人材育成

　日本企業では様々な形でジョブ・ローテーションが行われます。入社後に配置された仕事でOJTが行われ，次にジョブ・ローテーションで再配置された新たな仕事でまた新たなOJTが行われます。この繰り返しのなかで，いずれ昇進・昇格して企業のなかで位置する階層が変化し，それに伴ってOff-JTが行われます。このジョブ・ローテーションと階層の変化は，定年退職に至るまで長期間にわたって続き，人材育成も長期間におよぶことから，日本企業ではキャリアを通じた人材育成が行われているといえるでしょう。

　キャリアは，例えば国家公務員のエリート職を指すことがあるなど多様な意味で使われますが，ここでの「キャリア」とは，職業人生（ワーク・キャ

	主なメリット	主なデメリットや課題
OJT	●仕事に必要なスキルや知識をその場で教えることができる ●教わる側のレベルをみながら必要な部分を教えることができる ●仕事をしながらの育成法になるので目にみえるコストが少ない	●教える内容や教え方が教え手次第でバラつきが出やすい ●その場で必要なスキルや知識の教育に偏りやすい
Off-JT	●体系的な知識付与や全員一律の知識付与を行いやすい ●職場を越えたコミュニケーションを促進できる ●大規模化することで低コスト化できる	●教育を受けている従業員の教育時間分の仕事が停止する ●教育された知識が実践に活かしにくいことがある ●講師や施設などのコストがみえやすくコストカットの対象になりやすい
自己啓発	●自らの意思で学ぶことで，学習上の好循環が期待できる ●会社のコストが抑制できる	●自主的に学んだ内容と会社の期待やニーズが乖離しやすい

（出所）　筆者作成

■図表 5-2-5　Off-JT 研修の体系例

役職・役割	階層別研修	職種別研修		自己啓発			
課長	課長研修		留学制度	通信教育受講	社外セミナー受講	外国語会話講座受講	資格取得講座受講
係長	係長研修	上級専門研修					
担当（中堅）	中堅社員研修	中級専門研修					
担当	2年目社員研修 新入社員研修	初級専門研修					

（出所）　筆者作成

リア）のことで，学校を卒業して企業に入社してからの仕事経験の連なりのことを指しています。キャリアは年齢を重ねるなかで発達し，その発達の段階があることが知られています。古典的なキャリア発達段階モデルによれば，私たちが学校で勉強するのは探索期で，大学などでの就職活動は探索期にあたります。就職活動を経て企業に入社し，様々な仕事を経験するなかでキャリアが発達する確立期を迎えます。やがてキャリアの頂点に達して維持期となり，キャリアが衰えていくのが衰退期です（図表5-3-1）。

　このようなキャリアを通じた日本企業の人材育成を理解するうえでは，キャリアの「ヨコの軸」と「タテの軸」が果たす人材育成上の意味を考えるとよいでしょう（図表5-3-2）。キャリアのヨコの軸はキャリアの幅ともいわれ，営業や人事，設計などの職種内での異動や，職種間をまたぐ異動にまつわる視点です。日本の大手製造業では，例えば人事部に配属されると，まず研修担当，次には採用担当といった形で人事という職種のなかで，数年ごとに担当する仕事の分野が変わるというヨコの軸における幅の狭いジョブ・ローテーションを繰り返します。これにより人事の職種にまつわる深い能力を10年以上の長い期間で形成していきます。一方，企業によっては，人事と営業といった職種をまたぐヨコの軸のなかでより幅の広いジョブ・ローテーションを行うことで，より幅広い能力形成を進める企業もあります。カッツのモデルに即していえば，キャリアのヨコの軸での異動は，主にテクニカル・スキルの育成につながるもので，職種内の異動はより深いテクニカル・スキルの形成を指向し，職種間の異動はより幅広いテクニカル・スキルの形成を指向していると考えることができます。

　一方，キャリアのタテの軸とは，組織のなかでの昇進・昇格に対応します。職場のなかでチームリーダー，課長，部長と昇進するにつれて，部下が増えて部下を率いる役割が増すうえ，より職場全体や企業全体を視野に入れた企画的な仕事が増えるなど重要性が増して行き，組織のなかでの位置付けも高まっていきます。これがキャリアのタテの軸と能力形成との関係で，カッツのモデルに即していえば，キャリアのタテの軸での異動は，ヒューマン・スキルやコンセプチュアル・スキルにつながっていくと考えられます。

■図表 5-3-1　ドナルド・スーパー（Donald E. Super）のキャリア発達段階モデル

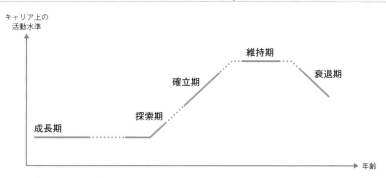

（注）　……：移行期
（出所）　田尾雅夫（1999）『組織の心理学（新版）』有斐閣，図 3-2（p.41）をもとに筆者作成

■図表 5-3-2　大手製造業の人事部を例にしたキャリアのヨコの軸とタテの軸

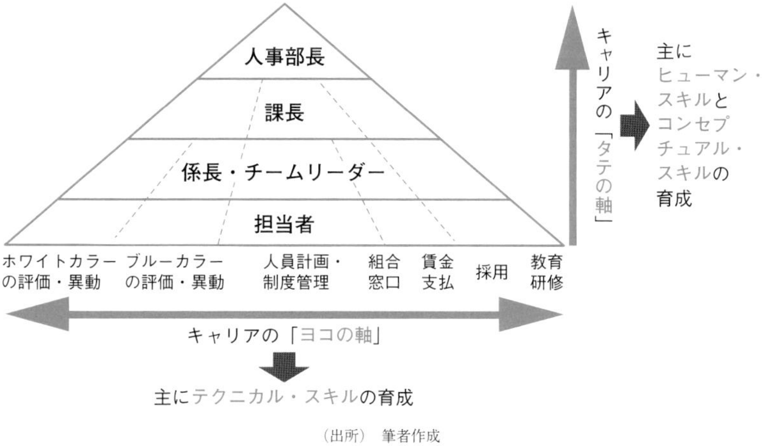

（出所）　筆者作成

5.4 日本企業の人材育成の課題

　これまでの日本企業では，大手製造業の製造現場を中心に，当該製造現場の仕事に必要になるスキルを見える化したスキルマップ（図表5-4-1）をベースにして，現場内で細かくジョブ・ローテーションを行いながらOJTで従業員の教育を行い，当該現場で必要とされる多くのスキルを計画的に従業員に習得させるメカニズムがあることが明らかになっています。類似の職種内で仕事を細かくジョブ・ローテーションする人材育成は，前述した図表5-3-2のように人事部などホワイトカラーの職場でも行われています。これらのメカニズムにより，ブルーカラーとホワイトカラーそれぞれの職種において従業員が，問題や変化に自律的に対応できる深い能力を持ちました。これを「知的熟練」と呼び，それぞれの職場でおきる問題や変化に従業員が自律的に対応することで生産性が向上し，かつての日本企業の競争力の源泉になったと考えられています（*Column* 5.2）。

　一方で，キャリアのヨコの軸の異動に重きをおくことで，タテの軸の異動，つまり昇進・昇格が欧米諸国に比べて遅いことが明らかになっています。これにより，リーダーとして従業員をまとめるヒューマン・スキルや，トップ・リーダー層の戦略構築能力といったコンセプチュアル・スキルの育成が不十分になっているという指摘があります。

　また，OJTでは，これまで現場で行ってきたことを先輩から学ぶことが，デジタル化やネットワーク化の急速な進展で過去からの延長線ではない大きな環境変化にさらされるなかでの対応に問題が生じる原因の1つとなっていると考えられます。例えば高度な能力を持っているはずの50代・60代の従業員がIT機器に対応できず，新入社員に教えることができないなどです。

　そして日本企業が人材育成を重視して費やす直接・間接の人材育成コストや，**第3章**で学んだように人材育成を促進する機能を持つ職能資格制度を社員格付け制度として維持することにより，人材育成にまつわるコストが過大になっているという問題も指摘されています。

■図表 5-4-1　製造現場でのスキルマップの例

作業名	作業者名				
	Aさん	Bさん	Cさん	Dさん	…
作業ア	⊕	◑	⊕	⊕	
作業イ	⊕	⊕	◑	⊕	
作業ウ	⊕	⊕	⊕	⊕	
作業エ	⊕	⊕	⊕	⊕	
…					

⊕ 作業を教える　◑ 一人で作業　◒ 一人で作業できるが　◔ 指導をうけながら
　ことができる　　できる　　　　指導を受けることもある　　作業できる

（出所）　本野省三（1995）「トヨタ生産方式と能力開発」『生産管理』2(1)，図12（p.82）をもとに筆者作成

Column 5.2 ● 知 的 熟 練

　高度成長期からバブル経済期にかけて，日本の製造業は国際的に高い競争力を発揮しました。この競争力発揮に人材の高度な熟練が大きな役割を果たしたことを主張するのが，小池和男氏による「知的熟練」論です。知的熟練は，現場で生じる問題への対応と，現場の変化への対応をこなす高い能力を指します。知的熟練を持つブルーカラー労働者は，欧米企業では技術者が対応するような現場での問題発生や新装置・新技術による生産といった変化へ，自律的に対応することができることから，製造現場の高い生産性へつながり，ひいては日本の製造業の競争力向上に結び付いたと考えます。

　この知的熟練は，長期にわたるジョブ・ローテーションと OJT で形成されます。このジョブ・ローテーションは，日本の公務員にみられる職種をまたぐものではなく，職種内で仕事の担当を変わるようなジョブ・ローテーションによる点に注意が必要です。製造業の現場では，図表 5-4-1 のスキルマップを中心に計画的に OJT による人材育成が行われますし，ホワイトカラーの場合は前述した図表 5-3-2 の人事部を例にすると，研修や採用，賃金，評価といった人事の職種内での個々の仕事をジョブ・ローテーションで経験，それぞれの仕事で OJT を中心に Off-JT，自己啓発を組み合わせながら長期間にわたって人材育成を行います。これによって，製造現場や人事の仕事のなかでの様々な問題発生や変化に自律的に対応できる熟練が形成されます。

5.5 戦略的な人材育成

　日本企業の人材育成は，この次世代のリーダー育成や変化する経営環境への対応，人材育成コストといった課題を克服する必要があります。そこで，人材育成のこれからについて，①戦略的な人材育成，②リーダー育成の強化，③キャリア自律，という3つの新たな方向を説明したいと思います。

　第1の方向は戦略的な人材育成で，人材育成の有効性や効率を改善していくことを指向します。人材育成の中心的な方法であるOJTは，現場で行われることから，その有効性や効率性を改善するうえでは，人材育成へのインプット方向からのアプローチと，人材育成の成果つまりアウトプット方向からのアプローチ，そしてOJTを直接的に改善するアプローチの3つの方法が考えられます（図表5-5-1）。

　インプット方向のアプローチとしては，新たな経営戦略や企業が求める新たな人材像をしっかり現場や従業員一人ひとりに伝えていくことです。具体的には，経営トップと従業員とのコミュニケーションをより密にしていくことや，経営戦略やそれをもとにした人材像を踏まえた採用やOff-JTを人事部が主導していく等が考えられます。

　次にアウトプット方向のアプローチとして，OJT等人材育成の効果を測定してそれを改善に活かす方法があります。人材育成の効果測定モデルとして，ドナルド・カークパトリック（Donald L. Kirkpatrick）による「カークパトリックの4段階モデル」が知られています（図表5-5-2）。このうち第1段階の「反応」は，Off-JT等の各種セミナーの満足度調査という形で活用されているもののOJTでの活用はなく，第2段階以降はほぼ活用されていない状況です。OJTの効果測定を行うことや，第2段階以降の効果測定を進めることで人材育成の成果がわかり，人材育成の改善が進むでしょう。

　最後に，人材育成そのものの改善として，計画的なOJTの実施による改善があります。日本企業の人材育成の中心はOJTにおかれている一方で，図表5-5-3のように，新入社員以外への計画的なOJTの実施率は低く，管理職や非正社員への実施率は2割台にすぎません。OJTが計画的に行われない

■図表 5-5-1　３つの改善アプローチ

経営者・人事部

インプット方向
のアプローチ

人材育成の指示

アウトプット方向
のアプローチ

現場
OJT 等の人材育成

OJT の改善

(出所)　筆者作成

■図表 5-5-2　カークパトリックの４段階モデル

第１段階	反　応	研修の内容に満足したか
第２段階	学　習	研修の内容を身につけたか
第３段階	行　動	研修の内容を実務に活用したか
第４段階	成　果	研修の内容が成果に結び付いたか

(出所)　Kirkpatrick, D. L.（1998）. *Evaluating Training Programs: The Four Levels*, 2nd. ed., Berrett-Koehler Publishers, pp.19–24 をもとに筆者作成

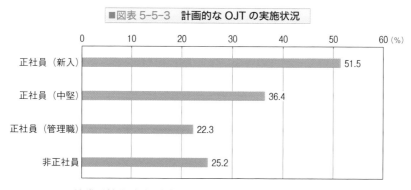

■図表 5-5-3　計画的な OJT の実施状況

	%
正社員（新入）	51.5
正社員（中堅）	36.4
正社員（管理職）	22.3
非正社員	25.2

(出所)　厚生労働省（2022）「令和３年度 能力開発基本調査」をもとに筆者作成

ことで，OJT による育成のバラつきや不十分な OJT が生じるなどの問題が生じやすくなります。この問題を解決するうえで，IT を活用した e ラーニングも有用でしょう。上司や先輩がつきっきりで指導する代わりに，熟達者が行う模範例を動画に収録して，新人はその動画をタブレット PC などで見ながら作業やサービスの仕方を学び，そのうえで上司や先輩がチェックして課題点を修正することで，OJT での指導内容のバラつきをなくしながら，上司・先輩の指導負荷を減らして効率化するのです。

5.6　リーダー育成の強化

　第 2 のこれからの方向は，リーダー育成の強化です。社長などのトップ・リーダーだけでなく，新事業を創造するリーダーや製品開発リーダーなど，企業の業績を左右する様々なリーダーが日本企業では不足していると指摘されています。これらのリーダー育成に向けて日本企業で進められているのが，選抜型研修です。リーダー育成で先行するアメリカの有力企業でのコーポレート・ユニバーシティ（企業内大学）と呼ばれる人材育成施策をモデルとしたものや，MBA 教育を行うビジネス・スクール（経営専門職大学院）の教育内容をモデルにしたものなどがありますが，いずれも従業員のなかから対象者を選抜して体系的なマネジメント教育を行う点で共通しています（図表 5-6-1）。

　しかし，優れたリーダーの育成には，選抜型研修による知識の付与のみでは不十分で，仕事経験を通した人材育成を併用する必要があると考えられています。そこで「一皮むける経験」と呼ばれる，人材を大きく成長させる特別な仕事経験が注目されています（図表 5-6-2）。必死に頑張らないと達成できないような厳しい目標を持つことをストレッチといいますが，一皮むける経験には，ストレッチのような従業員を成長させる要素が含まれていることで大きな成長につながると考えられます。この一皮むけるような仕事経験を，リーダー育成につながるような仕事として早期にリーダー候補者に意図的に経験させることで，不足しているといわれるリーダーの輩出へつなげていく

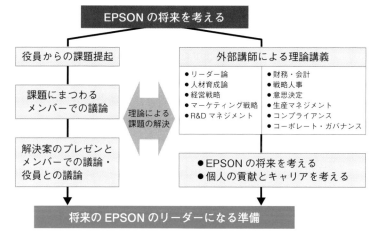

■図表 5-6-1　セイコーエプソンにおける選抜型研修

EPSON の将来を考える

役員からの課題提起

課題にまつわる
メンバーでの議論

解決案のプレゼンと
メンバーでの議論・
役員との議論

理論による
課題の解決

外部講師による理論講義

● リーダー論
● 人材育成論
● 経営戦略
● マーケティング戦略
● R&D マネジメント

● 財務・会計
● 戦略人事
● 意思決定
● 生産マネジメント
● コンプライアンス
● コーポレート・ガバナンス

● EPSON の将来を考える
● 個人の貢献とキャリアを考える

将来の EPSON のリーダーになる準備

（出所）　金井壽宏・守島基博・金井則人（2003）「リーダーシップ開発とキャリア発達：選抜型の次期経営幹部の育成をめ
　　ぐる理論と実践」『一橋ビジネスレビュー』51(1)．図1-B（p.76）をもとに筆者作成

■図表 5-6-2　人材を大きく成長させる「一皮むける経験」

順位	経験内容	割合（%）
1	ロールモデル（キャリアの参考にしたい人）との接触	11.5
1	自分の視野の拡大や視点を変更する経験	11.5
3	ラインからスタッフへの異動	11.0
4	初期の仕事経験	9.9
5	特別なプロジェクトへの参加	9.4
6	ゼロからのスタート	6.3
7	過去の総括	5.8
8	ビジネス上での失敗	5.2
9	ビジネス上での成功	4.2
10	事業の立て直しへの従事	3.7

（出所）　金井壽宏・古野庸一（2001）「「一皮むける経験」とリーダーシップ開発：知的競争力の源泉としてのミドルの育成」
　　『一橋ビジネスレビュー』49(1)．表1（pp.56-57）をもとに筆者作成

ことが考えられます。

5.7 キャリア自律

　第3のこれからの方向は，これまでの企業主導の人材育成から個人主導の人材育成へ転換して，「キャリア自律」を強化することです。1990年代以降の米国企業では，エンプロイアビリティと呼ばれる従業員の側の雇用される能力を問う動きが生じています。従業員を雇用し続ける責任を企業だけが負うのではなく，従業員も自己のエンプロイアビリティを維持・向上する責任があり，そのためには自己のキャリア自律も含めて，従業員が自己の人材育成を進める必要があります。日本でも2000年代に入って，**第10章**で学ぶワーク・ライフ・バランスの考え方や，**第12章**で学ぶダイバーシティの高まりとともに，キャリア自律の考え方が注目されています。

　キャリア自律推進といっても，企業は仕事でのOJTや，一定のOff-JT・自己啓発を行い，従業員が十分な能力を有して企業で活躍するための支援を行う責任があります。しかし，従業員自らが自身の人材育成を主体的に進めることで，企業も人材育成コストを削減することが期待できます。

　かつての企業主導の人材育成の時代は，私たちはいわば川の流れに身を任せるかのごとく，企業任せのキャリアを歩んでいました。これをキャリア・ドリフトといいます。キャリア自律のためには，私たち一人ひとりが自らのキャリアをキャリア・デザインする意識が必要です。そのためには，まず図表5-7-1のように，自らの将来の方向性を自分自身でしっかり見定めることが必要でしょう。しかし，常に自らのキャリアをデザインすることは容易ではありません。前述した図表5-3-1のように，キャリアには発達段階があります。各発達段階の間にはキャリアの節目としての移行期があります。このキャリアの節目でキャリア・デザインを行い，各段階のなかではキャリア・ドリフトするという形でのバランスが大事になるでしょう（図表5-7-2）。

　企業が戦略的に人材育成を進めるうえでは，この従業員のキャリア自律を踏まえつつ，目の前の仕事を行うための短期的な人材育成と，前述した

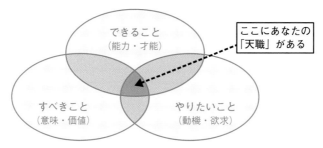

■図表 5-7-1　キャリアの方向性を見つける 3 つの問い

できること
（能力・才能）

ここにあなたの
「天職」がある

すべきこと
（意味・価値）

やりたいこと
（動機・欲求）

次元	そのための問い
できること	自分は何が得意だろうか？
やりたいこと	自分はいったい何をやりたいのか？
すべきこと	自分は何をやっているときに価値を感じるのか？

（出所）　金井壽宏（2002）『働くひとのためのキャリア・デザイン』PHP 研究所，pp.35–43 をもとに筆者作成

■図表 5-7-2　キャリア自律に向けて

1. キャリアに方向感覚を持つ

生涯を通じた夢と節目ごとの夢は何か。
一方では現実に吟味できることも重要。

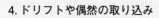

4. ドリフトや偶然の取り込み

組織のなかでのドリフト（漂流）を楽し
み．偶然やってきた機会を活かす。

2. 節目でのデザイン

人生や仕事生活の節目ごとに，キャリア
デザインをしっかりして意思決定する。

3. アクションをとる

デザインした方向に歩みだす。キチンと
努力し，結果がみえるまで我慢する。

（出所）　金井壽宏（2002）『働くひとのためのキャリア・デザイン』PHP 研究所，図 4（p. 253）をもとに筆者作成

リーダー育成のようなキャリアを通じた中・長期的な人材育成のバランスを
しっかりとりながら人材育成を改革することが求められています。

第6章

人事評価

◆ 本章のねらい

本章では，以下の点について学びます。

・人事評価にはどのような役割があるか。

・人事評価に関する理論的観点にはどのようなものがあるか。

・日本企業がこれまで行ってきた人事評価はどのようなものか。

◆ キーワード

業績，評価エラー，公正性，目標管理，年功主義，能力主義，
成果主義，業績管理（パフォーマンス・マネジメント）

6.1 人事評価とは

報酬と連動した従業員へのメッセージ

　企業は人事管理を通じ，高い業績を生み出す，あるいは生み出す可能性がある人々を雇用し，彼らの力を引き出そうとします。そのための最も主要な手段となるのが，次章で検討する報酬と，それを決定する根拠にもなる人事評価です。

　企業が従業員に提供する報酬は，企業への貢献度合いに応じてその水準が異なってきます。ここから従業員は，企業が従業員にどういう貢献をしてほしいか，そして何をしてほしくないかを察知します。つまり，報酬は，企業から従業員への，企業経営にどうかかわってほしいかに関するメッセージなのです。従業員にとって，実際の報酬が予想を下回るものである場合，貢献について企業と自分の間に思い違いがあったことを悟るでしょう。

　従業員一人ひとりの貢献度合いを測り，企業から従業員への貢献期待を具体的に伝える作業こそが，人事評価です。従業員一人ひとりが何を達成し，何を達成していないか。達成や不達成の背景には何があり，何をすれば企業により貢献できるか。こういった情報をともに伝えることで，従業員はより高い報酬を獲得するための行動について，より合理的に考え，実行できます。

　人事評価における上司（評価者）と従業員（被評価者）のコミュニケーション，特に従業員の貢献についての上司からのフィードバックを伴ってこそ，報酬のメッセージ効果はより高まります。人事評価を通じた企業からのメッセージにより，従業員は貢献に向けたモチベーションを高め，能力開発を行えます。そして，企業としては，人事評価を通じて得られた従業員情報を，将来の彼らの配置転換や昇進・昇格に活かします。

人事評価はどう行われるか

　人事評価の体系については普遍的なモデルはありませんが，いくつかの重要な考え方は指摘できます。まず，従業員の企業への貢献，すなわち業績には，様々なものがあります。インプットすなわち従業員の能力や意欲，プロ

人事評価がないか十分に整備されていない場合

人事評価が十分に整備されている場合

（出所）　筆者作成

Column 6.1 ● 人事評価のプロセス

　従業員の人事評価を主導するのは，特に何百人以上の規模の企業の場合，経営者や人事部ではなく，従業員と日頃から接することの多い職場の管理職です。そして，多くの場合，評価者は一人ではありません。

　従業員の評価を行うのは，第1に直属の上司です。しかし，多くの日本企業では，それ以外の評価者が存在します。被評価者の直属の上司，すなわち一次評価者の評価結果を，その上司すなわち二次評価者が再検討し，場合によっては修正するのです。二次評価者は，その立場上の理由から，一次評価者よりも広い視点に立ち，業務を行っています。被評価者と常日頃から接点を持っている一次評価者の視点が常に正しいとは限らないため，二次評価者が一次評価者の評価結果に対する修正を加えることがあります。

　こうすることで，様々な視点が人事評価に持ち込まれます。特定の評価者に頼るだけでは視点が偏りがちになるため，こうした措置は人事評価の客観化に貢献するともいえます。その反面，評価が決定するプロセスの煩雑さから，評価結果の背景を従業員が理解することが難しくなりえます。フィードバックの責任がある評価者には，難しい舵取りが求められます。

セスすなわち従業員の職務行動，そしてアウトプットすなわち従業員の成果です。それぞれの業績との結び付きが特に強い報酬がありますが（**第7章**），企業は従業員に様々な報酬を提供するため，従業員の様々な業績を評価するのです。

インプットに特に顕著ですが，従業員の業績の多くが，出来不出来を数値で表すのは困難です。成果を出来高と混同することが今日でも多いですが，今日の多くの仕事はその内容が複雑で，単純に出来高を割り出せません。業績を単純に数値化できないからこそ，人事評価という人間の判断を伴う作業が必要になるのです。

人間の判断には**エラーやバイアス**がつきものです。甘すぎる，特定の評価要素での判断に他の評価要素での判断が引きずられる，評価の上下が分散しない，といった問題を排除し，人事評価の信頼性や妥当性を高めるべく，様々な評価尺度が開発されてきました。企業における評価尺度の確立に直接的または間接的に貢献してきたのが，産業–組織心理学の様々な研究です。ここでは，行動基準評定尺度や行動観察尺度など，従業員の業績の様々な測り方が開発されました。また，評価点の分布の割合をあらかじめ定める，評価者への評価訓練を行う，といった手法も考案されました。これらの測定法は，実証研究によって信頼性や妥当性が確認され，人事評価の実務に応用されてきました（図表 6-1-2）。

6.2　適切な人事評価がもたらすもの

動機づけ効果

適切な人事評価により，従業員は，自分が所属組織に貢献している程度に加え，より貢献し，それに見合った報酬を得るためにどのようなことが必要か，今後実際にどの程度貢献できそうか，に関する見通しを得ることができます。このことの効果として真っ先に思い浮かぶのが，従業員のモチベーションの向上でしょう。

エドワード・ローラー三世（Edward E. Lawler, III）（1971）などによって論

■図表 6-1-2　様々な尺度の例

【行動基準評定尺度】　プロジェクトの計画	
7 非常に良い	包括的なプロジェクト計画を立案し，文書にまとめ，承認を得て，関係者に計画を周知する。
6 とても良い	（略）
5 良い	（略）
4 ふつう	期日リストを作成し，必要に応じて修正するが，たいてい予期せぬ出来事が起こり，問題を引き起こす。堅実な計画であっても，マイルストンをおさえず，計画の遅れや問題を報告しない。
3 悪い	（略）
2 とても悪い	（略）
1 非常に悪い	計画不足によってプロジェクトが終了しないが，気に留めず，その改善方法も考慮しない。

【行動観察尺度】　競合商品の特徴を知っている				
まったくない	めったにない	時々	たいてい	いつも
1	2	3	4	5

（出所）　今城志保（2017）「「正確性の追求」から「パフォーマンスの向上」へ」『RMS Message』45．図表3（p.9）をもとに筆者作成

Column 6.2 ● 信頼できる測定尺度とは？

　心理学領域では，評価尺度の信頼性について，様々な考え方が生み出されてきました。例えば，「安定性」とは，同じ成果や行動を別の時点で同じ人が評価した場合，同じ評価結果になることを指します。「評価者間信頼性」とは，同じ成果や行動を異なる評価者が測定した場合に，同じ評価結果になることを指します。「内的一貫性」とは，ある成果や行動をいくつかの項目で測定した場合，同じ測定値になることを指します。

　正確な測定を追求する際に注意すべきことは，「測れるもの」は「測るべきもの」と同じではないということです。ある測定尺度の信頼性が統計的に確認されるだけでなく，測りたいと思っているものと概念的に整合している必要があります（「内容的妥当性」さらには「測れるもの」にこだわりすぎる余り，実際上の価値がそんなにない正確な評価尺度について，「測るべきもの」と過誤してしまうこともありえます）。ジェリー・ミュラー（Jerry Z. Muller）（2018）が著した『測りすぎ』という本では，現代社会における正確な測定への歪んだこだわりの強さへの警鐘が鳴らされています。

じられたモチベーションの期待理論によると，人の仕事への動機づけの水準は，仕事に付随する報酬の魅力に加え，(1)努力が業績と結び付く，(2)業績が報酬に反映される，という期待に左右されます。人事評価は，これら2つの期待を高めるのに寄与します。人事評価の際に評価者からフィードバックを受けることで，従業員はどのようにすれば業績を高められるか，情報を得ます。また，人事評価の仕組みが整っていることで，業績の水準が評価点という形で明確になり，報酬決定の根拠となるのです。

報酬の「正しさ」の知覚

　報酬水準の高さだけでなく，報酬水準や報酬が配分される過程における「正しさ（公正さ）」を知覚する場合，従業員は職務に対して強い動機を持って取り組むといわれてきました。そして，報酬への公正感の醸成に，人事評価は大きく寄与します。

　アラン・リンドとトム・タイラー（Allan E. Lind & Tom R. Tyler）(1988)は，報酬に対する従業員の公正感について，結果すなわち報酬の水準の正しさと，過程すなわち報酬が決まるまでの経緯の正しさに二分し，その枠組みは後の研究にも継承されました。

　まず一般的に，結果の正しさは，「自分の貢献＝職務行動」に見合った「相手からの返礼＝報酬」があったかどうか，という点で決まってきます。従業員は，所属企業との交換関係における公平性を重視して「もらうべき報酬」を念頭に置き，それを実現する交換を正しい（公正）とみなします。

　もっとも，この「もらうべき報酬」という期待値は，従業員の主観や個人的欲求に左右される部分が大きいので，従業員本人の知覚と企業の判断，すなわち「払うべき報酬」のイメージは，擦り合いにくいものです。この擦り合わせのためには，従業員と彼らを評価する人々，特に上司との間でのコミュニケーションが決定的に重要になります。ここでいうコミュニケーションには，人事評価の場面でのものと，それ以外の場面でのものと，両方を含みます。評価者が人事評価を適切に行うためには，被評価者，すなわち従業員についての日頃からの情報収集が欠かせません。多くの良質な情報を得るためには，被評価者と頻繁にやりとりし，そのなかで良好な関係を築かなけ

Column 6.3 ● 公 平 理 論

　人は，自らの職務行動（相手への貢献＝インプット）と報酬（相手からの見返り＝アウトカム）とを天秤にかけながら，状況が公平かどうかを判断するものです。この「アウトカム／インプット」という計算は簡単なものではないですが，自分の値と，自分が常日頃意識したり参考にしたりする他者の値を比べるということがよくなされることに，ジョン・アダムズ（John S. Adams）(1965) は着目しました。企業で働く従業員の場合，比較他者としては同期入社の従業員であったり，同じ部署の同じ地位の従業員だったりすることが多いでしょう。インプットには，能力，取り組み姿勢，成果などが，アウトカムには経済的な報酬の他にも，賞賛などの非経済的報酬も含まれます。

$$\frac{O_p}{I_p} < \frac{O_a}{I_a} \qquad （式 1） \longrightarrow \quad 過小報酬 \ 不満$$

$$\frac{O_p}{I_p} > \frac{O_a}{I_a} \qquad （式 2） \longrightarrow \quad 過多報酬 \ 罪の意識$$

$$\frac{O_p}{I_p} = \frac{O_a}{I_a} \qquad （式 3） \longrightarrow \quad 衡平状態 \ 満足$$

（注）　I_p：自身のインプット，O_p：自身のアウトカム，I_a：他者のインプット，O_a：他者のアウトカム

　アダムズの理論の面白いところは，「比較他者と比べてもらわなさすぎている」という状態だけでなく，「もらいすぎている」という状況にも人は不満を抱くと指摘しているところにあります。しかしこの点については，後の実証研究ではあまり支持されていません。「もらいすぎている」という状況は，極端な場合を除き，人にとってそれほど居心地の悪いものではなさそうです。また，公平性を重んじる程度，すなわち人の価値観によっても，不公平さへの許容度が変わってくることも，実証されています。従業員の欲求だけでなく，価値観への配慮が，人事管理の際には求められます。

ればなりません。被評価者から信頼され，彼らから積極的に情報を開示して
もらうには，評価者自身が被評価者を信頼し，彼らを一個人として丁重に，
あるいは親身になって扱い，彼らの業務遂行や成長を支援しなければなりま
せん。被評価者を甘やかすのではなく，厳しいことをいっても受け入れても
らえるような関係性を構築しなければなりません。

　こうした関係性によって，報酬についての期待値が企業と従業員の間でそ
ろいやすくなります。そして，事実により基づいた，評価者と被評価者の双
方にとって違和感のない人事評価を行いやすくなります。これは，従業員が
知覚する結果の正しさに関するものですが，報酬が決まるまでの過程におい
て従業員が知覚する正しさでもあります。結果の正しさと過程の正しさは，
別個でありつつも密接にかかわっています。

従業員の能力と業績の向上

　近年の人事評価では，正確な評価を行って従業員の職務モチベーションを
高める，というもの以外の目標も追求されだしています。人事評価を通じて，
従業員の企業への貢献度合いに関するS，A，B，C，…といった評価点だけ
でなく，評価点の背景にあるその従業員の強みや弱み，強みを伸ばして弱み
をなくす方法，成長から業績向上への経路などに関する情報も従業員本人に
示そうとするものです。

　多くの日本企業で導入されている「目標管理（Management by Objectives and
self control）」は，そうした人事評価の情報提供的な側面に焦点を当てたもの
です（図表 6-2-1，図表 6-2-2）。一般的な人事評価は，社内等級や職種ごと
にあらかじめ評価項目（測定尺度）が定められており，それに照らし合わせ
て実際の評価点を導出するようになっています。それは，従業員ごとに特有
の実際の職務の出来不出来を評価するには普遍的（抽象的）で，高評価すな
わち高業績のための従業員の強い努力を引き出すとは限りません。

　目標管理は，一般的な人事評価のそういった弱点を克服しようとするもの
です。ここでは，従業員が評価期間（例えば年度）内に達成したい，あるい
は達成すべきいくつかの目標が，そのまま評価項目となります。評価項目に
は，実際の成果（アウトプット）に加え，それを引き出すために実際にとる

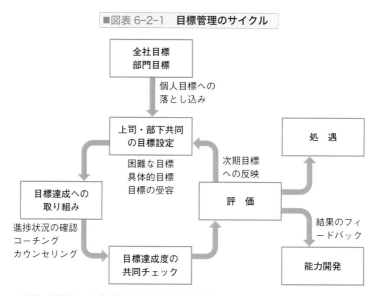

■図表 6-2-1　目標管理のサイクル

全社目標
部門目標

個人目標への
落とし込み

上司・部下共同
の目標設定

困難な目標
具体的目標
目標の受容

次期目標
への反映

処　遇

評　価

目標達成への
取り組み

進捗状況の確認
コーチング
カウンセリング

目標達成度の
共同チェック

結果のフィ
ードバック

能力開発

（出所）　高橋潔（2010）『人事評価の総合科学：努力と能力と行動の評価』白桃書房，図表7-3（p.90）

■図表 6-2-2　目標管理シートの例

20xx 年度 目標管理シート

	実施日	面接者
所属 氏名	目標設定面談 上期評価面談 下期評価面談	

部署の重点目標（上位 3 つまで。上司記入）

| 1 |
| 2 |
| 3 |

あなたの年度目標（上位 3 つまで）

	目標	具体的な実施事項	ウエイト（%）	難易度	上期達成度 自己評価	自己評価コメント	下期達成度 自己評価	自己評価コメント	通期評価（上司記入）	評価内容についての フィードバック（上司記入）
1				○○○○ 1　4	○○○○○ 1　5		○○○○○ 1　5		○○○○○ 1　5	
2				○○○○ 1　4	○○○○○ 1　5		○○○○○ 1　5		○○○○○ 1　5	
3				○○○○ 1　4	○○○○○ 1　5		○○○○○ 1　5		○○○○○ 1　5	
4				○○○○ 1　4	○○○○○ 1　5		○○○○○ 1　5		○○○○○ 1　5	
5				○○○○ 1　4	○○○○○ 1　5		○○○○○ 1　5		○○○○○ 1　5	

あなたの能力や業績の向上につながるフィードバック（上司記入）

個別目標についての所見	1		全体的な所見		上記内容について確認し、理解しました。
	2				あなたの署名
	3				
	4				上司の署名
	5				

（出所）　筆者作成

べき行動（プロセス），保有すべき能力や意欲（インプット）が含まれること
もあります。目標を設定し，さらには目標達成度を評価する際には，従業員
本人の考えや意欲，すなわち主体性が尊重されなければなりません。評価さ
れる内容について，評価される本人が策定にかかわることで，本人にとって
の目標の妥当性が高まり，達成への動機が強まるためです。

　目標管理は，従業員の主体性や当事者意識を養うだけの手法ではありませ
ん。従業員の目標を定める際，上司である評価者には，企業全体や管轄する
職場がどのような目標を定めているかを従業員に伝え，従業員に組織目標と
調和した個人目標を立てるよう，促すことが求められます。従業員と企業が
いわば Win-Win の関係になる青写真を描いたうえで，評価者には，目標設定
や達成度評価のときのみならず，日常的に目標達成のためのサポートや状況
の変化に応じた目標修正を行うことが期待されます。計画の策定・実施・修
正・振り返りというコミュニケーションは，業務管理や人材育成の色彩が色
濃くなります。

6.3　日本における人事評価の歴史

能力評価をめぐる模索

　遠藤公嗣による丹念な歴史研究（1999）によると，近代の日本企業におけ
る体系的な人事評価の試みがみられだしたのは，20世紀に入ってからで，
アメリカの先進的な職務行動評価の取り組みが盛んに参照されました。しか
し，その後，第二次世界大戦もあって，海外の先進的な取り組みの学習や，
自国や自社に合わせた独自の体系化はあまりみられなくなりました。

　人事評価における日本独自の取り組みは，1960年代以降の能力主義的な
人事管理の広まりのなかで，職務遂行能力の定義や評価という形でみられる
ようになりました。多くの企業では，従業員の職務や職種ごとではなく，等
級ごとで評価尺度が定められました。

　どの職務にも適用させようとすると評価尺度の抽象度は上がります。例え
ば，係長クラスの従業員に期待される数ある能力要件のうち，「リスクをと

Column 6.4 ● 職務遂行能力

　日経連能力主義管理研究会は，1960年代後半に開かれた研究会の成果として，日本企業が能力主義的な人事管理に移行すべきとする著作を刊行しました（日経連能力主義管理研究会, 1969=2001）。そこでは，職務遂行能力について，以下のように包括的に定義されました。

1. 適性および性格：いわゆる気質，パーソナリティ
2. 一般的能力：理解力，判断力などの天賦の能力
3. 特殊能力：経験のなかで身についた専門的知識や技能
4. 意欲：能力を成果に結び付ける行動力
5. 身体的特質：筋力，運動神経，器用さ

　この定義には，今日の基準ではは職務遂行能力とみなされにくいものまで含まれていますが，従業員の良い点，改善を要する点を「丸ごと」捉えようという意気込みがみてとれます。こうした企業側の姿勢については，「従業員の人間性を尊重している」とする論者もいる反面，「従業員の全人格を企業と一体化させようとしている」とする論者もいます。この議論の是非はさておき，客観的な評価が困難なものまで評価対象としようとしてきた日本企業のスタイルが，この職務遂行能力の定義からはみてとれます。

　各企業が職務遂行能力をそれぞれのやり方で分類，尺度化してきましたが，同様のことを研究者も行ってきました。例えば，ロバート・カッツ（Robert L. Katz）は，(1) 業務上必要となる知識としての「テクニカル・スキル」，(2) 組織内で協力関係を構築する力としての「ヒューマン・スキル」，(3) 組織目標の達成のために諸活動を統合する力としての「コンセプチュアル・スキル」，に分類しました。また，新人が組織の一因になるプロセスに着目したブレーク・アシュフォース（Blake E. Ashforth）らは，仕事を行うのに必要な能力に加え，組織から期待されている役割，組織や人間関係に偏在する自らの職業生活に資するサポート源の重要性を指摘しました（平野・江夏, 2018）。

る姿勢」を測定すると，図表6-3-1のような形になります。この例にある
ように，評価対象となる職務遂行能力には，その高低を数値で測ることが難
しいものも多く含まれています。日本企業では職種をまたぐような異動が少
なからずありますが，異動があっても評価尺度が変わらないことが，異動す
る従業員の安心感につながった可能性はあります。

　抽象度が高い評価尺度に基づく評価においては，評価者間での差が出やす
くなります。つまり，いつ誰が評価しても同じような評価結果を出すこと
（安定性，評価者間信頼性）が難しくなり，また，結果として測りたいものを
測り損ねる可能性も出ます（内容的妥当性）。少し古い調査になりますが，日
本労働研究機構（現，労働政策研究・研修機構）が1998年に興味深い企業向
けアンケートの結果を公表しています（図表6-3-2）。それによると，ほとん
どの企業が，評価者が変わると評価結果が大なり小なり変わりうることを指
摘しています。こうした評価結果については，その背景，評価結果を踏まえ
た今後の職務行動計画について，評価者から被評価者に論理的にフィード
バックをすることが難しくなります。つまり，報酬の結果のみならず，決定
過程における公正性が危うくなるのです。

　評価者が確信を持って能力評価を行い，それを給与や昇進・昇格に結び付
けるのが難しくなった結果として，評価者は従業員の職務遂行能力そのもの
ではなく，その代理指標に着目することが多くみられました。代理指標の典
型例が，経験年数や年齢です。確かに一般的には，経験を重ねることによる
熟達が観察されますが，そこには個人差があります。個人差ではなく一般的
傾向に評価者が着目した結果，経験年数や年齢を重ねた人ほどより高い評価
点を獲得する，経験年数が低く，年齢の若い従業員の抜擢を渋る，といった
ことが広く観察されるようになりました。「日本企業は年功主義的だ」とよ
くいわれますが，その根源には，能力主義的な人事評価制度の運用レベルで
の失敗があるといえます。

成果評価をめぐる模索

　2000年前後から，多くの日本企業が「成果主義」を標榜し，報酬管理の面
ではそれなりに大きな変化が生まれました。賃金の一部を従業員の成果に連

■図表 6-3-1　職務遂行能力の評価の例

【リスク管理能力】
定義：
　職場や業務遂行上の問題が発生するリスクを最小化する。

評価項目：
① 職場や業務遂行上の問題がどのようなものか，明確に定義，意識できている。
② 職場や業務遂行上の問題の発生源，すなわちリスクがどこにあるか，常日頃から探し出せている。
③ 職場や業務遂行上の問題がなるだけ顕在化しないよう，リスク要因を事前に無くせている。
④ 職場や業務遂行上の問題が実際に発生したとき，すなわちリスクが顕在化したとき，それに付随する損害を最小化できている。
⑤ 一連のリスク対応を，体系的な知識を活用して行っている。

各評価項目に対する評点：
　抜群な能力発揮：直ちに上位等級で活動できるレベル
　優秀な能力発揮：現等級で上位のレベル
　一定以上の能力発揮：現等級で期待される水準以上のレベル
　標準的な能力発揮：現等級で最低限期待されるレベル
　要努力：現等級で期待される水準を下回っているレベル

（出所）　筆者作成

■図表 6-3-2　評価者が変わると 5 段階で何段階くらい評価が変わりうるか

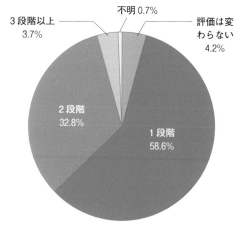

不明 0.7%
3 段階以上 3.7%
評価は変わらない 4.2%
2 段階 32.8%
1 段階 58.6%

（出所）　日本労働研究機構（1998）『管理職層の雇用管理システムに関する総合的研究（下）：非製造業・アンケート調査・総括編』p.113 をもとに筆者作成

動されるようになった企業では，従業員が実際にあげた成果次第では，従来はほぼ暗黙の前提であった昇給が実現しなくなる可能性，減給になる可能性が以前より高くなりました（第7章）。

　評価制度の面でも，業績向上に対して従業員に前向きになってもらうため，目標管理を成果給の決定根拠，つまり公式的な人事評価と結び付ける動きが生まれました。多くの企業が目標管理を成果給の評価ツールとしようとしたのは，「給与水準が従来よりも大きな幅で上がりうるが，下がる可能性もある」という状態に，従業員に納得してもらうためでした。自分も決定にかかわった目標＝評価指標であるなら，評価の結果にも納得しやすいだろう，という見通しがあったのです。

　しかし，従業員の成果を正確に測ろう，そして目標の設定や振り返りに従業員に積極的に参加してもらおう，という企業の意図は十分には実現せず，成果主義は従業員の幅広い，強い支持を得られずにいます。その背景にあるのが，基本的な評価作業の構図が，従来と大きく変わっていないことです。成果給を決定する際には，人件費管理の都合上から，複雑で，しかも質的に異なる業務目標を追求する従業員の間に，成果水準に応じて順位をつけ，評点を決めなければなりません（相対評価）。しかも，その順位をつけるのは，従業員の直属の上司のみならず，その上司も含めた複数の管理者です。従業員（被評価者）の直属の上司（一次評価者）には，評価点について，その背景と今後の対応に関するフィードバックを行うことが求められます。しかし，自らの影響力が十分に及ばない評価プロセスで決まったことを合理的にフィードバックするのは，一次評価者にとっては極めて困難です。

6.4　人事評価の未来

　能力評価や成果評価をめぐる現場の評価者たちの苦闘は，人事評価における「正解」「真実」を捉えることの困難さ，もっというと不可能さを含意しています。明らかに優れた業績や顕著な問題を示す従業員ならば，容易に特定できるでしょう。しかし，それ以外の従業員については，業績達成という

Column 6.5 ● デロイトの評価制度の刷新

　近年，一部の企業では，正確性を志向する精緻で体系だった評価制度からの撤退が行われています。そうした企業の1つが，世界的な経営コンサルティング会社であるデロイトです。

　評価制度の変更に携わったマーカス・バッキンガムとアシュリー・グッドール（Marcus Buckingham & Ashly Goodall）の報告（2015）によると，同社では，元々は，従業員の職務遂行能力についての精緻な評価項目と，直属の上司以外も人事評価に参加する多面的評価を行っていました。しかし，精緻な人事評価制度は，煩雑で運用に手間がかかり，従業員の職務行動やキャリア形成をより実りあるものにすることにはつながらない，という結論に至り，よりシンプルな評価制度の導入に踏み切りました。

　新たな評価制度では，評価者＝上司は従業員について，以下の4点で評価します。そして，従業員の目標管理やコーチングのための面談を週に1度行います。

1. この人に報酬を最大限提供したい（貢献）
2. この人には自分のチームに常にいてほしい（協調能力）
3. この人の業績は悲惨なものになる恐れがある（周囲への害）
4. この人は今日昇進してもおかしくない（潜在能力）

　これらは，従業員の能力や貢献についての「客観的な測定」というよりは，従業員の人となりについての「個人的な感想」というべきものです。しかし，だからこそ，評価者は従業員の実態を把握し，成果創出や成長を支援するためにより主体的に彼らとかかわるようになりました。そうすることで，あくまで主観にすぎない「個人的な感想」に，正当性や納得性が付与されるのです。診断者というよりは伴走者となった評価者に対しては，従業員の方から質問や相談が，より多く寄せられるようになったようです。

意味での出来不出来は僅差でしかなく，無理に評点や順位の違いを割り振ると従業員の不満が生じやすくなります。

　結局のところ，「正確な評価を行い，その結果を包み隠さず従業員に伝えなければならない」という人事評価において掲げられがちな「建前」が現実的でないというところから，より良い人事評価の在り方を模索するしかないのでしょう。正確性や情報公開にこだわりすぎると，評価者と被評価者の双方で不満が蓄積されかねません。

　ここでは，人事評価に対して，「従業員のこれまでの業績を正確に測定する」というものとは別の役割を付与する必要が出てきます。別の役割の候補であり，近年研究が進んでいるのが，「従業員のこれからの業績を高める」というものです。従業員の将来の業績を高めるための活動のことを業績管理（パフォーマンス・マネジメント）といいます。その主要な論者の一部であるマイケル・アームストロングとアンジェラ・バロン（Michael Armstrong & Angela Baron）（2004）によると，それは以下のような内容を含みます。

> ➢ 組織の目的や価値についてのビジョンを共有する
> ➢ 従業員が何をどうなすべきかについての期待を定める
> ➢ 高い業績が意味するものやその実現手段についての理解を確認する
> ➢ フィードバックによって目標への従業員の一体感を強める
> ➢ 従業員自身が周囲と率先して対話できる

　これは，職場での上司部下の日常的なコミュニケーションのなかで，目標管理のサイクルを回してゆくことを意味します。こうした管理者行動は，たとえ正確な人事評価をもたらさないにせよ，従業員の職務に対する前向きな意欲を醸成できます。より望ましい報酬を獲得するためのヒントを，従業員に提供するためです。人事評価の局面のみならず日常業務の局面で，企業と従業員が将来目標を統合し，望ましい将来に向けて従業員が歩むことへの支援に注力することに，現場の管理者である評価者には強く期待されます。

第7章

報酬管理

◆ 本章のねらい

本章では，以下の点について学びます。

・報酬は従業員の職務への動機づけに対してどのような影響を
与えるか。

・業績と様々な報酬の関係にはどのようなものがあるか。

・日本企業がこれまで行ってきた報酬管理はどのようなものか。

◆ キーワード

報酬，業績，動機づけ，インセンティブ強度，生活保障給，
能率給，年功主義，能力主義，成果主義

7.1 報酬とは

報酬の重要性

　企業は人事管理を通じ，高い業績を生み出す，あるいは生み出す可能性がある人々を獲得し，彼らの活動を引き出そうとします。そのための最も主要な手段となるのが報酬です。**第6章**で検討した人事評価は従業員の能力や行動，さらには成果に関して様々な情報を含んでおり，企業から従業員への多くのメッセージを含んでいますが，そのメッセージは，実際の報酬と結び付いてこそ，より伝わりやすいものとなります。

　人々が仕事に従事するのは，それによって自らが求める様々な報酬を手にするためです。そこで企業は，従業員に期待する貢献と，対応する報酬の交換関係の仕組みを定め，従業員に伝えなければなりません。そして，いったん定められた報酬の仕組み，すなわち従業員との交換の約束を，実行しなければなりません。報酬も，人事評価と同様に，どういう貢献をしてほしいかについての，企業から従業員へのメッセージなのです。

何に対する報酬か？

　人事管理における報酬については，「従業員の貢献に対する，雇用する企業の側からの返報」と定義ができます。従業員と企業は，貢献と報酬を交換するのであり，その関係性こそが雇用関係です。

　ここで問題になるのは，「貢献」とは何か？　ということです。まず直感的に思い浮かぶのは，業績（パフォーマンス）でしょう。一般的には「業績＝成果」と結び付けられがちですが，「パフォーマンス」という言葉には「振る舞い」という意味が含まれることからも明らかなように，業績の方が広い意味を持ちます。業績については，最終的な成果に加え，それに至る道筋，成果を生み出す要因も含め，包括的に理解すべきなのです。

　図表7-1-1では，業績の多様性と，それぞれの業績がどのような報酬と結び付いているかを示しました。企業における従業員の成果は，彼らの能力や意欲が，実際の職務行動に投入されることで可能になります。インプット

　報酬としてまず思い浮かぶのは，賃金や賞与，あるいは昇進や昇格といったものでしょう。こういった経済的報酬は，日々の暮らしを営んでいかなければならない従業員にとっても，極めて大事なものです。

　ただし，人々のモチベーションは，経済的報酬のみに左右されるわけではありません。やりがいを感じる，同僚や顧客から認められる，職場や企業との一体感を感じる，成長実感を得やすい，といったことが今の職務に従事する理由となることも多いでしょう。このように，非経済的報酬は重要ではあるものの，本章では経済的報酬，特に賃金や賞与のような金銭的報酬に特化して議論します。金銭的報酬に関する支出は，企業の人件費の多くを占めるものであり，また，経済的報酬のマネジメントを適切に行えてこそ，非経済的報酬はその本来の価値を発揮するからです。

■図表 7-1-1　業績と報酬の結び付き

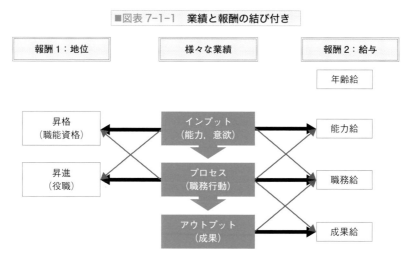

(注)　太い矢印は強いつながりを，細い矢印はある程度のつながりを表す。矢印がないからといって全く関係がないとは限らない。
(出所)　平野光俊・江夏幾多郎（2018）『人事管理：人と企業，ともに活きるために』有斐閣，図 7-1（p.128）をもとに筆者作成

（能力，意欲），プロセス（職務行動），アウトプット（成果）のそれぞれが人事評価の対象となり，評価結果に基づいて報酬が決まるのです。なお，業績水準，およびそれについての人事評価に左右されずに決まる，年齢給や勤続給のような報酬もあります。

7.2 報酬はどう人を動機づけるか

報酬の機能

　報酬には，固定的な部分と変動的な部分があります。例えば年齢給には「35歳ならば〇〇円」という決まりがあり，能力給や職務給には社員等級ごとで上限額と下限額が存在することが多いです（**7.3節**参照）。成果給に至っては下限額が0円ということもあります。企業は人事評価により，上限と下限の間でどの程度の報酬を従業員に支払うかを決めます。

　報酬における変動部分の割合の大きさを「**インセンティブ強度**」と呼びます。これに着目すると，報酬水準は以下のような等式として表せます。

$$W = \alpha + \beta p$$

　ここで，W は報酬の総額，α は固定報酬，βp が変動報酬です。β がインセンティブ強度，p が従業員の業績です。報酬は固定部分と変動部分からなり，変動部分は従業員の業績に応じて変化しますが，変化幅が大きいほど，インセンティブ強度が強いといえます（図表7-2-1）。

　そして従業員の業績は，以下のような等式として表せます。

$$p = f(e, n)$$

　ここで，e は努力，n は不確実性です。いくら従業員本人が努力したとしても，競合他社や景気の動向などによって，十分な業績を生まない可能性があります。あるいは逆に，予想もしない特需が生まれて本人の努力だけでは説明できないような業績が生じることもあります。

　インセンティブ強度（β）が高く，報酬全体に占める変動給（βp）の割合

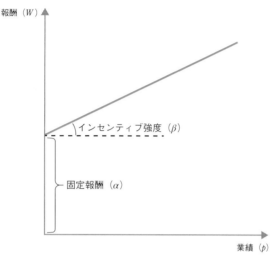

■図表 7-2-1　報酬の基本構造

報酬（*W*）

インセンティブ強度（*β*）

固定報酬（*α*）

業績（*p*）

（出所）　筆者作成

Column 7.2 ● 様々な報酬の組み合わせ

　実際の企業では，様々な業績要素が同時に勘案されたうえで，報酬が従業員に提供されます。例えば，ある企業が職能資格制度ではなく職務等級制度を採用する場合，能力給ではなく職務給が採用されます（**第3章**）。職種や業種，あるいは社内の役職や等級の高さによっては，成果給の比率を高めた方が従業員の動機づけにつながります。従業員の生活を主に支える月々の給与については能力給や職務給をメインにしつつ，賞与については給与よりも業績連動の度合いを強めるということも，多くの企業が行っています。年功的な賃金を企業が意図する場合には，従業員の貢献と報酬を直接的に結び付けず，年齢給の比率を高くするでしょう。

が高くなるとき，報酬の水準は不安定化します。こういうとき，人々は，より高い報酬を得るために努力水準を高める可能性があります。しかし，もし業績（p）に対する不確実性（n）の影響が強い場合，人々は報酬のために努力（e）しなくなるかもしれません。「報われない努力」が発生する確率が高まるためです。結果として，業績（p）の水準は下がりえます。

　こうした事態を企業として避けるには，不確実性（n）の影響を受けにくい業績（p）に着目することが有効です。例えば，職務上期待される行動は，期待される最終的な成果と比べて，従業員本人の努力（e）次第で決まりやすい，不確実性（n）からの影響を受けにくいものです。実際，多くの企業では単純な出来高給はほとんど観察されず，従業員の最終的な成果に加え，能力や行動に着目して報酬を決定しています。

　一方，企業がインセンティブ強度を強めすぎることで，多くの従業員が不安感に陥ったり，その結果として離転職が増えたりもします。報酬における固定部分を増やすことには，従業員に安心感を持ってもらうことや，従業員同士，あるいは従業員と組織の一体感を醸成するという効果もあります。ただし，固定部分の比率を高めすぎた場合，一部の従業員による不公平感や，多くの従業員による努力の出し惜しみが発生します。企業は，従業員の反応を見ながら，安心感と挑戦意欲の双方を従業員が抱くような報酬のセットを考えなければなりません。

報酬の負の側面への対応

　経済的な報酬で企業が従業員を動機づけることについては，しばしば警鐘が鳴らされてきました。警鐘の背景にあったのは，エドワード・デシやリチャード・ライアン（Edward L. Deci & Richard M. Ryan）（1985）を代表的論者とする，心理学における内発的動機づけ理論（認知的評価理論）でした。

　この理論の主張によると，経済的報酬のような従業員にとっての外的な刺激は，職務の有意味感や楽しみ，さらには職務に従事することそのものへの満足感などといった内的な報酬の有効性を弱めがちです。外的報酬が従業員の職務への内発的動機づけ，いわば自発性を低め，経済的報酬にのみ動機づけられるようになることを，「アンダーマイニング効果」といいます。

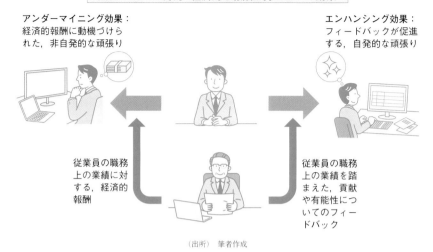

■図表 7-2-2　外的−経済的な報酬が持つ 2 つの効果

アンダーマイニング効果：
経済的報酬に動機づけら
れた，非自発的な頑張り

エンハンシング効果：
フィードバックが促進
する，自発的な頑張り

従業員の職務
上の業績に対
する，経済的
報酬

従業員の職務
上の業績を踏
まえた，貢献
や有能性につ
いてのフィー
ドバック

(出所)　筆者作成

Column 7.3 ● 報酬における分配的公正

　報酬が人を動機づけるとしても，単純に報酬水準が高ければいいわけではありません。報酬水準における「高さ」だけでなく，「正しさ（公正さ）」が，それを受ける人々にとっても，報酬を提供する側にとっても大事なのです。

　報酬の公正性は，分配の結果と過程という 2 つの側面から捉えられます（**第 6 章**）。結果の公正すなわち「分配的公正」のうち，公平性については**第 6 章**で検討しましたが，分配的公正の基準は，公平性の他にもあります。平等に配分されているか，人々の必要性に応じて配分されているか，などです。

　実際の組織の賃金管理においても，企業への貢献に応じた報酬格差が従業員間で設けられるよう，様々な試みがなされています（公平性分配）。公平性配分を行うための「従業員の貢献」としては，職務上のアウトプットに加え，インプットやプロセスが検討されるようになってきました(図表 7-1-1)。ただし，そうしたなかでも，従業員である以上最低限受け取れる水準が，各組織で設定されていることが通例です（平等性分配）。都道府県ごとに定められている最低賃金が，そうした水準に影響することもあります。居住する地域や家族構成などを踏まえた金銭的な補助が，組織から一部の従業員になされることもあります（必要性分配）。

アンダーマイニング効果は，従業員や企業の業績をも損ねかねません。経済的報酬の対象とはならない，あるいは「有意義なもの」として誰の目にも明らかにはなりにくいものの，将来の業績のベースになるような職務行動への人々の関心を低めるからです。企業として，長期的な視点に立った地道または探索的な活動，同僚支援などを従業員がとるよう，経済的報酬だけで動機づけるのには限界があります。

　もっとも，経済的報酬の無意味さ，あるいは有害さのみを指摘すべきではありません。アンダーマイニング効果を指摘したデシとライアンが同時に述べたように，外的報酬が従業員の内発的動機づけを高めるという「エンハンシング効果」が生じる場合があります（図表7-2-2）。例えば，自らが主体的に果たした役割の大きさや有能さについてのフィードバックを，報酬分配に先立つ人事評価の場面で受けるような場合です（**第6章**）。ここでは，外的報酬における情報提供的側面が，従業員の自己決定感や有能感を，ひいては報酬としての職務内容の魅力を高めます。

　経済的報酬の価値を無視あるいは過小評価すべきではありません。人々にとっての報酬とは，単なる生活の手段であるだけではなく，自らの社会–経済的地位を確認したり，自らの人生の過去・現在・将来を展望したりするための重要な指標でもあるのです。

7.3 日本における報酬管理の歴史

起点の年功賃金

　日本的経営を象徴するものとしてジェームズ・アベグレン（James C. Abbeglen）（1958）によって指摘されたのが，「終身雇用，年功賃金，企業別労働組合」の「三種の神器」です。この主張の是非については様々な観点から論じられてきましたが，ここでは，そのうちの「年功賃金」について，特に正社員の賃金体系に着目しながら，その実態を説明します。「年功」という考え方やその実態を理解することで，日本における報酬管理の歴史の基調を見通せます。

Column 7.4 ● 電産型賃金

　終戦直後に労働組合の強い発言によって成立した「電産型賃金」は，生活保障的色彩の強い年功賃金の代表例です。そこには，(1) 年齢ごとの最低生活についての算定結果に基づく年齢給（＝本人給）に扶養家族手当を加えた生活保障給を賃金の中核とした，(2) 従業員の能力は賃金に反映されるものの成果給的要素は排除された，(3) 時間外労働や特殊な場所・内容の労働に対応した手当が基準賃金とは別に設けられた，(4) この制度を導入する企業のあらゆる従業員に適用された，といった特徴がありました。

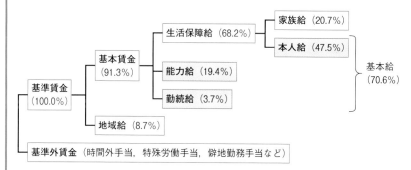

　賃金額，特に生活保障給を定めるにあたっては，当時の物価に加え，大人 1 人の必要摂取カロリー（2000kcal）が考慮に入れられました。生活を営むために必要な賃金水準を，労働組合が具体的に割り出し，主張したのです。

Column 7.5 ● 福 利 厚 生

　企業は従業員の生活を保障するための様々な経済的措置を施しています。厚生労働省が 2021 年に行った「令和 3 年 就労条件総合調査」によると，福利厚生費は，企業から従業員への支払いの 1 割強を占めます。

　福利厚生費の大半を占めるのが，企業による支払いが法律によって義務付けられている法定福利費です。主な内訳は「厚生年金保険料」「健康保険料」「介護保険料」「労働保険料」です。その他，企業が任意で従業員に提供する法定外福利費があります。住居，医療保険，食事などに関する支援の形をとりますが，従業員の生活上のニーズの変化や多様化に企業側が十分に対応しきれていないことも，時折指摘されます。

年齢が高い人ほど賃金が高くなりがちな傾向自体は，世界的にみられることです。日本の「年功賃金」の特徴は，近現代の日本の賃金が，「生活保障給」と「能率給」という2つの側面に長きにわたって向き合ってきた点にあります。労働組合が重視してきた「従業員の生活保障を重視した賃金」という考えと，企業が重視してきた「従業員の業績＝能率に応じた賃金」という考えが入り混じって，現代の日本の賃金体系が作られたのです。

年功賃金の「変種」としての能力主義

　従業員の生活水準の維持向上に力点を置く労働組合の動きに対抗する企業側の基本方針は，「能率」としての従業員の職務遂行能力が賃金全体に反映される程度を強めることでした。しかしそれは，賃金における年功的要素を完全には否定しません。

　能力給は，職務経験を重ねるほど従業員の組織への貢献可能性が高まる，という想定においては年功主義とは矛盾せず，多くの従業員，さらには労働組合にとって自然なものでした。また，能力給の比率が増すこと自体は，もし職務遂行能力が企業によって適切に評価されるのであれば，熟練度の高い従業員にとっては特に魅力的でした。

　能率給としての能力給，そして従業員の職務遂行能力の評価に報酬管理の力点を置くという企業側の基本方針は，1950〜60年代の労使関係のなかで，労使双方が受容可能なものとして徐々に確立しました。その流れは，1960年代以降，職能資格制度（**第3章**）という，従業員の職務遂行能力に着目した新たな社員格付け制度によって，決定的なものとなりました。こうした特徴は，今日でも色濃く残っています。

　職能資格制度の普及により，従業員が能力給を高める手段として，(1)同一の職能等級内での変動給の範囲内での昇給，(2)より上位の職能等級への移行すなわち昇格，の2つが確立しました。職能資格制度の元での能力給は，同一等級内での額面に幅がある「レンジ・レート」という体系を有することが多いのです（図表7-3-1）。

　能力給は，年齢給を代替するものであると同時に，企業経営の都合に適う範囲において，それを継承するものでもありました。しかし，企業側が想定

■図表 7-3-1　レンジ・レートの概念図

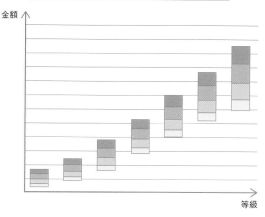

（出所）　筆者作成

Column 7.6 ● 役職と報酬

　近年，若年層を中心に管理職になりたがらない人が増えているといわれています。その理由として職務内容や責任の負担感が指摘されていますが，そうした負担感の背景には「管理職の報酬水準が割に合わない」ということがあるのかもしれません。役職が上がるほど報酬水準が上がるという傾向が，日本では他国より現れにくいことが，国際的なサーベイによって明らかにされています（右図）。

　数ある理由の１つとして，役職や職務内容ではなく職務遂行能力に報酬が連動するという，日本的な職能資格制度の存在が指摘できます。企業経営の方向性を決める管理者，さらには経営者の職務の魅力を高めることは，企業競争力に直結するため，労働市場の動向も踏まえた管理職や経営者の（相対的な）待遇改善も，重要な人事課題になります。

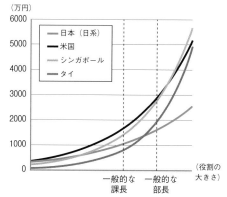

海外諸国との年収比較

（出所）　経済産業省（2022）「第2回 未来人材会議：資料3 事務局資料」p.74（https://www.meti.go.jp/shingikai/economy/mirai_jinzai/002.html）（2022年8月7日アクセス）

しない形で，「悪しき」年功主義が現れてしまう事例も，多く観察されました。具体的には，職務遂行能力が実際の能力給に反映されていないと，多くの従業員が感じ，不満を抱いてきました。また，多くの企業が，実際の能率に合わない形での高止まりや，企業全体あるいは従業員個別での硬直化といった，人件費管理上の問題を強く知覚してきました。

　その背景にあるのが，**第6章**で述べた，能力評価の難しさです。曖昧に定義された従業員の職務遂行能力を測定するための代理指標として，年齢や，ある社内等級に昇格してから経過した年数が，多くの職場で非公式的に用いられるようになりました。年齢給の変種としての能力給は，しばしば「先祖返り」を起こすのです。

「脱–年功」に向けた取り組み

　職能資格制度を背景とした能力給の普及が進み，その課題がみえてきた1990年代以降，その課題を克服し，従来にも増して「脱–年功」を進めようとする企業側の積極的な取り組みがみられました。「脱–年功」の旗印となったのが「成果主義」という考えです。

　守島基博（2006）によると，成果主義的な人事改革の最大の特徴には，職務行動として顕在化した能力や短期的な成果をこれまで以上に報酬に結び付けようとする点があります。成果主義が報酬体系に与える主な影響には，いくつかの方向性があります。第1に，年齢給や能力給といった従来の基本給の枠組みは維持しつつ，インセンティブ強度を高めるために成果給を追加するというものです。第2に，基本給そのものを，具体的な職務内容や役割（企業戦略に対する貢献）に連動させる形で変更するというものです。第3に，一部の従業員の生活状況の必要性に即した給付を縮小または停止し，場合によってはそれを全従業員に対する一律的な還元の原資とするというものです。

　ここからは，企業への貢献の度合いに着目した従業員間での公平な待遇格差，すなわち報酬配分における公平性原則がより重視される傾向が読み取れます。つまり，「能率に応じた報酬」という，企業が追及し続けてきた柔軟な報酬管理が，従来よりも徹底されつつあるのです。

　こうした成果主義の進展が，従業員の意欲や実際の成果，さらには企業の

　近年，人々の働き方やキャリアの多様化が進んでいます。企業として従業員の多様化を進める場合，同じ職務内容，求められる能力，成果であれば，労働時間の長短にかかわらず報酬水準が同じになるような管理が求められます。

　また，雇用形態が多様化するなか，異なる雇用区分の従業員が同じ職務に従事する場合もあります。このようなとき，従来だと，転勤のある正社員の賃金が転勤のない正社員の賃金よりも高い，正社員の賃金が非正社員の賃金よりも高い，ということが当然視されてきました。同様に，正社員に対しては主に能力給からなる月給，非正社員に対しては職務給と勤続給を混ぜたような時給と，全く異なる賃金体系を適用することも，当然視されてきました。

　様々な雇用形態の従業員が同様の職務に従事することが増えた昨今，こうした報酬管理の在り方が差別的だと受け取られることが多くなりました。2020 年4 月より施行されたパートタイム労働法，労働契約法でも，職務内容やその変更範囲が同じ場合の差別的取り扱いの禁止（均等待遇），異なる場合の不合理な待遇さの禁止（均衡待遇），さらには待遇に関する労働者への説明義務を，企業に課しています。

　人々の働き方やキャリア，さらには企業が用意する雇用形態が多様化する状況に対応する「同一労働同一賃金」は，日本以外の先進国では長らく主流でした。実は日本でも，職能資格制度が普及する以前の 1950〜60 年代にかけて，導入が模索されました。より具体的には，従事する職務の価値に基づいて従業員の賃金額が決定するという職務給，そして職務価値に基づいて従業員の社内等級を定める職務等級制度です。ただし当時は，年功主義的，あるいは正社員中心な考えが大なり小なり労使間で共有されていたため，さらには，従業員一人ひとりの職務の範囲や価値をあらかじめ確定させることを企業側が敬遠したため，職務給や職務等級制度は十分に普及しませんでした。

　今日の日本では，年功主義的な伝統的な慣行への支持が全く失われたわけではありません。しかし，随分と支持されにくくなってきています。「この人は何ができるか」に着目する能力給から「この人は何をするか」に着目する職務給への移行，ひいては同一労働同一賃金への移行は，従来よりもスムーズに進む可能性があります。

業績を高めるかどうかについては，賛否両論があります。前述したような報酬のメリットとデメリットの理解，そしてデメリットへの対応が求められます。特に，従業員が高い成果をあげられるよう，上司を中心とした周囲による関与が必要になります。職場や企業の業績につながるような適切な（複数の）達成目標についての従業員本人と上司の間での合意，目標達成のための様々な支援などです。従業員の成果にかかわる人事評価と，人事評価にかかわる上司が，成功する報酬管理の鍵となります（**第6章**）。

　人事システムや企業経営という広い文脈のなかで報酬を捉えなおし，従業員の意識や行動に影響を与える他の要因との補完関係に配慮することも必要です。従業員が成果を生み出すための「前工程」と守島が呼ぶものの充実です。特に(1)能力開発機会の提供，(2)業務上の裁量範囲の増加，(3)従業員自らの意志で仕事を選べる権利の確保（例：自己申告制）などが，成果主義への批判を鎮める手がかりとなります。

第8章

昇進管理と異動・配置

◆ 本章のねらい

本章では，以下の点について学んでいきます。

・企業が人事異動を行う理由，目的とは何か。

・企業は昇格をどのように管理しているのか。

・異動にはどのような種類があるのか。

・タレント・マネジメントとは何か，どのように行われている
のか。

◆ キーワード

人事異動，昇進，昇格，ジョブ・ローテーション，タレント・マネジメント

8.1 組織内で人を動かす意味

　本章では，組織のなかで人に仕事が割り当てられる配置と仕事が変わる異動について扱います。普段私たちがよく使う「移動」という言葉と，企業のなかで所属や担当の仕事が変わる「異動」は読み方こそ同じでも意味が異なります。「移動」は，物理的に人やモノが動くことを意味するのに対して，本章で学ぶ配置転換や昇進・昇格など人事的な意味が伴う場合は，「異動」の文字を用います（転勤は時として物理的な移動も伴いますが，転勤も人事上の変化ととらえて「異動」と呼ばれます）。

　日本企業では採用した従業員が最初に配属された部署で全く異動がないまま定年を迎えることは稀です。企業は従業員を別の部署に異動させたり，企業によっては異なる職能（営業から経理，経理から経営企画など）に異動したり，時として転居を伴う異動を従業員に命じることがあります。また，社員格付けにおいて上位（下位）の等級になることや役職が上がる（場合によっては下がる）こともタテ方向の異動と考えることができます。

　ではなぜ企業では従業員が異動するのでしょうか。異動にはいくつか意味があります。1つは，適材適所です。景気の変動やビジネスモデルの変化，組織の統廃合，人員に余剰がある部署からより人手を必要とする部署への異動といった社内の需給調整機能があります。また，能力面での適材適所もあります。今の部署で思うように能力が発揮できない従業員を異動させることで，異動先での能力発揮を期待するものです。これは社命により異動させるやり方と後述するように従業員のキャリア意識を反映した主体的な異動に分けられます。2つ目は，人材育成機能です。従業員により難しい上位の仕事を担当させて職業能力を高めることを意図した異動や，例えば，営業から経理へのように別の部署に異動することで幅広いモノの見方を獲得し総合的な能力を身につけることを期待する異動もあります。3つ目は，社内の人的ネットワークの拡大です。社内で仕事を進めるうえで知り合いが多いと，仕事をスムーズに進めることができるうえ，異動先の部署にとっては，新しく部署に人が異動してくることで新しいモノの考え方や異動元の部署の知識が

■図表 8-1-1　人材配置の目的

目　的	内　容
①適材適所 （需給調整機能）	●景気の変動，ビジネスモデルの変化（組織の統廃合，人員に余剰がある部署から人手を必要とする部署への異動） ●本人が希望する部署への異動 （●タレント・マネジメントでは，ポジションに人を配置するという思想から，時として「適所適材」といわれることがある）
②人材育成機能	●より難しい仕事を担当させることで職業能力を高めることを意図した異動 ●異なる仕事・職能を担当させて幅広い知識を身につけることを意図した異動
③社内の人的 ネットワーク拡大	●社内での知り合いを増やし，仕事をスムーズに進めるようにする ●様々な情報が入手しやすくなる ●会社というコミュニティへの一体感，忠誠心の醸成

（出所）　筆者作成

Column 8.1 ● 社会ネットワークからみた人事異動

　人や企業同士など物事の関係性を分析する社会ネットワーク論という学問分野があります。本章で扱う昇進・昇格，配置といった人事管理と異なる見方をすることができます。

　以下の図は，ダンカン・ワッツ（Duncan J. Watts）による情報の伝達経路を示しています。「レギュラー」では，自分を中心に左右2人ずつとつながっている状態です。そこに少し伝達経路を架け替える（rewiring）ことで情報が格段に伝わりやすくなることがわかります。架け替えを増やしていくと規則性がなくなり，右側の「ランダム」になります。こうした現象を手掛かりに中国の温州人が成功した理由を説明した研究（西口敏宏・辻田素子（2016）『コミュニティー・キャピタル：中国・温州企業家ネットワークの繁栄と限界』有斐閣）やマンガ『ONE PIECE』を分析した本もあります（安田雪（2011）『ルフィの仲間力『ONE PIECE』流，周りの人を味方に変える法』アスコム）。人事異動も，社会ネットワーク論からみると，実は企業による人脈の人為的な架け替えと考えることができるかもしれません。

異動による人脈の架け替え

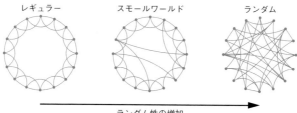

レギュラー　　　　　スモールワールド　　　　　ランダム

ランダム性の増加

（出所）　Watts, D. J.（2003）. *Six Degrees: The Science of a Connected Age*, W. W. Norton & Company, Figure 3.6（p.86）

持ち込まれることがあります。また，異動元の部署では，残されたメンバーで部署内の仕事の再割り当てが起きることもあります（図表8-1-1）。

8.2 昇進と昇格

昇進と昇格の違い

　昇進と昇格は，似たような言葉ですが大きな違いがあります。昇進とは，役職（職位）が上がることを指し，昇格とは資格（その企業が採用する企業の偉さを示すランキング）が上がることを示します。昇進と昇格は1対1対応しているのが基本形ですが，職能資格制度を社員格付け制度として用いている企業では，昇進と昇格は緩やかに対応しています。つまり，昇進と昇格を別々に運用することで，企業にとっては従業員に与えるインセンティブが多くなることを意味します。

　例えば，図表8-2-1で示すように資格の主事に主に対応するのは係長という役職ですが，係長のなかには参事の資格を持つ従業員や，理事の資格を持つ係長も存在する可能性があります。そのため職能資格制度に基づく職能給のもとでは，資格に給与や賞与が連動しているため，参事の課長よりも役職の低い理事の係長の方が給与や賞与が高いという金額面における逆転現象が起きます。このような現象が生じるのは，企業の役職は上位職になるほど少ないため，昇進できない従業員が出てくるからです。そのためこれ以上昇進する機会がない従業員の努力に報いるためにも，役職は変えずに昇格するという場合が起きるのです。また，一般的に職能資格制度は「昇格先行，昇進追随」というかたちで運用されます。従業員は先に上位資格に上がるための職能要件を充足して上位資格に昇格した後に上位の役職に昇進するかが決まります。

　職能資格制度のもとでは，給与に直接関連するのは役職ではなく，資格であるため，柔軟な人の配置が可能になります。なぜなら異動するたびに給与が上がったり下がったりすると，生活が安定しないので従業員は異動に難色を示すかもしれないからです。しかし，異動しても資格が変わらなければ給与が下がらないので，異動を受け入れやすくなります。他方で，役職と資格

役職や資格能力が下がる（矢印が下向きになる）こともありえる。ただし，職能資格制度では，能力を基準としているため，能力が低下したことを明らかにすることが難しく，資格は下がりにくい。そのため，人件費の高騰を招きやすい。

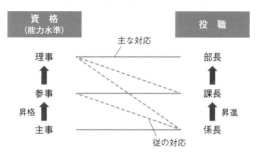

（出所）　南雲智映（2022）「日本的経営の成り立ち」西村孝史・島貫智行・西岡由美編著『1 からの人的資源管理』碩学舎，図 3-2（p.38）

■図表 8-2-2　役職と資格の対応関係

	A　型		B　型		C　型		D　型	
	資格　役職		資格　役職		資格　役職		資格　役職	
	1 —— A		1 } { A		1 ✕ A		1 ✕ A	
	2 —— B		2 } { B		2 ✕ B		2 ✕ B	
	3 —— C		3 } { C		3 ✕ C		3 ✕ C	
	4 —— D		4 } { D		4 ✕ D		4 ✕ D	
	5 —— E		5 } { E		5 ✕ E		5 ✕ E	
	6　　非		6　　非		6　　非		6　　非	
	7　　管		7　　管		7　　管		7　　管	
	8　　理		8　　理		8　　理		8　　理	
	9　　職		9　　職		9　　職		9　　職	
	10		10		10		10	

A 型＝それぞれの資格が特定の役職とほとんど対応，B 型＝一定範囲の資格と一定範囲の役職が対応，C 型＝それぞれの資格が一定範囲の役職と対応し，また，それぞれの役職が一定範囲の資格と対応，D 型＝それぞれの役職に就くためには一定以上の資格が必要だが，それ以上の対応関係はない。

（出所）　労務行政研究所（1997）「［特別調査］転機に立つ職能資格制度の実態（上）」『労政時報』第 3286 号，p.16

を別に運用することは，担当している仕事と資格とのズレを引き起こし，人件費の高騰を招くことになります。

遅い選抜と早い選抜

　企業のなかでは，多くの人に力を発揮してもらい，企業の生産性を高めたいと考える一方で，企業のなかで存在する役職（ポスト）にも予算にも限りがあるため，能力を発揮した全ての人に報いることはできません。特に職能資格制度のもとでは能力を伸長することが昇格につながるため，なるべく長い期間，仕事を通じてその企業に必要な能力を身につけてもらいたいと企業は考えます。これを育成の論理といいます。反対に，能力を発揮した人のなかでも特に優秀な人を選ぶという，選抜の論理も企業には存在します。程度の差こそあれ，どの企業も育成の論理と選抜の論理という一見すると相反する2つの論理が存在しています。

　では，企業は2つの論理をどのように併存させているのでしょうか。代表的な選抜モデルとしてジェームス・ローゼンバウム（James E. Rosenbaum）（1984）による「庇護移動」「トーナメント移動」「競争移動」があります。庇護移動は，キャリアの初期段階（時として採用段階）において昇進機会が保障された群と，将来の昇進機会が限定的な群に分けられる形式です。庇護移動では，昇進機会が限定的な群の動機づけが難しい反面，特定の群に集中的に人材育成投資を行うことができます。

　トーナメント移動は，スポーツ大会のように次の役職に昇進するためには，その前の競争を勝ち抜いていることが条件となります。そのためトーナメント移動は，キャリアの各段階での選抜が進むにつれて次の競争への参加者が少なくなります。

　競争移動は，キャリアの各段階で昇進競争への参加機会が開かれており，いったんあるキャリアの段階で出遅れた（競争に後れをとった）としても，敗者復活が可能です。そのためキャリアの後半まで競争へ参加することができます（図表8-2-3）。

　ローゼンバウムによれば，アメリカの企業はトーナメント移動であるとされていますが，日本の企業はどうなのでしょうか。全ての企業にあてはまる

■図表 8-2-3　選抜モデル

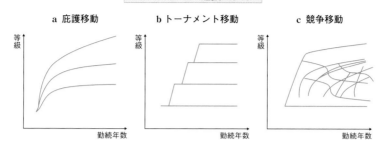

(出所)　今野浩一郎・佐藤博樹（2020）『マネジメント・テキスト人事管理入門（第3版）』日本経済新聞出版．図 8.1
　　　（p.171）より筆者作成

■図表 8-2-4　花田（1987）のキャリアツリー

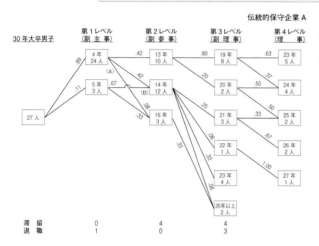

上段の企業は，伝統的な保守企業 A 社で昭和 30 年に大卒で入社した従業員がどのように昇格したのかを示した図で，いったん昇格に出遅れると，それよりも早い昇格には戻れない敗者復活のない（＝右上に上がる線がない）企業である。

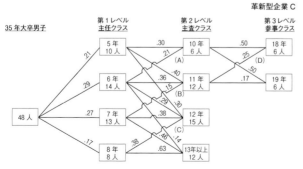

下段の革新的企業 C では，いったん昇格に出遅れても，次のレベルで復帰する可能性が残されている（＝右上に上がる線がある）企業である。

(注)　花田光世（1987）「人事制度における競争御原理の実態：昇進・昇格のシステムからみた日本企業の人事戦略」『組織
　　　科学』21（2），図 3（p.48）および図 6（p.50）

わけではありませんが，小池和男（2005）は，欧米の選抜方式を「早い選抜」，日本企業の選抜方式を「遅い選抜」と呼びました。これは，欧米の企業が入社後わりと早い段階で差がつき始めるのに対して，日本の企業では，明確な差がつくのに入社後15年程度かかるという調査結果に基づいています。「遅い選抜」とは，言い換えると，第1に，明確な差がつくまでに長期にわたる様々な評価情報を用いて多面的に選抜を実施していること，第2に，明確な差がつく以前にも，毎年の評価や昇格年などに違いがあり，潜在的な選抜は入社直後から始まっているという特徴を持っています。こうした日本の選抜の在り方を小池（1981）は「将棋の駒」と称しています。将棋の駒を企業とみなすと，駒の肩までは同期で競争をしながら，入社して15年程度経過したところで選抜が明示化して競争の参加者が絞られる様子を示したモデルです。

　実際に日本の選抜の在り方を研究した研究がいくつかありますが，ここでは花田光世（1987）のキャリアツリーを紹介します。図表8-2-4は，花田の論文で例示されている伝統的保守企業Aと革新型企業Cの選抜の様子です。同一年次に入社した者が何年目に第1レベルに到達し，その後どのように昇格しているのかを示しています。興味深いのは，伝統的保守企業Aには，次のレベルに向かう右上に上がる線がなく，一度競争に遅れると最初の集団に戻れないのに対して，革新型企業Cでは，右上に向かう線があり，いったん競争に遅れても次のレベルで復活できる可能性が示されています（*Column* 8.2)。

8.3 様々な人事異動

初任配属と人事異動

　一口に異動といっても様々な種類があります。新規学卒者の場合，まずは，入社してから最初に配属される初任配属（配置）があります。初任配属とは文字どおり企業で最初に部署に配属される異動です。この初任配属は，その後のキャリアで大きな影響力を占めています。佐藤博樹が1995年の報告に

　映画やドラマに出てくる警察官僚がどのようなキャリアを経て警視総監になるのか
を明らかにした論文として一瀬敏弘（2013）があります。警察官は，国家公務員Ⅰ種
試験（旧上級甲種）に合格して警察庁に採用される「警察官僚」，1985年から警察庁
が国家公務員Ⅱ種試験合格者から採用をはじめた「準キャリア警察官」，高校・短大・
大学卒で，各都道府県の行う試験により地方公務員として採用されるノンキャリアの
「地方採用警察官」（警察官の99％以上）に大別されます。論文では，最上位の警察官
僚に注目しています。

　分析の結果，警察官僚のほぼ全員が民間企業の役員に相当する「指定職」まで昇進
し，決定的な選抜は本庁局長級まで行われないことから「極めて遅い昇進」政策を採
用して，警察官僚全体の技能形成を促していることを見出しています。また，論文で
は「極めて遅い昇進」政策を採用している一方で，キャリアの前期から上級幹部候補
を潜在的に選抜し，配属先やポスト，職務内容に差をつけることで有能な人材を若年
期から育成する人事政策が採られていることも明らかにしています。

（出所）　一瀬敏弘（2013）「警察官僚の昇進構造：警察庁のキャリアデータに
基づく実証分析」『日本労働研究雑誌』637, pp.33-47をもとに執筆

■図表 8-3-1　最長経験職能分野を決めた要因（男性計）

	影響度指数
初任配属のセクション	109.8
会社の人事や意向	106.9
自分の希望	62.8
上司の意向	61.1
入社後3-5年の間に経験した仕事の分野	41.6

（注）　影響度指数＝最も影響度が大きい項目の比率の2倍＋次に影響度が大きい項目の比率。
（出所）　佐藤博樹（1995）「新しい働き方と人事管理」連合総合生活開発研究所編『新しい働き方の創造をめざして』連合
総合生活開発研究所，第1-2-2表（p.40）

■図表 8-3-2　初任配属の影響度

—％, (人), 度—

年齢層[1]	合　計	影響して いない	あまり影響 していない	どちらとも いえない	やや影響 している	影響して いる	影響度[2]
年齢計	100.0 (261)	10.7	7.3	31.8	26.1	24.1	74.3
25～29歳	100.0 (30)	16.7	10.0	36.7	16.7	20.0	56.7
30～34歳	100.0 (67)	11.9	11.9	44.8	17.9	13.4	44.8
35～39歳	100.0 (113)	10.6	6.2	24.8	30.1	28.3	86.7
40歳	100.0 (51)	5.9	2.0	27.5	33.3	31.4	96.1

（注）　1．調査では，27～40歳までをサンプルとしているため，40歳のみ年齢幅がない。対象を27歳からとしているの
は，大学卒業後勤続5年が経過し初職の影響が判断できるからであり，40歳としているのは，平均的な管理職の任用
年次に当たるためである。
　　　　2．「影響度」は「「影響している」割合×2＋「やや影響している」割合」により算出したもの。
（出所）　西村孝史（2020）「配置転換・転勤」労務行政研究所編『戦略人事イノベーション：企業競争力を高めるこれから
の人事部の在り方』労務行政，図表1（p.171）

おいて最長経験職能分野を決定付けたのは，初任配属であることが示されています。同様に 2020 年に実施した調査でも，入社して 10 年を経過するあたりから初任配属の影響が強いことが示されています（図表 8-3-1，図表 8-3-2）。

初任配属で配属された部署で仕事をしていくにつれて，従業員は，仕事に習熟していきます。仕事に習熟していくと企業は従業員にもっと仕事の幅を広げて欲しいと考え，異なる仕事を与えるために人事異動を行います。他にもマンネリ化によるやる気の低下を防ぐ，あるいは職種によっては顧客との不適切な関係を持たせないなどを理由に人事異動が行われることがあります。

人事異動は，職能が変わらない職能内異動と，例えば営業職が人事部に異動するといった職能間異動の 2 つに分けられます。職能内異動は，現在所属している職場で異なる仕事に担当替えになる場合もあれば，異なる事業部門や事業領域を担当する同一職能に異動する場合もあります（図表 8-3-3）。人事異動のなかでも，国内外を問わず転居を伴う場合，転勤と呼ばれます。家族の都合が合わない場合は，異動対象者のみが赴任する単身赴任となることがあります。しかし，近年では子どもの受験のタイミング，家族の介護，婚期を逃す可能性などワーク・ライフ・バランスに支障をきたすことが指摘され始めています。厚生労働省は 2017 年 3 月に「転勤に関する雇用管理のヒントと手法」を発表し，従業員に転勤政策の明示化をするとともに，企業に明確なルール作りを推奨しています（*Column* 8.3）。

職能内の異動にせよ，職能間の異動にせよ，従業員は，社内での異動を繰り返すなかで社内外の様々な人に出会い，様々な仕事を経験していきます。人事異動のなかでも，一定期間内に部門間または部門内の関連ある複数の仕事を交代させながら経験させることをジョブ・ローテーションといいます（図表 8-3-4）。日本企業では，時間をかけて複数の仕事を学ぶことで幅広いゼネラリストを養成することを志向してきました。しかし，後述するように欧米と比べると幅広い知識を獲得して経営者になるには時間がかかりすぎるというデメリットがあり，将来の経営幹部候補に集中的に投資をするタレント・マネジメントが盛んになりつつあります。

1 つの仕事をずっとしていると，その企業独自の手続きの仕方や機械のク

■図表 8-3-3　様々な人事異動の例

　同じ携帯電話事業部の営業部から経理部に異動することを職能間異動といいます。携帯電話事業部の経理部から<u>エアコン事業部の経理部に異動した場合は</u>，職能は変わらずに事業部門が変更になったので，部門間異動といいます（職能内異動の 1 形態）。さらにエアコン事業部経理部のなかで仕事の配置換えは職場内異動となり，同じ所属でも勤務場所が変わる場合を職場間異動といいます。

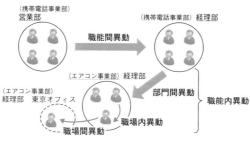

（出所）　筆者作成

■図表 8-3-4　人事異動の頻度

| | n | 人事異動の頻度が何年ごとであることが多いか（%） | | | | | | | | |
		1 年未満	1 年	2 年	3 年	4 年	5 年	6〜10 年未満	10 年以上	無回答
全　体	1852	6.5	12.9	5.0	27.9	5.2	18.8	14.6	5.9	3.1
〈正社員規模〉										
300 人未満	389	4.6	13.9	6.9	21.9	3.9	18.0	15.2	11.3	4.4
300〜500 人未満	598	7.9	15.4	3.7	26.1	4.2	18.7	15.9	6.0	2.2
500〜1000 人未満	460	6.7	13.7	5.0	30.4	5.4	18.3	13.9	4.6	2.2
1000 人以上	344	5.8	7.0	5.5	35.5	8.7	19.5	13.4	1.7	2.9
〈ジョブ・ローテーション〉										
ある	983	7.8	14.4	5.6	36.5	6.5	18.1	9.5	0.6	0.9
ない	855	5.1	11.2	4.4	18.5	3.6	19.4	20.7	12.0	4.9

（出所）　労働政策研究・研修機構（2017）「企業の転勤の実態に関する調査」図表 2-2-4（p.8）

■図表 8-3-5　転勤前の打診時期

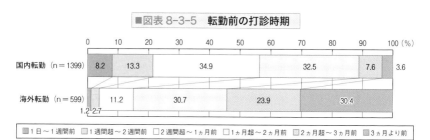

（注）　国内転勤，海外転勤いずれも，「該当する動機がない」「無回答」を除き集計。
（出所）　労働政策研究・研修機構（2017）「企業の転勤の実態に関する調査」図表 2-2-7（p.10）

セなどを理解するようになります。また，異動を繰り返すなかでその企業でしか通用しないノウハウや知識・技能を身につけていきます。こうしたスキルを企業特殊的スキル（firm specific skill）といいます。反対に，パソコンのスキルや公的資格のように他社でも通用するスキルを企業特殊的スキルと対比させる形で一般的スキル（general skill）といいます。企業特殊的スキルは，他社では役に立たないため，企業は従業員にそうしたスキルを積極的に身につけてもらうために雇用を保証したり，スキルの伸張に応じて賃金が増える仕組みを整えます。

　人事異動のタイミングは，4月や10月など企業が定めた特定の時期に行われる定期人事異動と急な離職に伴う欠員補充やトラブル対処などを理由に行われる不定期人事異動に分けられます。

　不定期人事異動の場合は突発的な場合もあり，十分な準備ができないまま異動することがありますが，一般的には予め対象者に次の異動で対象になっていることを伝えます。このことを内示といいますが，転居を伴う転勤の場合，仕事の引継ぎはもちろん，本人だけでなく家族の生活基盤を整えるためにも，事前に伝えられます。図表8-3-5をみると海外転勤を打診された場合は，出国に伴う諸々の手続きや語学研修などを行う必要性もあることから，国内転勤よりも余裕をもって打診されている様子がうかがえます。

人事異動を決める主体

　人事異動は，誰が決めるのでしょうか。従業員は労働力を提供する代わりに労働の対価として企業から賃金を受け取っています。そのときに企業としては自分のビジネスを上手く遂行するために従業員を配置したいため，指揮命令権と人事権を有しています。人事権とは処遇に関する決定権や誰にどの教育を受けさせるのか，どこに配置するのかなどの人事にまつわる権限が含まれます。そのため，人事異動の決定権は経営側にあります。

　しかし，バブル崩壊後，従業員が社命（人事権）に従って異動を繰り返して企業特殊的スキルを身につけても，不景気で企業が倒産したらそのスキルが他社では活かすことが難しいことがわかりました。そのため自らのキャリア形成を企業に委ねるだけでなく，従業員自らが主体的にキャリアを考える

Column 8.3 ● 転勤の実態に関する調査

　労働政策研究・研修機構が 2016 年に実施した「企業の転勤に関する調査」では，日本の転勤に関する様子が網羅的にまとめられています。この調査は企業調査と個人調査から構成されています。

　企業調査によれば，正社員（総合職）の転勤（転居を伴う配置転換）がどのくらいあるかについては，「正社員（総合職）のほとんどが転勤の可能性がある」が 33.7 ％，「正社員（総合職）でも転勤をする者の範囲は限られている」が 27.5 ％，「転勤はほとんどない（転勤が必要な事業所がない）」が 27.1 ％となっています。

　調査によれば，転勤の目的は，「社員の人材育成」が 66.4 ％と最も多く，次いで，「社員の処遇・適材適所」「組織運営上の人事ローテーションの結果」「組織の活性化・社員への刺激」「事業拡大・新規拠点立ち上げに伴う欠員補充」「幹部の選抜・育成」「組織としての一体化・連携の強化」などとなっています。

　また，転勤により困難に感じることがあるかについては，各項目で，「そう思う・計」（「そう思う」と「ややそう思う」の合計）の割合をみると，「結婚しづらい」（29.3 ％），「子供を持ちづらい」（32.4 ％），「育児がしづらい」（53.2 ％），「進学期の子供の教育が難しい」（65.8 ％），「持ち家を所有しづらい」（68.1 ％），「介護がしづらい」（75.1 ％）となっています。これらの結果から介護や子育て等の様々な理由により，男女ともに，転勤に関して様々な配慮を求める従業員が増加していることがうかがえます。

（出所）　労働政策研究・研修機構「企業の転勤の実態に関する調査」をもとに執筆

■図表 8-3-6　現在の会社での転勤経験で困難に感じること（n＝5827 人）

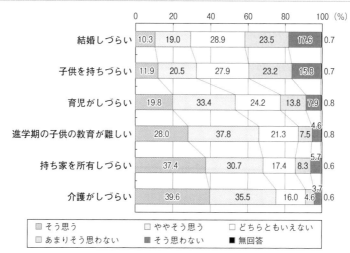

（出所）　労働政策研究・研修機構（2017）「企業の転勤の実態に関する調査」図表 3-5-1（p.101）

ことも重視されるようになってきました。このように自ら望む職業キャリアを主体的に開発・形成する権利を人は有しており，企業がキャリア形成を保障・支援すべきであるというキャリア権が主張されるようになってきました。

　こうした個人の意向を異動に反映させる人事制度として本章では(1)自己申告制度，(2)社内公募制度，(3)（社内）FA（フリーエージェント）制度を取り上げます。

　(1)自己申告制度は，上司との面談や人事部に対して異動先や働き方などについて要望を出すことです。例えば，高齢の両親の面倒をみるために郷里に帰りたいという希望を自己申告制度で伝えることで，郷里の支店に欠員が生じた場合に当該の従業員に異動を打診したりします。

　(2)社内公募制度は，あるポジションについて全社的に募集をかけて従業員の手上げで候補者を集めます。営業職の人が企画部門で募集が出ていたときに社内公募制度も利用して応募する場合が一例です。社内公募には有期限のプロジェクトを募集するような場合もあれば，人事異動の一環として用いられることもあります。また，定期人事異動の代わりに社内公募制度で人材配置を行っている企業もあります。

　(3)（社内）FA制度はスポーツのFA制度のように，異動してもよいと思っている従業員が社内のシステムに自分のスキルや経歴を登録しておき，他部署からの声掛けに応じて異動する制度です。

　社内公募制度も（社内）FA制度も異動が成立して初めて直属の上司が知るという形式をとることが多いです。またこれらの制度も用いて上手くマッチングしなくても上司に知られることのないように設計されていることが一般的です。もし部下が異動成立前に社内公募制度や（社内）FA制度に利用していることを知ったら，その部下が優秀なほど上司は阻止するでしょう。なぜなら優秀な部下を抱えておくことは自分の部署の成果につながりやすく，ひいては自分が昇進する確率が高くなるからです。

　これらを踏まえると，人事異動の決定主体は，経営側ですが，大きく上司（管理職）と人事部に分けることができます。上司がきちんと部下のキャリアをつぶさにみてくれていれば問題ないのですが，管理職は部署の損益責任も

BOX8.1 企業事例：ブリヂストン

　ブリヂストンでは，2022年度から職種別採用を導入する。職種別採用では，「デジタル職」や「研究開発職」，「セールス・マーケティング職」など職種ごとに募集コースを設ける。学生は応募時に希望する職種を選択し，内定と同時にその職種への配属が約束される。

　入社後は，人財を求める部署が募集職種を社員に公開し，応募者から選抜する人事異動制度である「社内公募制度」に加え，2020年から実施している社員自らが能力や強み・実績を人事データベースに登録し，高度な専門性やスキル，知見を持つ人財を必要とする部署のニーズと符合させる人事異動制度である「ジョブマッチング制度」などを活用し，本人のキャリアパスによって職種変更も可能とする制度を整えている。

(出所)　労働政策研究・研修機構「Business Labor Trend」2021.4，pp. 3-7 より抜粋のうえ一部修正

BOX8.2 第1回日経「スマートワーク経営」調査の結果

　（前略）社員のキャリア向上のために，人事異動制度を工夫する企業が増えている。ポストなどを公開して応募者を募る「社内公募制度」と，就きたい職務を申請し異動できる「社内フリーエージェント（FA）制度」について尋ねたところ，社内公募は43.0％，社内FAは21.8％が導入していると回答した。

　社内公募制度は，会社が必要とする職種や役職などを社員に公開して，希望者を募る制度で新規プロジェクトの発足などにあわせて実施する場合もある。東京電力ホールディングスは新規事業を担当する人員を2016年度から社内公募している。

　業種別で導入が最も多いのは「電力・ガス」で75.0％だった。全体の16年度の利用人数（正社員1000人あたり）は平均で4.8人だった。

　自分の能力や経歴などを希望する部署などに売り込む社内FA制度は，ソニーなどが導入していることで知られる。導入していると回答した業種は「電力・ガス」が37.5％で最も多かった。

　いずれも社員の自発的なキャリア形成を促すことで，働く意欲や能力開発につながる効果を期待する。転居を伴う異動が発生する際に社内公募する例もある。技術の急速な進歩などを背景に，事業構造の変化を迫られる企業は多い。適材適所の配置に向け，社内公募，社内FAを活用する例が増えそうだ。

(出所)　日本経済新聞2018年10月22日より抜粋

同時に追っているため，どうしても近視眼的な発想になりがちです。管理職が「得意だから」という理由で部下に同じ仕事や顧客をずっと担当させると，部下は他のことができなくなってしまうかもしれません。そこで人事部が登場します。人事部は現場の管理職よりも中長期的な視点から人材を配置することを考え，会社の業務遂行と本人のキャリアとのバランスをとることに努めています。

8.4 タレント・マネジメント

2つのタレント・マネジメント

　タレント・マネジメントと聞くと，テレビで活躍している芸能人を管理するプロダクションやマネジャーを想像するかもしれません。しかし，そうではありません。HRMでは，特定の優秀層に集中的に投資を行うことで次世代の経営幹部を育てる排他的タレント・マネジメントと，従業員全員がそれぞれ才能を持った人材であるという包括的タレント・マネジメントとの2つの考え方があります。

　排他的タレント・マネジメントは，優秀層（ハイパフォーマー人材）および貢献可能性の高い人材（ハイポテンシャル人材）に対象を絞り，彼ら・彼女らに集中的に教育投資を行います。この教育投資のなかには選抜型教育のような座学だけでなく，早いサイクルでジョブ・ローテーションを行い，極めて難しい仕事を割り当てていくこと（＝修羅場経験，タフ・アサインメント）を経て，そこから経営者に必要な教訓（レッスン）を得ていく「一皮むけた経験」をすることを意図した人事異動も含まれます。例えば，守島基博・島貫智行・西村孝史・坂爪洋美（2006）が行った200名の事業部長を対象としたアンケート調査では，今の仕事に役立った経験として「海外勤務」「最初の管理職」などが挙げられています（図表8-4-1）。

　排他的タレント・マネジメントでは，企業業績の向上に大きな影響を与えうる職務や役割をキー・ポジションと位置付け，そのポジションを担うことができる人材を会社主導で計画的に育成します。こうした育成計画をサク

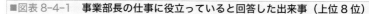

■図表 8-4-1　事業部長の仕事に役立っていると回答した出来事（上位 8 位）

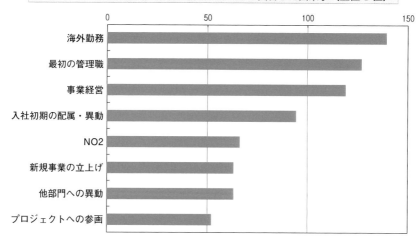

（出所）　守島基博・島貫智行・西村孝史・坂爪洋美（2006）「事業経営者のキャリアと育成：「BU 長のキャリア」データベースの分析」一橋大学日本企業研究センター編『日本企業研究のフロンティア 2』有斐閣，図 1（p.36）

■図表 8-4-2　総合商社の若手の経営人材育成例

商社名	内　容
三菱商事	勤続 10 年程度の社員も幹部に抜てき
伊藤忠商事	1〜2 年の短期サイクルで出資先への出向や海外派遣を経験
三井物産	語学研修から間を空けず現地の関係会社へ派遣
住友商事	異業種を招いた交流研修でビジネスアイデアを刺激
丸　紅	国内外から人材を選抜したリーダー育成プログラム
双　日	新たな人材管理システムで部門を越えた配置をしやすく

（出所）　日経産業新聞 2020 年 4 月 7 日

セッション・プラン（後継者育成計画）といいます。例えば，ある企業では「自分がいま亡くなったときにすぐに仕事を引き継ぐことができる人物」「2～3年後にポジションを任せることができる人物」「3～5年後にポジションを任せることができる人物」などを具体的な名前を明記して管理しています。

　また，日本は女性管理職比率が欧米諸国と比べて低いことを鑑み，ポジティブ・アクションの一環として経営幹部を含む管理職に女性を積極的に登用する企業もあります。こうした努力もあり管理職に占める女性の割合は増加傾向にあるものの，諸外国の水準に到達するにはまだ時間がかかりそうです。

　一方で，包括的タレント・マネジメントとは，一人ひとりにそれぞれ異なる能力や価値観があり，それぞれの個性を活かすことができる人事管理を指します。人手不足の時代ゆえに守島（2021）がいう「全員戦力化」が求められるといえるでしょう。しかし，企業にとって全員に目を配ることは容易ではありません。個々人のスキルややりたい仕事に関するデータベースの構築や適切なポジションに配置するための手続き，本人への異動理由の説明などが求められます。

キャリア・コーン

　最後に，キャリア開発という視点からみた異動をエドガー・シャイン（Edgar H Schein）（1971）が提唱したキャリア・コーンという概念からみます。図表8-4-3で円錐形は組織を表しており，円錐の上に向かうに従って役職が高くなることを示します。円錐がいくつかに分割されているのはマーケティングや営業といった職能を示しています。そのため，分割された円錐（＝各職能内）のなかで異動する場合が職能内異動であり，円錐をまたいで異動する場合が職能間異動となり，両者を含めて「ヨコの異動（水平的異動）」といいます。他方で，昇進すると円錐の上方に異動し，より多くの範囲を管理することになります。これを「タテの異動（垂直的異動）」といいます。

　図表8-4-3が興味深いのは，ヨコとタテの異動だけでなく，もう1つ円錐の中心方向に異動する「中心性への異動」も含まれている点です。例えば，同じ人事部であっても，支社の人事部から本社の人事部へ異動する，定型業

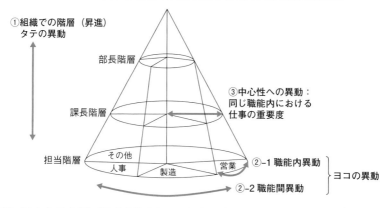

■図表 8-4-3　組織内でのキャリアに関する 3 次元モデル例

①組織での階層（昇進）
タテの異動

部長階層

課長階層

担当階層

その他
人事　製造　営業

③中心性への異動：
同じ職能内における
仕事の重要度

②-1 職能内異動
②-2 職能間異動

ヨコの異動

（出所）　Schein, E. H.（1971）.“The individual, the organization, and the career: A conceptual scheme,”*The Journal of Applied Behavioral Science*, 7（4）, Fig.1（p.404）をもとに筆者作成

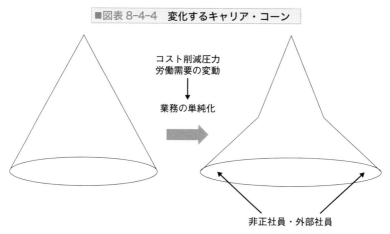

■図表 8-4-4　変化するキャリア・コーン

コスト削減圧力
労働需要の変動

業務の単純化

非正社員・外部社員

（出所）　エドガー H. シャイン，ジョン・ヴァン＝マーネン（木村琢磨監訳，尾川丈一・藤田廣志訳）（2015）『キャリア・マネジメント─パーティシパント・ワークブック：変わり続ける仕事とキャリア』白桃書房，図 1（p.116）

務から判断業務へと異動するといったことが挙げられます。

　ただ，派遣労働者やパートタイマー・アルバイトなど非正社員の増大により近年の日本企業は，図表8-4-3のようなきれいな円錐ではなく，形が変化しているという議論があります（図表8-4-4）。特に組織の上位層への昇進を想定して活用されている人の割合が低下していくことが指摘されています。

第9章

高年齢者と退職管理

◆ 本章のねらい

本章では，以下の点について学んでいきます。

・なぜ高年齢者の退職管理を行う必要があるのか。

・退職管理にはどのような方法があるのか。

・退職管理において企業が配慮すべき点とは何か。

◆ キーワード

退職，雇用調整，定年制，役職定年制，出向・転籍，早期退職優遇制度，継続雇用制度

9.1 退職管理の必要性

　採用から始まった人材のフロー（流れ）を締めくくるのは，従業員の企業からの退出，すなわち退職です。従業員が退職する理由には個人的な事情など自己都合によるものもあれば，有期労働契約における契約期間の満了や懲戒処分など会社都合によるものもあり，様々です。しかし今日最も多い退職の形態は定年退職でしょう。定年を迎えた従業員が，後輩や部下たちに労われながら企業を後にする，という光景は日本企業では多くみられてきたものでした。HRMの観点からみれば，このような退職の光景もまたHRMの一部です。

　そこで，本章では高年齢の従業員に焦点を当て，従業員の退職管理について解説していきます。なお，本章では高年齢者雇用安定法での定義に倣い，55歳以上の従業員を高年齢者として考えます。

　高年齢の従業員の退職管理において中心となるのは定年制です。しかし，前提として理解しておくべきことは，そもそも定年制とは法律で定めることが義務付けられたものではなく，各企業が独自に定めているものにすぎない，ということです。定年を何歳とするかは各企業の判断で決めることですし，定年制を定めないことも可能です。従業員と企業が合意して労働契約を結び続ける限り，従業員は何歳になっても企業で働き続けることができます。一方，定年制に関係する法律には高年齢者雇用安定法がありますが，この法律では企業に対して65歳までの雇用確保の義務と，70歳までの雇用確保の努力義務をそれぞれ課しており，そのために定年の引き上げや定年制の廃止といった措置を講じることを要求しています（図表9-1-1）。つまり，法的には定年制は定めることが要求されているどころか，むしろ緩和することが期待されているものです。

　しかし現実として，大多数の企業では定年制が採用されています。人事院が行った「民間企業の勤務条件制度（令和元年調査結果）」によれば，事務・技術関係職種の従業員がいる企業のうち，定年制が「ある」と回答した企業の割合は99.3％でした。前述のとおり定年制は企業に課せられた義務ではな

19世紀末には定年制の存在は確認されていましたが，今のようにほとんどの企業で定年制が採用されるようになったのは1950年代のことです。当時は第二次世界大戦後であり，人々が戦地から復員したため多くの企業が過剰雇用に陥っていました。また，労働組合の活動の結果賃金コストが上昇したことから，企業には従業員を退出させるニーズが生まれていました。その一方で従業員側も雇用保障を求めていました。このような状況が背景にあり，双方の合意の産物として当時の老齢年金の支給開始である55歳を定年とした定年制が広く採用されるようになりました。

その後，年金の支給開始年齢の引き上げが行われるようになると，定年後の雇用保障が社会的な課題として認知され，中高年齢者の就業支援の促進や中高年齢者を一定割合雇用することを努力義務とするといった法整備が進められていきました。

そして1986年に制定された高年齢者雇用安定法では，定年制や企業の高年齢者の雇用についていよいよ直接的に言及されるようになり，同法は今日に至るまで社会的状況にあわせて度々改正されてきました。

■図表 9-1-1　改正高年齢者雇用安定法の概要

65歳までの雇用確保 （義務）		70歳までの就業確保 （努力義務） ※2020年の改正で追加

企業は高年齢者就業確保措置として以下のいずれかの措置を講じるよう努める必要がある
①70歳までの定年引上げ
②定年制の廃止
③70歳までの継続雇用制度の導入
④70歳まで継続的に業務委託契約を締結する制度の導入
⑤70歳まで継続的に以下の事業に従事できる制度の導入
　a. 事業主が自ら実施する社会貢献事業
　b. 事業主が委託，出資（資金提供）等する団体が行う社会貢献事業

（出所）　厚生労働省「パンフレット（簡易版）：高年齢者雇用安定法改正の概要」をもとに筆者作成

いにもかかわらず，ほぼ全ての企業が定年制を採用するからには，何らかの合理的な理由があると考えるのが妥当です。その理由は，簡単にいえば，退職の手続きをルール化することで円滑な企業の新陳代謝を可能にし，企業を成長させていくためです。企業にとって長年貢献してくれた従業員がかけがえのない存在であることはいうまでもないのですが，老化が進めば人間なら誰しも身体機能や認知機能が衰え，若いころと同じように職務を遂行し人件費に見合った成果を出すことが難しくなります。また，**第5章**や**第8章**で学んだとおり，人材を育成するうえでは難しい仕事を経験させることが重要であり，そのためには相応のポストを与える必要があります。しかし，高年齢の従業員が上位のポストを占めたままでは若手の従業員に成長の機会を与えることができません。以上のことから，企業はきちんと従業員の退出を図っていかないと，長期的には弱体化していってしまいます。しかしわが国では企業が従業員を解雇するにあたっては厳しい条件（①経営上の必要性があること，②解雇回避の努力を行ったこと，③解雇対象者の選別に合理性があること，④労使間で十分に協議が行われたこと）が課せられており，好き勝手に解雇することはできません（図表9-1-2）。そのため，従業員の退出にあたって合理的な理由となるルール，つまり定年制が求められました。

　その一方で，退職管理を考えるうえでは高年齢の従業員の就労ニーズの変化も見過ごせません。昨今は少子高齢化と長寿化が進展した結果，社会保障制度を維持するために年金の受給開始のタイミングが遅くなりつつあります。そうなると従業員側には「老後の生計のために定年後もながく働き続けたい」という就労ニーズが生まれるようになります（図表9-1-3）。また「第二の人生」という言葉が表すように，定年後も従業員の人生は続きます。高齢者にとって働くことは生計のためだけのものではなく，社会参加や自己実現，老化防止のためのものという意味合いも持っています（図表9-1-4）。そのため，企業が高年齢の従業員の就労ニーズに応えたり退職後のキャリアを支援したりすることは，社会から期待されている取り組みであるともいえるでしょう。少なくとも，定年を理由に何のフォローもなく従業員を退出させることは，今の時代の企業が社会から歓迎される行為ではありません。

■図表 9-1-2　整理解雇の 4 要件

整理解雇の 4 要件（原則として 4 要件全てを満たす必要がある。）	
1.　経営上の必要性	倒産寸前に追い込まれているなど，整理解雇をしなければならないほどの経営上の必要性が客観的に認められること。
2.　解雇回避の努力	配置転換，出向，希望退職の募集，賃金の引き下げその他，整理解雇を回避するために，会社が最大限の努力を尽くしたこと。
3.　人選の合理性	勤続年数や年齢など解雇の対象者を選定する基準が合理的で，かつ，基準に沿った運用が行われていること。
4.　労使間での協議	整理解雇の必要性やその時期，方法，規模，人選の基準などについて，労働者側と十分に協議をし，納得を得るための努力を尽していること。

（出所）　静岡労働局「労働基準法の概要（解雇・退職）」をもとに筆者作成

■図表 9-1-3　高年齢者の就労希望年齢

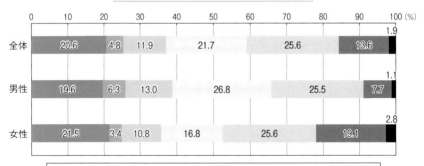

（資料）　内閣府「令和元年度 高齢者の経済生活に関する調査」
（注）　調査対象は，全国の 60 歳以上（平成 31 年 1 月 1 日現在）の男女 3000 人（施設入居者は除く）「あなたは，何歳ごろまで収入を伴う仕事をしたいですか。又は，仕事をしたかったですか」に対する単数回答である。
（出所）　厚生労働省（2020）「令和 2 年度版 厚生労働白書」

以上のとおり，企業が組織として成長していくためには一定のペースで従業員を退出させていくことが必要になりますが，一方で高年齢の従業員の雇用機会を維持させていくことも必要です。この点だけみてみれば企業と従業員の利害は一致していません。だからこそ，退職管理を通じて，両者の相反する事情に対してうまくバランスを取り，双方にとって利益となるようにしていく必要があります。

9.2 退職管理の方法

退職管理の方法について解説する前に，雇用調整の考え方について説明しておきましょう。

雇用調整とは，労働力の需要にあわせて労働力の供給を調整することを意味します。例えば企業が事業を拡大させたときには労働力の需要が増えますし，不景気で企業経営が悪化したときには労働力の需要は減少します。また，定期的な人材の採用を行えば一定のペースで労働力は増えますし，従業員側の都合で突然離職や休職が発生すれば労働力が減り，労働力の需要が変わらなくても需給のバランスが崩れてしまう場合もあります。これらのバランスをとるために，企業は労働者を雇用する，残業時間を抑制して労働時間を減らす，配置転換によって労働力需要の高い部署に従業員を異動させるといった手段で労働力の供給を調整します。

この観点からいえば，定年制も雇用調整の一種と捉えることができるものです。定年制は高年齢の従業員の退職管理の代表的な手段ですが，前述のとおり，企業と従業員の利害は対立しやすい構造にあります。このジレンマを定年制のみで解決することは極めて困難であるため，定年制の前後には，以下で紹介するような様々な雇用調整の取り組みが併用されます。これらを総合的に運用することで，企業は従業員の雇用機会を確保しながら需要に応じた適切な労働力の供給を実現し，企業と従業員の双方にとって利益となることが目指されます（図表9-2-1）。

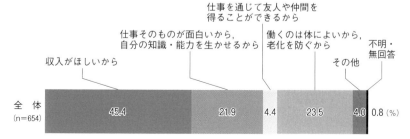

■図表 9-1-4　60 歳以上の収入を伴う仕事をしている人が仕事をしている理由
（択一回答）

仕事を通じて友人や仲間を
得ることができるから

仕事そのものが面白いから，
自分の知識・能力を生かせるから

働くのは体によいから，
老化を防ぐから

不明・
無回答

収入がほしいから

その他

全　体
（n＝654）

| 45.4 | 21.9 | 4.4 | 23.5 | 4.0 | 0.8 (%) |

（出所）　内閣府〔2019〕「令和元年度 高齢者の経済生活に関する調査結果（全体版）」（p.30）

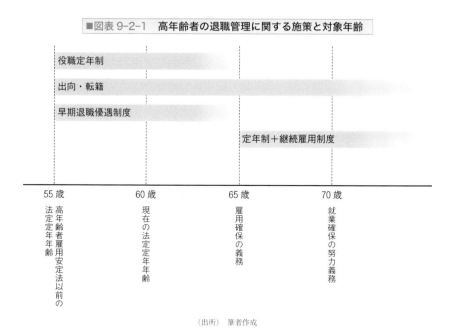

■図表 9-2-1　高年齢者の退職管理に関する施策と対象年齢

役職定年制

出向・転籍

早期退職優遇制度

定年制＋継続雇用制度

55 歳
高年齢者雇用安定法以前の法定定年年齢

60 歳
現在の法定定年年齢

65 歳
雇用確保の義務

70 歳
就業確保の努力義務

（出所）　筆者作成

①役職定年制

定年制が労働契約の終了に関する制度であるのに対して，役職定年制は部長や課長などの役職に対して定年を定める制度です。役職定年を迎えた従業員は役職を外れ，同格かそれ以下の専門職やライン職に就きます。また，それに伴い年収が下がる（言い換えれば人件費が抑制される）ケースも多いです。多くの場合，役職定年は50歳代に設定されています。

役職定年制度は規模の大きい企業で採用されることの多い制度です。2017年に行われた人事院の「民間企業の勤務条件制度等調査」によれば，役職定年制度があると回答した企業は全体の16.4％ですが，500人以上の規模の企業に限定すれば30.7％にのぼります（図表9-2-2）。定年に先んじて役職定年を定めることで，従業員の雇用を維持しながら役職の新陳代謝を早めることができるものです。

②出向・転籍

一般的に人事異動は企業内で行われますが，出向・転籍では関連会社や子会社など企業をまたいだ異動が行われます。出向・転籍は主にグループ経営を行う企業が外部労働市場を介さずにグループ内で労働力の需給のマッチングを図るための手段ですが，高年齢の従業員の退職管理の文脈に即していえば，従業員の雇用を維持しつつ子会社や関連企業のなかに活躍の場を設けることで，キャリアを継続させられる手段であると呼べます。雇用調整としての出向・転籍は50歳代後半から行われるケースが多いです。また，役職定年後の処遇や，後述する定年後の継続雇用制度の一環としても，出向・転籍という手段が用いられます。なお，出向・転籍では従業員の指揮命令権は異動先の企業に渡りますが，出向は籍が元の企業に残るのに対して，転籍は籍も異動先の企業に移ります。そのため，出向では元の企業に人事権が残りますので，いずれ元の企業に再度異動する可能性もあります。

企業内で完結する一般的な配置転換とは異なり，出向・転籍は従業員が身を置く環境が大きく変化するという点で労働契約の重大な変更です。そのため，企業が従業員に出向・転籍を命じる場合には，事前に出向・転籍先での労働条件等を明らかにし，従業員が被る不利益が最小限になるよう取り計らったうえで，従業員の同意を得ることが必要です。

(%)

項目／企業規模	計	役職定年制がある		役職定年制がない				不明
		今後も継続	廃止を検討	以前からなく導入予定もなし	廃止した	導入を検討		
規模計	100.0	16.4	(95.6)	(4.4)	83.4	(88.8)	(3.9)	(7.3)	0.2
500 人以上	100.0	30.7	(95.7)	(4.3)	68.8	(79.8)	(10.8)	(9.4)	0.5

（注）　（　）内はそれぞれ，役職定年制がある／ないと回答した企業を 100 とした割合。
（出所）　人事院（2017）「平成 29 年度 民間企業の勤務条件制度等調査」

Column 9.2 ● コロナ禍と在籍型出向

　高年齢者の退職管理の文脈から少し離れますが，ここでは雇用調整としての出向について扱っていきましょう。世の中の景気が大きく変化すると，多くの企業において労働力の需要が変化します。2020 年に発生したコロナ禍が顕著な例です。コロナ禍では観光業を始めとして様々な業界が大打撃を受けた一方で，巣ごもり需要やテレワークの拡大の恩恵を受けた業界も生まれました。その結果，片や一部の企業では労働力の需要が低下して人余りとなり，片や一部の企業では需要が増加し人手不足に陥るという現象が発生しました。

　そこで注目されたのが在籍型出向の取り組みでした（下図）。本文中で触れたとおり，一般的に出向は同じグループ内で行われるケースが多いのですが，コロナ禍のもとでは企業間を跨いで労働力の需給のバランスをとることが目指されました。例えば観光バスの運転手が宅配便等のトラック運転手として出向したり，レストランの調理師がスーパーマーケットに出向してバックヤードで食材の調理をしたりするといった事例があります。

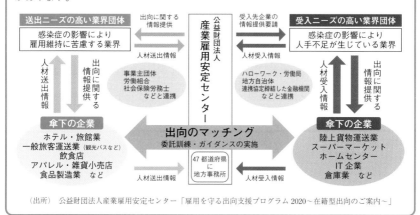

（出所）　公益財団法人産業雇用安定センター「雇用を守る出向支援プログラム 2020〜在籍型出向のご案内〜」

③早期退職優遇制度

　定年より前倒しで退職する従業員に対して退職金（正確には退職一時金といいます）を割り増しで支払う制度です。もともと退職金制度は企業が任意で設ける制度なのですが，退職金を割り増してインセンティブとすることで従業員の早期の退職を促すことを意図しています。このようにすることで，従業員の納得を得ながら組織の新陳代謝を加速させることができます。また，従業員側も早期に退職することで，次のキャリアを早い段階から模索することが可能になります。ただし，早期退職優遇制度の利用は従業員の自発的な意思に基づくため，企業からしてみれば誰がこの制度を利用するかをコントロールすることができません。そのため，この制度は本来であれば辞めてほしくない有能な従業員までもが手を挙げてしまうリスクを伴うものでもあります。

④継続雇用制度

　定年を迎えた者のうち雇用の継続を希望する従業員に対して雇用を継続する制度です。雇用を継続するにあたっては，一度定年で退職とした後に再度雇用する再雇用制度，退職にはせずに雇用形態を維持する勤務延長制度があります。これら以外には，前述の出向・転籍により雇用を継続する場合もあります。高年齢者雇用安定法では65歳までの雇用確保の義務化と70歳までの就業機会の確保の努力義務化がなされましたが，これらの手段の1つに継続雇用制度の導入が挙げられています。

　雇用を継続させるための取り組みのなかで最も代表的なものは，再雇用制度です。2019年時点，人事院の「民間企業の勤務条件制度等調査」によれば，継続雇用制度を設けている企業のうち95.3％の企業が再雇用制度を採用しています。前述のとおり再雇用制度では従業員は一度退職した後に再度雇用されますが，その際には労働日数や一日あたりの労働時間，あるいは職責，雇用形態が変更され，より働きやすさを重視した働き方となる場合が多いです。

　以上が高年齢の従業員の雇用調整で定年制と併用される代表的な取り組みです。これらの取り組みを俯瞰してみると，50歳代後半から定年やそれ以後に向けて，高年齢の従業員が徐々に企業の最前線を退いていく過程が伺え

Column 9.3 ● 継続雇用制度の利用実態について

　本文中で継続雇用制度について紹介しましたので，ここでは同制度の利用実態についてみていきましょう。

　労働政策研究・研修機構が 2020 年に行った調査によれば，継続雇用制度を設ける企業において，「約 4 分の 3 の企業で『90％以上』の定年到達者が継続雇用を希望していた」ことが明らかになりました。また，継続雇用先は「98.7％の企業が『自社』，4.0％が『親会社・子会社等』，3.5％が『関連会社等』（複数回答）」でした。ただし，従業員数 1000 人以上の大企業に限定してみると，継続雇用先に「親会社・子会社等」がある企業は 23.0％，「関連会社等」がある企業は 17.5％であり，従業員数 1000 人未満の企業と比べると突出して高い数値であることがわかります。

継続雇用先 (複数回答，単位：％)

	n	自　社	親会社・子会社等	関連会社等	無回答
合　計	4284	98.7	4.0	3.5	0.7
100 人未満	1932	98.4	2.6	2.9	0.9
100 人〜299 人	1636	99.0	4.0	2.6	0.7
300 人〜999 人	519	99.0	5.4	5.6	0.2
1000 人以上	126	98.4	23.0	17.5	0.0

（出所）　労働政策研究・研修機構（2020）「高年齢者の雇用に関する調査（企業調査）」

　では，雇用形態はどうでしょうか。総じていえば，従業員規模が大きい企業ほど嘱託・契約社員の継続雇用者がいる企業の比率が大きくなります。従業員規模 1000 人以上の企業において，正社員の継続雇用者がいる企業の割合は 35.9％に留まりますが，嘱託・契約社員の継続雇用者がいる企業の割合は 71.3％にのぼります。一方，仕事内容に関しては，従業員数 1000 人以上の企業では，「定年前とまったく同じ仕事」である企業の割合は 34.1％，「定年前と同じ仕事であるが，責任の重さが軽くなる」とする企業の割合が 44.3％であり，逆に「定年前と同じ仕事であるが，責任の重さが重くなる」とする企業の割合は 0％でした。

　以上を総括して大よその傾向でいえば，定年を迎えた多くの従業員は継続雇用制度を利用して自社やそのグループ企業に所属し，定年前と同様の仕事を継続しながらも，雇用形態の変化や仕事上の責任が軽くなることを通じて負担の少なくなる働き方をしている様子がうかがえます。

ます。雇用調整にかかわるこれらの取り組みは，1986年に制定された高年齢者雇用安定法により，かつては55歳を法定定年年齢としていたものが，60歳までの雇用確保が努力義務とされたときに，各企業が対応策として講じたのが始まりです。そのため，HRMの観点からいえば，高年齢の従業員の退職管理は必ずしも積極的に企業の戦略達成に寄与するためのものではなく，むしろ社会的な要請に応えるために行われてきたものでした。それから約40年程度が経過し，今ではこれらの取り組みはすっかり定着しましたが，無視しがたいひずみを生み出していることも事実です。以下では本章のまとめに代えて，退職管理に関する課題を指摘しておきましょう。

9.3 退職管理とモチベーション

　以上のような手段を用いて，企業と従業員の双方の利益が実現できるような退職管理を目指しますが，従業員側からしてみればこれは必ずしも前向きに捉えられる話題ではないようです。図表9-3-1をみてください。これは役職定年を迎えた従業員の意識がどのように変化したかに関する調査結果なのですが，総じてポジティブな変化よりもネガティブな変化の方が目立ちます。ネガティブな意識の変化の内訳も詳しくみてみれば，「仕事に対するやる気・モチベーションの低下（37.7%）」「喪失感・寂しさ（34.3%）」「会社に対する信頼感の低下（32.3%）」などが上位に連なっています。

　このようなネガティブな意識は，従業員の側に立ってみれば当然のことなのかもしれません。いくら制度とはいえ，役職を外されるということは戦力外通告のようにも受け止められかねないものです。また，役職定年前と比べて，役定定年後の仕事は責任も権限も限定され，年収が下がるケースが多いです。従業員本人はまだまだ戦力として十分に活躍できると思っているにもかかわらず，雇用調整の名のもとに彼らの活躍の機会を奪ってしまっている可能性があるというのは，退職管理を考えるうえでは避けて通れない側面です。このような負の効果は出向・転籍や再雇用制度のなかでも生じる可能性があります。

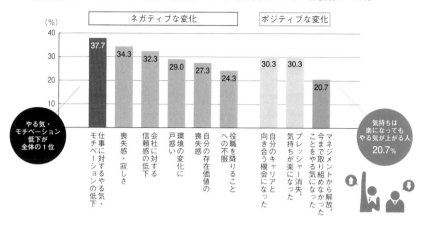

■図表 9-3-1　役職定年制と意識の変化

役職退任（ポストオフ）での意識の変化について（50代ポストオフ経験者 n=300）

（出所）　パーソル総合研究所（2017）「データで見る『働くミドル・シニア躍進の実態』」
（https://rc.persol-group.co.jp/thinktank/spe/mspjt/）（2022年8月27日アクセス）

Column 9.4　● 役職定年に伴う意識の変化を引き起こす要因は何か？

　ここでは図表9-3-1の転載元であるパーソル総合研究所（2017）が行った，役職定年に伴う意識の変化を引き起こす要因に関する分析の内容を要約して紹介します。

　役職定年制に基づき役職退任となった従業員は，本文中でも紹介したとおり，全体的にみてネガティブな方向に意識が変化する傾向にあるようです。一方，役職退任の前後で変化するものには，年収，部下の人数，上司，仕事内容，部署などがあります。とりわけ年収は役職退任に伴い平均で23.4％も減少するとのことですから，なるほどこれは役職退任後の意欲減退に大きな影響を与えそうです。しかし定量的な分析の結果，実は年収の減少はネガティブな意識の変化をもたらす主な要因ではないことがわかりました。それよりもむしろ影響していたのは，「役職定年後について考えないようにしていた」として，役職定年に対する事前準備を行わないことでした。逆に事前準備として「具体的なキャリアプランを計画していた」という人たちはネガティブな意識の変化を経験しにくい傾向にありました。また，「仕事に対する考え方を変えていた」という人たちはむしろポジティブな意識の変化（「マネジメントから解放され，今まで取り組めなかったことをやる気になった」「プレッシャーが無くなり，気持ちが楽になった」）を経験する傾向にありました。以上から示唆されることは，役職定年に伴う負の影響への対処はいざ役職定年を迎えてから行うのではなく，いかに前もって役職定年後のキャリアについて検討し，仕事に対する考え方を見直すかが肝心であるということです。

HRM の本来の目的，すなわち「企業の経営戦略を実現する（**第1章**）」に立ち返れば，この状況は決して看過してはならないものです。今よりも定年が早い時代であれば，定年までの1，2年をお互い目をつむってやり過ごすこともできたかもしれません。しかし今日では65歳までの雇用確保が義務となり，さらには70歳までの就業機会の確保も求められている状況ですから，50歳代後半で役職定年を迎えてモチベーションを喪失した従業員が生活上の必要性から定年後も再雇用制度を利用して働き続けることを選択するとすれば，その後10年程度をその状態のまま過ごす計算になります。いくら来るべき退出の時に向けて緩やかに雇用調整を行うとはいえ，従業員が企業に所属するうちは，企業は従業員を活用して彼らから貢献を引き出す必要があります。高年齢の従業員のモチベーションが低下し，貢献を十分に引き出せていないとすれば，それはHRMの失敗と呼ぶべきものでしょう。また，従業員自身にとっても，喪失感や寂しさを抱え組織に対する信頼感が持てないまま10年もの時間を過ごすことは，一般的な感覚でいえば，とても不幸なことです。

　この状況を打破するための1つの考え方は，定年の捉え方を根本から変えることです。すなわち，定年とは労働者としてのステージの終わりではなく，あくまで人生における1つの節目であり，新たなキャリアの始まりであると捉え直すことです。企業も高年齢の従業員に対しては，単に定年後の収入の手立てを用意するだけでなく，退出に向けた一連の雇用調整の取り組みをキャリアのトランジション（移行）のための過程であると意味付け，キャリア形成を支援できるような取り組みを行っていくことが重要です。

Column 9.5 ● 学 び 直 し

　昨今，「学び直し」の重要性が説かれています。これは現在働いている人や，何らかの理由でキャリアにブランクがある人が，新たなキャリアのために勉強し直すことを指します。この重要性が説かれる背景には働く人々のキャリアが長期化していることが挙げられます。過去の日本企業では，仕事をするうえで必要な知識や技術は20歳代や30歳代のキャリア初期に習得し，それらを活かして定年まで勤めあげるのが一般的でした。しかし現代のようにキャリアが長期化すると経営環境や社会環境は変化し，若いころに習得したものが陳腐化してしまう可能性が高いです。そこで最新の知識や技術を学び直すことで，再び人材として活躍できる機会を創出することが目指されます。高年齢の従業員がキャリアを継続させていくうえでは欠かせないプロセスであるといえるでしょう。

　では，学び直しの実態はどうなっているのでしょうか。マイナビ転職が2020年に行った調査によれば，働く人々のうち85.6％が今の自分に学び直しが必要だと思っているとのことです。しかし，実際にプライベートの時間を使って学び直しをしているかについては，「現在している」と回答した人が16.9％，「過去にしたことがある」と回答した人が36.6％であり，単純にこれらの数字を合計しても学び直しを必要と思う人の割合に届いておりません。特に50歳代に限定してみれば，学び直しが必要だと思っている人の割合は77.5％であるのに対して，学び直しを「現在している」と回答した人は14.5％，「過去にしたことがある」と回答した人は38.5％と，他世代と比べて学び直しに対する意欲が低い様子がうかがえます。また，人々が学び直しを行わない理由の上位3つは，時間のなさ（52.6％），お金のなさ（30.7％），やり方がわからない（20.6％）でした。以上の結果を踏まえると，従業員側には学び直しに対する意欲や興味があるにもかかわらず様々な事情でできていない実態がみえてきます。

　一方，企業側の取り組みはどうでしょうか。労働政策研究・研修機構の2020年の調査によれば，60歳に到達する前の正社員を対象とした能力開発（研修）の実施状況は，「実施している」と回答した企業の割合は1.8％でした。従業員数が1000人以上の企業では「実施している」という回答の割合は6.6％であり，全体よりも高くなる傾向にありましたが，総じていえば企業の高年齢者に対する能力開発（研修）の取り組みはほとんど行われていないという状況が浮き彫りになります。この調査の中では実施割合が低い理由までは言及されていませんが，能力開発（研修）を実施すると回答した企業の実施目的の上位に「60歳以降，継続雇用の際の基本的な心構えのため（53.8％）」「予想される仕事の変更に対応するため（43.3％）」という理由が並ぶ点を勘案すると，少なくとも高年齢者を対象に能力開発（研修）を行う企業では従業員が定年後も活躍してくれることを期待していると解釈できます。

第 10 章

労働時間管理と
ワーク・ライフ・バランス

◆ 本章のねらい

本章では，以下の点について学んでいきます。

・労働時間管理の目的は何か。
・ワーク・ライフ・バランスとはどのような考え方か。
・労働時間制度にはどのような法律が反映されているか。多様
　な労働時間制度にはどのようなものがあるか。
・休暇・休業制度にはどのようなものがあるか。
・多様な勤務場所とはどのようなものか。

◆ キーワード

労働時間管理，ワーク・ライフ・バランス，労働基準法，フ
レックスタイム制，休暇制度，テレワーク

10.1 労働時間管理とは

労働時間管理とは，人的資源の状態を良好に保つ機能であり，従業員のワーク・ライフ・バランスの実現や健康増進を支援する活動です。具体的には，以下の4つの目的があります。

①労働時間法制の遵守

従業員の労働時間管理については，労働基準法や労働安全衛生法などの法律や施行規則に定められています。企業はこれらを遵守しなければならず，違反した場合には罰則が科せられたり，社会的な評判を低下させたりすることにもなりかねません。また，国の政策などに伴い労働時間に関する法改正は多く，内容を正しく理解し適切に対応する必要があります。

②人件費の適正化

企業は労働の対価として賃金を支払うことから，従業員一人ひとりの労働時間を把握し，時間外労働の割増賃金などを正確に計算する必要があります。また，多様な労働時間制度の導入や時間外労働の削減に取り組むことによって，労働時間を効率的に配分し人件費を適正化することができます。

③従業員の健康管理

企業にとって，従業員が心身ともに充実した状態にあることは重要です。従業員の健康管理の観点から，企業には労働時間の客観的な把握や長時間労働者への医師による面接指導が義務付けられています。また，長時間労働の抑制や年次有給休暇の取得促進，健康に配慮した休暇制度の導入，メンタルヘルス対策に取り組むことも求められます。

④従業員の動機づけ

労働時間管理はワーク・ライフ・バランスの実現を通じて，従業員の動機づけに効果をもたらします。企業は，ライフスタイルに合わせて多様な働き方を選択できる労働時間制度や休暇制度，勤務場所を設定することによって，従業員が能力と意欲を十分発揮できる環境を整備し，企業への貢献を高めることができます。

　日本の労働者の年間総実労働時間は，長期的に減少傾向にあるといわれます。しかし，その主な要因はパートタイム労働者に代表される短時間勤務の非正社員の割合が増加したことによるものであり，一般労働者，いわゆる正社員の総実労働時間は，2000時間程度を推移し大きく減少したわけではありません。

　正社員の実労働時間が短縮されない原因の多くは，企業の人材活用に課題があると考えられます。例えば正社員に割り振る仕事量が多かったり，仕事量に対する人員が不足していたりと，人員配置が適切に行われていないことがあります。また，仕事内容や役割が曖昧だったり，仕事の進め方に無駄があったりするために，進捗確認や調整に時間を要していることもあります。さらに，定時に仕事を終えても上司や同僚が働いているなか退社しにくい，長期休暇を取得しにくいという職場の雰囲気も指摘されています。経営者が労働時間の短縮にコミットし，管理者が職場のマネジメントを改善する必要があります。

　他方で，長時間労働により残業代を得たい，企業への貢献度を高く評価されたいという，労働者の意識も指摘されます。これらについても，評価制度や賃金制度を見直すことにより，労働者自身の時間管理意識を高め効率的な働き方を促すことが必要です。また，顧客や取引先の要求への対応が，長時間労働の一因となることもあります。顧客や取引先との関係を改善し，理解や協力を得ることも重要です。

　このように，労働時間の短縮は，企業の人材活用の変革と労働者の意識改革が必要ですが，一企業だけで取り組むことは難しく，顧客や取引先の協力や国の法制度の整備など，社会全体で取り組むべき課題なのです。

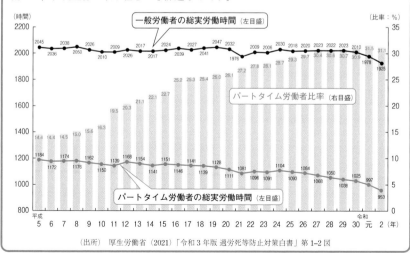

（出所）厚生労働省（2021）「令和3年版 過労死等防止対策白書」第1-2図

10.2 ワーク・ライフ・バランス

　ワーク・ライフ・バランス（Work Life Balance，WLB）は「仕事と生活の調和」と訳され，その実現は社会全体の重要な課題となっています。内閣府の「仕事と生活の調和（ワーク・ライフ・バランス）憲章」では，仕事と生活の調和が実現した社会を「国民一人ひとりがやりがいや充実感を感じながら働き，仕事上の責任を果たすとともに，家庭や地域生活などにおいても，子育て期，中高年期といった人生の各段階に応じて多様な生き方が選択・実現できる社会」と定めています。

　この定義に基づくと，従業員の WLB の実現の取り組みには，次の点に留意する必要があります。第一に，「生活」とは家事や育児，介護だけでなく，学習や趣味，ボランティア，地域社会での活動などの仕事以外の生活領域を広範に含みます。WLB の実現は，性別や年齢などにかかわらず全ての従業員が取り組むものです。第二に，仕事領域と生活領域の重視する程度や最適なバランスは，個々人により異なります。仕事と生活の双方を充実させたい人もいれば，仕事または生活をより重視したい人もいます。WLB の実現には，まずは多様な働き方や生き方を理解し尊重することが必要です。第三に，仕事領域と生活領域の重視する程度や最適なバランスは，ライフキャリアのなかで変化します。例えば仕事と生活を同程度に重視する人でも，育児や介護が必要な時期には生活を優先することが生じえます。WLB の実現には，個人の置かれた状況に応じて柔軟に考えることが重要です。

　では，仕事と生活の調和とはどのような状態を指すのでしょうか。1つは，仕事と生活の間に葛藤がないことです。仕事領域と生活領域の間にはネガティブな関係があることを前提として，ネガティブな関係が生じていないことを調和しているとするのです。この基礎になる考え方が，ワーク・ファミリー・コンフリクト（Work-Family Conflict，WFC）です。WFC とは，仕事と家庭生活のいずれかの領域の役割を果たそうとすると，他方の役割を果たせずに葛藤が生じる状態を指します。この WFC を応用すると，仕事領域に起因する葛藤の例として，仕事に長時間を費やし家事や育児の時間が少なくなる

WLB の実現は，ワーク・ファミリー・コンフリクト（WFC）の軽減と，ワーク・ファミリー・エンリッチメント（WFE）の促進の両面から取り組むことが重要です。

（出所）　筆者作成

■図表 10-2-2　ミレニアル世代の「働く上でのモチベーション」

日本のミレニアル世代（1980 年代序盤から 1990 年代中盤までに生まれた世代）は，現在の仕事の気に入っている点について，ワーク・ライフ・バランスや働きやすい職場を上位に挙げています。

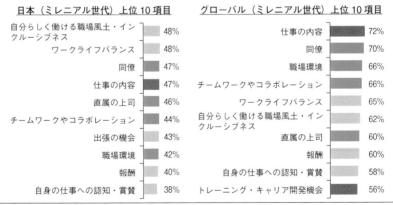

（出所）　デロイト トーマツグループ（2020）「ミレニアル年次調査 2020」p.10

ことや，仕事による疲労やストレスが蓄積し学習や趣味に取り組む元気がないことなどが該当します。また，生活領域に起因する葛藤の例としては，家事や育児，介護の負担によって，仕事を制限せざるをえなかったり仕事に集中できなかったりすることなどが考えられます。

　もう1つは，仕事と生活の間に相乗効果があることです。仕事領域と生活領域の間にはポジティブな関係が生じる可能性があり，実際にポジティブな関係が生じていることをもって調和しているとするのです。この背景になる考え方が，ワーク・ファミリー・エンリッチメント（Work-Family Enrichment, WFE）です。WFEとは，仕事と家庭生活のいずれかの領域の役割を果たすことが，他方の役割を促進したり質を向上させたりすることを指します。このWFEを応用すると，仕事領域から生活領域への好影響の例として，仕事を通じて習得した能力やスキルを家事や育児にも活かせることや，仕事の達成感を得られたことで学習や趣味にも気持ちよく取り組めることなどが該当します。また，生活領域から仕事領域への好影響の例としては，家族と過ごしたり趣味に興じたりすることによって，仕事も頑張ろうという気持ちになったり集中して仕事の時間を使うようになったりすることなどが考えられます（図表10-2-1）。

　従業員のWLBの実現には，健康で豊かな生活のための時間を確保することが重要であり，労働時間管理が密接に関係しています。企業は，従業員の多様で柔軟な働き方を可能にする労働時間制度や休暇制度を整備し，それら制度の利用促進に取り組むことが必要です。また，従業員も自らのWLBの在り方や家庭・地域のなかでの役割を認識し，働き方を見直したり生産性の向上に努めたりして，積極的・自律的にその実現を目指す必要があります。さらに，WLBの実現の取り組みは自らの企業内のみならず，関連企業や取引先のWLBにも配慮し，計画的な発注や納期設定などに努めることも求められます。企業は，従業員をはじめ様々なステークホルダーと連携して，社会全体のWLBの実現に取り組むのです。

BOX10.1 「私はマミートラックに該当」46% ミレニアル世代調査

　ミレニアル世代の子育て中の女性のうち46%が，仕事の難易度や責任の度合いが低くキャリアの展望もない「マミートラック」に該当すると感じていることが21世紀職業財団の調査で分かった。上の世代に比べると結婚・出産しても働き続けることが一般的になったものの，性別役割分担意識などの影響を受けてキャリアが停滞してしまう女性が多い。

　調査は2021年6月末に，本人・配偶者とも26〜40歳の正社員で子どもがいる人を対象に実施し，男性1912人，女性2194人の回答を分析した。女性では「夫婦でお互い，キャリアアップを目指す」とした人が28.1%だったのに対し，「配偶者のキャリアを優先」する人が55.2%と最多だった。男性は「お互い」が41.4%の一方，「自分のキャリアを優先する」人が28.3%だった。

　夫婦ともにキャリアアップを目指すのはどんな人だろうか。男性では「自分はキャリアアップができていると思う」人の52.1%，「会社で女性活躍推進の取り組みが積極的に行われている」と思う人の50.2%，「仕事の面白さを感じた経験がある」人の46.3%がお互いのキャリアアップを目指すと回答しており，いずれもそうでない人より高い割合だった。育児休業を取得したことがある男性の47.8%がお互いのキャリアアップを目指していることもわかった。一方，女性では「上司が日々の業務の中で少し高い目標や少し困難な仕事を与えてチャレンジさせている」と思う人の47.4%は，お互いのキャリアアップを目指すと回答。また夫が週1回以上保育園等のお迎えをしている女性の50.0%が，キャリアアップできていると回答していた。

　男女の働き方の違いなどの課題も見えた。女性では「子供が生まれる前は残業していたが，現在はほぼ毎日定時帰りにした」人が49.2%だったのに対し，男性は12.9%で，変わらず残業している人が32.1%だった。（後略）

　同財団の上席主任・主任研究員であるAさんは，夫婦がともにキャリアアップを目指せるよう企業が取り組むべきこととして「マミートラックに陥らないようにする仕組みや，アンコンシャスバイアス（中略）に関する研修などの実施が有効だ。定時退社する日を夫婦で持てるよう，職場の働き方を変えるとよい」と指摘。また，ミレニアル世代の女性でも依然，性別役割分担意識が強いことをあげ，「夫婦で互いのキャリアをどうしたいのか話し合い，育児休業や短時間勤務を交代で取ることを選択肢に入れることも大切」と助言する。

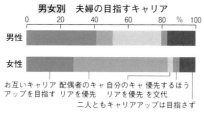

男女別　夫婦の目指すキャリア

男性

女性

お互いキャリア　配偶者のキャ　自分のキャ　優先するほう
アップを目指す　リアを優先　リアを優先　を交代
　　　　　　　　　二人ともキャリアアップは目指さず

（出所）21世紀職業財団

（出所）日本経済新聞2022年2月6日より抜粋

10.3 労働時間制度とは

　企業は，労働時間法制に則して従業員の労働時間を管理しなければなりません。労働時間とは，使用者の指揮命令下に置かれている時間のことをいいます。1日につき8時間，1週間につき40時間を超えて労働させてはならないと労働基準法に定められており，この上限を法定労働時間といいます。また，労働時間が6時間を超える場合は45分以上，8時間を超える場合は1時間以上の休憩を与えなければいけません。休日については，毎週少なくとも1日か4週間を通じ4日以上与えなければならないと定めがあり，これを法定休日といいます。

　従業員に労働させる日や時間は，法定労働時間の範囲内で労働契約や就業規則等に設定することになりますが，これを所定労働日・所定労働時間といいます。例えば，所定労働日を月〜金曜日の5日間とすると，休日が土・日曜日の2日間の週休2日制となり，いずれか1日を法定休日とします。また，所定労働時間を7時間とすると，始業時刻を9時，終業時刻を17時，休憩時間を12〜13時のように設定します。

　所定労働時間を超える時間の労働を所定外労働，法定労働時間を超える時間の労働を法定外労働（法律上は時間外労働といいます），休日の労働（法律上は法定休日の労働）を休日労働といいます。一般に「残業」とは，所定外労働を指します（図表10-3-1）。法定労働時間を超えて時間外労働をさせる場合や法定休日に労働させる場合には，使用者は労働者の過半数で組織する労働組合かそれがない場合は労働者の過半数を代表する者と時間外労働・休日労働協定を締結し，労働基準監督署への届け出が必要です。この協定は労働基準法第36条に定めがあることから，36（サブロク）協定と呼ばれています。36協定を締結した場合でも，時間外労働の上限は原則として月45時間，年360時間とされ，臨時的な特別な事情があっても，年720時間以内，月100時間未満（休日労働含む），2〜6ヶ月平均80時間以内（休日労働含む）であり，月45時間を超える限度は年6ヶ月とされています（図表10-3-2）。なお，これらの労働時間の分類に基づくと，従業員が実際に働いた労働時間，すなわ

所定労働時間を超える時間の労働が所定外労働（残業）となり，このうち法律上割増賃金を支払う必要があるのは，法定外労働の部分になります。

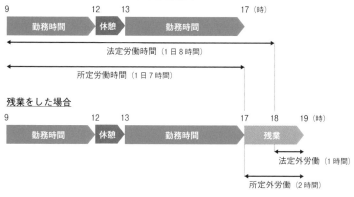

(出所)　筆者作成

労使間で 36 協定が締結されている場合も，時間外労働には上限があることに留意しましょう。

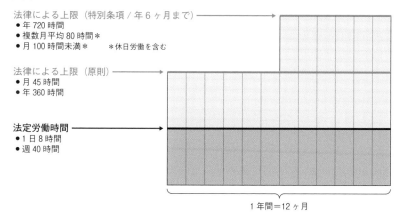

(出所)　厚生労働省（2021）「時間外労働の上限規制：わかりやすい解説」をもとに筆者作成

ち実労働時間とは，所定労働時間に所定外労働と休日労働の時間を加え，後述する休暇の取得時間を除いたものになります。

　法定労働時間を超えた時間外労働や法定休日の労働，午後10時から午前5時までの深夜労働に対しては，割増賃金を支払わなければなりません。法定労働時間を超えた時間外労働に対する割増賃金は通常の賃金の25％以上（60時間超は50％以上），法定休日の労働は35％以上，深夜労働は25％以上です。割増賃金は重複して発生することがあり，例えば法定労働時間を超えた時間外労働が深夜労働となった場合は，50％以上（25％以上＋25％以上）の割増賃金を支払う必要があります。人件費の適正化や従業員の健康管理という観点からも，時間外労働や休日労働は緊急性や必要性が高い場合に限定することが必要です。

　このように，労働基準法により労働時間制度の最低基準が定められていますが，労働安全衛生法では，労働者の健康の保持を考慮して，労働時間の状況を把握しなければならないと定めています。労働時間の状況とは，いかなる時間帯にどの程度の時間を労務提供しうる状態にあったかということであり，具体的には労働者の労働日ごとの始業・終業時刻を，原則としてタイムカードやICカード，パソコンの使用時間などの客観的な記録や使用者の現認により確認し，適正に記録することとされています。やむをえず自己申告制により把握する場合も，労働者や管理者に対する十分な説明や，必要に応じた実態調査の実施と所要労働時間の補正などの措置を講じる必要があります。

10.4　多様な労働時間制度

　労働基準法では，前述の労働時間制度を基礎として様々な形態が定められています。なかでも労働時間管理の柔軟性という観点から，変形労働時間制，フレックスタイム制，裁量労働制を取り上げます。

①変形労働時間制

　対象期間を平均し1週間あたりの労働時間が法定労働時間を超えない範囲

BOX10.2　パナソニック，週休3日で狙う元祖週休2日企業の再改革

　パナソニックが人を生かす経営で再び先進企業を目指す。このほど選択的週休3日制や転勤なしで自宅で勤務できる仕組みの導入方針を表明した。かつて日本の大企業として初めて完全週休2日制を導入した同社だが，近年は「先行する会社に学びを得ているところ」（楠見雄規社長）。遅れを取り戻し，再び人を引きつける先進企業に戻れるか。

　「グローバルで24万人の多様な個性と能力を持つ社員のワークライフバランスを実現することが会社の責務だ」。楠見社長は6日，投資家向けのサステナビリティー説明会でこう話した。続けて選択的週休3日制の導入や，自身や配偶者の転居を伴う異動の際に自宅を「ホームオフィス」として扱い，転居しなくて済む制度などの導入といった人事施策の拡充を矢継ぎ早に表明した。

　背景にあるのは，従業員の働く環境づくりで他社に出遅れているという意識だ。パナソニックは1965年に日本の大企業として初めて，米国などで広がっていた完全週休2日制を導入。人を生かす経営で「先進的だと評価されてきた」（楠見社長）。ただ社会の変化などに対応しきれず，いつしか他社に後れを取るようになった。

　楠見社長は「（事業）競争力を磨く上で，従業員のウェルビーイングの担保においても競争力を持たなくてはならない」とし，環境整備を急ぐ。

　完全週休2日制の導入を決めた創業者の松下幸之助氏は「1日は仕事の疲れを癒やすために休養に充て，あと1日は明日のために教養を高める」と説明した。パナソニックは今回さらにもう1日増やす休日に，副業や自己学習，地域ボランティアなど社外での活動を推奨する考えだ。

週休3日を選べる主な企業

日立製作所※	従業員が自由に時間を配分し休日を増やせる
NEC※	本体2万人のうち希望者に導入検討
パナソニックHD※	間接部門を対象に実証実験
塩野義製薬	4月から希望者に導入
みずほフィナンシャルグループ	希望者に導入。週休4日も可能
ファーストリテイリング	勤務地限定の正社員向け。給与水準は維持

（注）　※は22年度導入予定
（出所）　日本経済新聞 2022年4月12日

　実際の導入にはまだ壁がある。導入の可否は4月に独立する事業会社の判断に委ねられ，労働組合との協議も残る。対象人員や給与体系などの制度設計はこれからだ。実質的な労働時間が減るのであれば，仕事を回すための業務見直しやIT（情報技術）活用による業務効率化がセットになる必要がある。

　週休3日制を導入している企業のある社員は「周囲の目もあり，正直選択しにくい」と声をひそめる。せっかく導入しても使われなければ意味はない。制度という器にどう使いやすい文化という中身を醸成していくかが問われるだろう。

（出所）　日本経済新聞 2022年1月7日

内で，特定の日や週に法定労働時間を超えて労働させることができる制度です（図表 10-4-1）。対象期間により 1ヶ月単位（1ヶ月以内）と 1年単位（1ヶ月を超えて 1年以内），業種や規模を限定した 1週間単位がありますが，1年単位の場合は労働時間の過度な偏りの防止のため，各日 10 時間，各週 52 時間を超えてはならず，所定労働日は連続 6日が限度とされています。時間外労働の割増賃金については，法定労働時間を超えて所定労働時間を設定した日や週は，その所定労働時間を超えた時間に割増賃金を支払います。制度の導入には，労使協定の締結と労働基準監督署への届け出が必要ですが，1ヶ月単位は労使協定によらず就業規則に規定することでも可能です。

　業務の繁閑がある場合，所定労働時間を繁忙期に長く設定する代わりに閑散期には短く設定することにより，企業は従業員の労働時間を効率的に配分し，期間全体として労働時間の短縮を図ることができます。変形労働時間制は，業務の繁閑や特殊性に伴う労働需要の変動に対応しうる制度であることから，企業にとって労働時間管理の柔軟性を高めるものといえます。

　②フレックスタイム制

　清算期間を平均し 1週間あたりの労働時間が法定労働時間を超えない範囲内であらかじめ総労働時間を定め，その範囲内で労働者が日々の始業・終業時刻，労働時間を自ら決めることのできる制度です（図表 10-4-2）。清算期間の上限は 3ヶ月ですが，1ヶ月を超える場合は 1ヶ月ごとの労働時間が週平均 50 時間を超えないこととされ，特定月に偏った労働時間とすることはできません。時間外労働の割増賃金については，清算期間における法定労働時間の総枠を超えた労働時間と，1ヶ月ごとの週平均 50 時間を超えた労働時間を算定して支払います。制度の導入には，就業規則等への始業・終業時刻を労働者の決定に委ねる旨の規定と労使協定の締結が，また清算期間が 1ヶ月を超える場合は労働基準監督署への届け出も必要です。

　労働者が必ず働かなければならない時間帯をコアタイム，労働者の選択により働くことができる時間帯をフレキシブルタイムといいます。これらの時間帯の設定は任意であり，日によって時間帯が異なるなど自由ですが，設定する場合はそれら時間帯の開始・終了時刻を労使協定で定める必要があります。例えば，コアタイムを 10〜15 時（休憩時間 12〜13 時を除く），フレキシ

所定労働時間を繁忙期に通常よりも長く，閑散期に短く設定します。ただし，週の平均労働時間を 40 時間以内にするとともに，各日 10 時間・各週 52 時間の労働時間の上限に留意する必要があります。

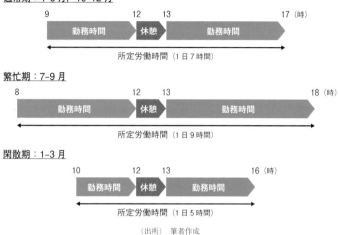

（出所）　筆者作成

■図表 10-4-2　フレックスタイム制の例

コアタイムとフレキシブルタイムの時間帯は，自由に設定できます。フレキシブルタイムは，途中で中抜けすることも可能です。コアタイムを設定せずフレキシブルタイムのみとした，いわゆるスーパーフレックスタイム制を導入する企業もあります。

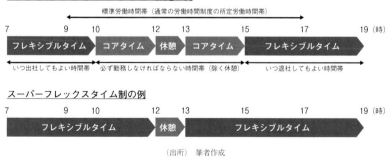

（出所）　筆者作成

ブルタイムを 7〜10 時と 15〜19 時のように設定します。また，コアタイム
を設定せず，実質的に労働日も労働者が自由に決められるとすることも可能
です。フレックスタイム制は，従業員が仕事と生活の調和を図りながら効率
的に働くことのできる制度であることから，従業員にとって労働時間管理の
柔軟性を高めるものといえます。

③裁量労働制

　あらかじめ定めた労働時間を働いたものとみなす「みなし労働時間制」の 1
つであり，対象業務に従事する労働者に対し実際の労働時間に関係なく適用
する制度です（図表 10-4-3）。業務の性質上その遂行方法を大幅に労働者の
裁量に委ねる必要があるため，業務遂行の手段や時間配分などに関し使用者
が具体的な指示をしない業務が対象であり，専門業務型（デザイナーやシス
テムエンジニア，研究開発などの 19 業務）と企画業務型（事業運営の企画や立案,
調査，分析の業務）があります。時間外労働の割増賃金については，法定労
働時間を超えてみなし労働時間を設定した場合は割増賃金をあらかじめ賃金
に上乗せし，また法定休日の労働や深夜労働には実際の労働時間の割増賃金
を支払います。制度の導入には，専門業務型は労使協定の締結，企画業務型
は労使委員会の決議により，対象業務やみなし労働時間，健康・福祉確保措
置，苦情処理措置などを定め，労働基準監督署への届け出が必要です。また,
企画業務型は対象者本人の同意を得なければなりません。

　健康・福祉確保措置としては，対象者の勤務状況や健康状態を把握し，そ
れに応じて代償休日・特別休暇の付与や健康診断，適切な部署への配置転換,
産業医等による保健指導を実施し，また年次有給休暇の取得促進や健康相談
窓口の設置などを行う必要があります。企業は実際の労働日や労働時間，時
間配分の決定など労働時間管理の一部を従業員に任せることができ，従業員
は自律的で創造的に働くことが可能となる制度であることから，企業と従業
員双方にとって労働時間管理の柔軟性を高めるものといえます。

　裁量労働制では，実労働時間に関係なく「みなし労働時間」として設定した労働時間を就業したものとして扱います。

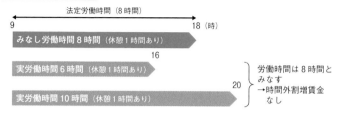

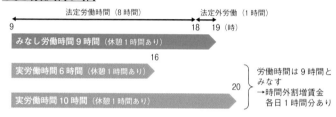

（出所）　筆者作成

Column 10.2 ● ワーカホリズムとバーンアウト

　労働時間の決定に関する裁量を付与することは，従業員のモチベーションを向上させる効果が期待される一方，心身に悪影響をもたらす危険もあります。

　仕事に過度にのめり込み一生懸命働く傾向のことをワーカホリズムといいます。ワーカホリズムは，仕事に没頭し一時的に高い成果を発揮できても，働かなければならないという強迫的な感覚があるため，この状態が長く続くと心身の健康を害してしまうことになりかねません。

　慢性的にストレスや疲労が蓄積されると，バーンアウトに陥ることもあります。バーンアウトとは，それまでひとつの物事に没頭していた人が，心身の極度の疲労により燃え尽きたように意欲を失い，社会に適応できなくなる状態です。絶え間ない過度のストレスにより発生し，うつ病の一種とも考えられています。朝起きられない，職場に行きたくない，イライラが募るなどの症状がみられ，仕事が手につかなくなったり対人関係を避けたりするようになります。

　従業員は，自身が働きすぎの状態になっていることに気づかなかったり，気づいていても無理をして働き続けたりしてしまいます。経営者や管理者は，多様な労働時間制度を通じて従業員の自律的な働き方を支援するとともに，勤務状況や心身の健康状態を日常的に把握することが求められます。

10.5 休暇・休業制度

　従業員を労働から解放することも，労働時間管理の一環です。休暇・休業制度を設けて，従業員の働きすぎの防止や疲労の回復，日常の体調管理，様々なライフイベントへの対応を可能にすることにより，従業員の健康保持・増進やWLBの実現，モチベーションの向上などを促進します。

　法律に定められた休暇を法定休暇といい，年次有給休暇や生理休暇，産前・産後休業，育児休業・出生時育児休業，子の看護休暇，介護休業，介護休暇などがあります。労働者が行使できる権利であり，企業は労働者からの請求を拒否することはできません。一方，企業が任意に定めた休暇を法定外休暇といい，種類や目的，取得形態は様々です。企業は，労働者の多様な事情に対応しながら企業経営を活性化させるために，制度の導入を労使連携して柔軟に検討することが必要です。

①年次有給休暇（有休）

　労働者の心身の疲労を回復しゆとりある生活を保障するための休暇であり，労働基準法で定められています。労働者が6ヶ月間継続勤務し，その6ヶ月間の全労働日の8割以上を出勤した場合は，10日の年次有給休暇を与えなければならず，また6ヶ月の継続勤務以降は継続勤務1年ごとに1日ずつ，継続勤務3年6ヶ月以降は2日ずつ日数を増加して，継続勤務6年6ヶ月以降は20日を与えなければなりません。

　有休は，労働者が請求する時季に取得させなければなりませんが，事業の正常な運営を妨げる場合には使用者が他の時季に変更できることから，労働者は事前の請求が原則とされています。また，原則1日単位の取得ですが，労使協定の締結により，5日以内に限り時間単位の取得が可能となります。使用者は，有休付与日数が10日以上の全ての労働者に対して毎年5日の有休を確実に取得させなければならず，労働者の請求による取得が5日に達していない場合は，労働者に取得時季の意見を聴取し尊重しながら時季を指定し取得させます。また，労使協定の締結により，有休付与日数のうち5日を除いた残りの日数について，使用者が計画的に取得日を割り振ることができ

■図表 10-5-1　年次有給休暇の付与と取得に関する国際比較

コロナ禍前の 2019 年 10 〜 11 月に世界 19 ヶ国を対象に実施した調査によれば，日本の労働者の有休取得率は 5 割であり他国よりも低くなっています。

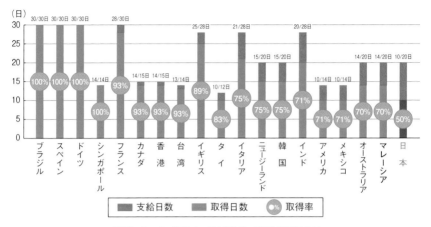

（出所）　Expedia「世界 19 ヶ国有給休暇・国際比較調査 2019」

Column 10.3 ● 職場におけるハラスメント

　職場におけるハラスメントとして，例えばパワーハラスメントは，優越的な関係を背景とし，業務上必要かつ相当な範囲を超えた言動により，労働者の就業環境が害されることをいいます。優越的な関係とは，上司だけではなく同僚や部下でも，協力を得なければ円滑な業務遂行が困難なものや，抵抗や拒絶が困難な集団などが該当します。代表的な言動としては，暴行・障害などの身体的攻撃，脅迫・名誉棄損・侮辱・暴言などの精神的な攻撃，隔離・仲間外し・無視などの人間関係からの切り離し，不要・不可能なことの強制・仕事の妨害などの過大な要求，能力・経験とかけ離れた程度の低い仕事の命令・仕事を与えないなどの過小な要求，私的なことに過度に立ち入るなどの個の侵害があります。

　セクシュアルハラスメントは，労働者の意に反する性的な言動により，労働者が労働条件について不利益を受けたり，就業環境が害されたりすることをいいます。男女とも行為者・被害者になりえ，同姓に対する言動も該当します。直接的な言動だけでなく，うわさを流すことや食事などへの執拗な誘い，また性的な言動に対する拒否や抵抗による不利益などもあてはまります。妊娠・出産・育児休業等ハラスメント（マタニティハラスメントやパタニティハラスメント，ケアハラスメント）は，上司・同僚からの言動により，妊娠・出産した労働者や育児休業・介護休業等を申出・取得した労働者の就業環境が害されることをいいます。

　企業は，ルール設定や実態把握，研修実施などのハラスメント防止策に取り組むとともに，相談窓口を設置し，相談者と行為者に対し適正に対応する必要があります。

る計画的付与制度もあります。なお，法定休暇のなかで賃金の支払い義務があるのは有休のみであり，それ以外は無給・有給のいずれとするかは企業の判断や労使の話し合いに任されています。

②生理休暇

生理日の就業が著しく困難な女性のための休暇であり，労働基準法で定められています。女性が就業の著しく困難な生理日に休暇を請求したときは，就業させてはなりません。生理期間や体調不良の程度には個人差があることから，**生理休暇の日数を限定することはできません**。また，事前に予定することが難しいことから，当日に口頭による請求が一般的です。

③産前・産後休業（産休）

母性保護のための休業であり，労働基準法で定められています。産前休業については，6週間（多胎妊娠の場合は14週間）以内に出産予定の女性が請求した場合は，就業させてはなりません。産後休業については，産後8週間を経過しない女性を就業させてはなりませんが，6週間を経過した女性が請求した場合は，医師が支障がないと認めた業務に就かせることは差し支えありません。

④育児休業（育休）・出生時育児休業（産後パパ育休），子の看護休暇

子の養育を行う労働者のための休業・休暇であり，育児・介護休業法で定められています。**育児休業（育休）**については，養育する子が1歳に達する日（誕生日の前日）までに，労働者が申し出た期間を取得することができ，2回に分割することも可能です。父母ともに取得する場合は，休業可能期間が1歳2ヶ月まで延長され，父母がそれぞれ1年間（産前・産後休業，出生時育児休業を含む）まで取得することができます（パパ・ママ育休プラス）。また，保育園に入所できないなど一定の事情がある場合は，1歳以降の休業開始日を柔軟に設定しながら2歳まで取得を延長することができます。**出生時育児休業（産後パパ育休）**については，父親が出生後8週間以内に4週間までの休業を取得することができ，2回に分割することも可能です（図表10-5-3）。

子の看護休暇については，小学校就学前の子を養育する労働者が申し出ることにより，負傷や疾病の子の世話や予防接種や健康診断を受けさせるために取得することができます。1年に5日（子が2人以上の場合は10日）を限度

　女性の育休取得率と比較して，男性の育休取得率は低い水準にとどまっています。性別によらず育休を取得できる職場環境の整備が求められています。

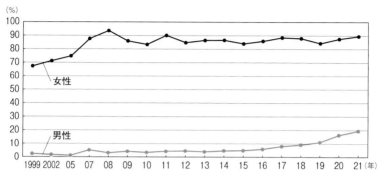

（出所）　厚生労働省「雇用均等基本調査」をもとに筆者作成

■図表 10-5-3　育休と産後パパ育休の例

　育児・介護休業法が改正され，産後パパ育休の創設や育休の分割取得が 2022 年 10 月から施行されています。

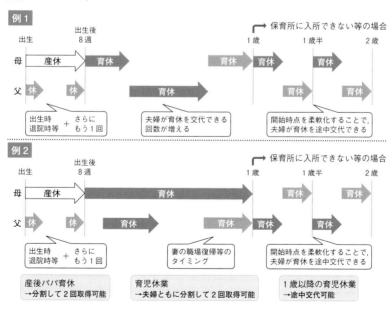

（出所）　厚生労働省（2021）「育児・介護休業法の改正について」

に，1日単位や時間単位の取得が可能です。

⑤介護休業，介護休暇

家族の介護を行う労働者のための休業・休暇であり，育児・介護休業法で定められています。要介護状態（負傷や疾病，身体・精神障害により2週間以上の期間にわたり常時介護を必要とする状態）にある対象家族の介護をするために，労働者が申し出ることにより取得することができます。対象家族は，配偶者，父母，子，配偶者の父母，祖父母，兄弟姉妹，孫です。介護休業については，対象家族1人につき3回まで，通算93日までの取得が可能です。介護休暇については，1年5日（対象家族が2人以上の場合は10日）を限度に，1日単位や時間単位の取得が可能です。

⑥法定外休暇

目的や取得形態を労使の話し合いにより任意で設定できる休暇であり，特に配慮を必要とする労働者への対応が求められます。主なものとして，夏季休暇や慶弔休暇，負傷や疾病の療養のための傷病休暇，自発的に無報酬で社会貢献活動を行うためのボランティア休暇，キャリアの節目に心身の疲労回復等を目的としたリフレッシュ休暇，自発的に職業能力開発を図るための教育訓練休暇などがあります。

10.6 多様な勤務場所

企業は労働時間管理を発展させ，多様な勤務場所を設定することができますが，その方法としてテレワークがあります。テレワークとは，情報通信技術（Information and Communication Technology, ICT）を活用した時間や場所を有効に活用できる柔軟な働き方のことであり，リモートワークとも呼ばれています。テレワークには，以下の3つの形態があります。①在宅勤務は，オフィスに出勤せず自宅を就業場所とする形態です。②モバイル勤務は，移動中の交通機関や顧客先，カフェ，ホテルなどを就業場所とする形態です。③サテライトオフィス勤務は，所属するオフィス以外に設置された施設を就業場所とする形態です。また，普段のオフィスとは異なる場所で余暇を楽しみつ

Column 10.4 ● 勤務間インターバル制度

　労働からの解放の観点から近年注目されているのが，勤務間インターバル制度です。勤務間インターバル制度とは，終業時刻から次の始業時刻の間に一定時間以上の休息時間（インターバル時間）を設定することで，従業員の生活時間や睡眠時間を確保しようとするものです。

　フレックスタイム制や裁量労働制も始業時刻や終業時刻を調整できますが，こうした柔軟な労働時間制度も，繁忙期の長時間労働などに対して十分な休息時間を確保できない状況にあります。勤務間インターバル制度を併用することにより，十分な休息時間を確保し，従業員の健康保持やWLBの実現の一層の促進に寄与すると考えられます。

　EUでは，24時間ごとに最低でも連続11時間の休息時間を設けることが義務付けられています。日本では，制度の導入が努力義務とされ，休息時間は9〜11時間を基準に，従業員の通勤時間や勤務形態，勤務実態などを十分に考慮した設定が求められています。また，休息時間が翌日の所定労働時間と重複する場合は，重複する時間を働いたものとみなすか，翌日の勤務開始時刻を繰り下げる対応が必要になります。

　今後の労働時間管理は，労働時間決定の裁量を従業員に与え労働時間の柔軟性を高めながら，休息時間の確保や休暇の付与・取得により従業員の健康保持を確実に図るという，両方のアプローチがより重要になると思われます。

例1 インターバル時間と翌日の所定労働時間が重複する部分を働いたものとみなす場合

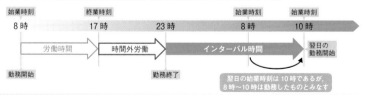

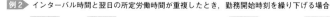

例2 インターバル時間と翌日の所定労働時間が重複したとき，勤務開始時刻を繰り下げる場合

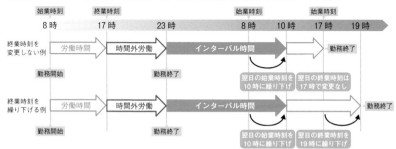

（出所）厚生労働省「働き方・休み方改善ポータルサイト」（https://work-holiday.mhlw.go.jp/）（2022年8月15日アクセス）

つ仕事を行う形態をワーケーションと呼びますが，ICT を利用して仕事を行う場合は，モバイル勤務やサテライトオフィス勤務の一形態として位置付けられます。

　これらは，通勤時間や移動時間の削減によって，労働者の心身の負担軽減や WLB の実現，生産性向上などに効果があります。また，自然災害発生時や感染症拡大時の事業継続性の確保にも有効です。導入に際しては，労使で十分に話し合い，業務や労働時間管理の見直しや，円滑なコミュニケーションや評価手法の工夫，自律的な働き方の教育や管理者の意識改革が重要です。また，一企業のみで推進するのではなく，関連企業や業界でともに ICT ツールの利用や施設の設置を検討することや，顧客や取引先，地域の協力を得ながら取り組むことも必要です。

　今後は，従来のオフィス勤務とテレワークを組み合わせたハイブリッドワークが一般的になると予想されます。企業には，前述した多様な労働時間制度や休暇制度に加えて多様な勤務場所を積極的に整備し，従業員の働き方の選択肢を増やす取り組みが必要になります。また，このように労働時間管理の柔軟性が高まるなか，従業員にも自身の能力を最大限発揮し生産性を向上させるために，労働時間や勤務場所，業務の遂行方法，モチベーション，健康などを自己管理できるようになることが求められています。

BOX10.3　ミクシィやセガサミー，社員の居住地自由に

　社員の居住地を自由に認める企業が相次いでいる。ミクシィは4月から社員が正午までに出社できる範囲なら全国どこでも住むことを認める。（中略）ミクシィは現在，電車かバスで通勤できる範囲内での居住を社員に求めている。4月にはこうした制約をなくし，5月からは定期券代の支給をなくして通勤にかかる交通費を月15万円までとする。飛行機や新幹線，フェリーなどでの出社も認める。契約社員やアルバイトを含めて全従業員約1200人が対象となる。

　ミクシィはコロナ下で2020年春から日々の始業や終業時間を柔軟に設定する「フレックスタイム制」で必ず勤務する時間（コアタイム）を正午から午後3時までに設定した。週3まで在宅勤務を可能とする試験運用も開始した。会社の業績は落ちておらず，社員に定期的にアンケートして在宅勤務が増えても生産性に大きな影響がないことが分かったことから，より自由な働き方を認めることにした。

　競合他社でも先行して従業員の居住地を全国に拡大する動きもあり，ミクシィは「後れをとってはいけない」（労務部担当者）と危機感を募らせる。場所を選ばない自由な働き方は，優秀な技術者・エンジニアが就労先を選ぶ際の判断材料にもなるとしている。木村弘毅社長は「多様なバックグラウンドを持った人材が集まり，イノベーションの創出につながる」と期待する。

　セガサミーHDも4月から育児や介護などに携わる社員を対象に，働く時間と場所を選択できる制度を始める。これまで居住地や通勤手当の上限などの決まりはなかったが，新幹線や飛行機での通勤費は支給していなかったため，在来線で通える範囲内での居住が基本になっていた。4月以降は上限を設けずに新幹線や飛行機での通勤も実費精算とし，北海道や沖縄県に住むことも可能になる。（後略）

（出所）　日本経済新聞2022年3月9日より抜粋

BOX10.4　スリーエムジャパン，在宅勤務や出社を選択制に

　米スリーエム（3M）の日本法人，スリーエムジャパン（東京・品川）は，社員が在宅勤務や出社などの働き方を選択できる制度を5月1日から導入する。工場で勤務する生産職を除く全社員が対象。新型コロナウイルス後も柔軟な働き方が定着すると考え，恒久的な制度として社員が勤務方法を選べるようにする。

　社員は「出社」「在宅勤務」，出社と在宅勤務を組み合わせた「ハイブリッド」の3種類から選択する。「出社」は出社率の目安が80％以上，「ハイブリッド」は20〜80％程度とする。在宅勤務は20％以下で，国内であれば遠隔地での居住も認める。上司との話し合いで選び，業務やライフスタイルに応じて変更できる。同社ではこれまでも最大週2日の在宅勤務を認めていたが，販売職や生産職などは対象外だった。今回は販売職や研究開発職も対象とする。（後略）

（出所）　日本経済新聞2022年4月22日より抜粋

第11章

非正社員と
人材ポートフォリオ

◆ 本章のねらい

本章では，以下の点について学んでいきます。

・企業が非正社員を活用する理由，個人が非正社員を選択する
理由は何か。

・企業が様々な人材を活用する理論的な枠組みにはどのような
ものがあるのか。

・非正社員と正社員との仕事の重なり度合いと賃金の関係はど
のようになっているのか。

・ギグワーカーとはどのような働き方なのか。

◆ キーワード

非正社員，人材ポートフォリオ，基幹労働力化，均等・均衡
待遇，エッセンシャルワーカー，ギグワーカー

11.1 非正社員の増加

様々な非正社員

　本章では，企業が活用する様々な人材に着目し，企業がなぜそうした人材を活用するのかについて代表的な考え方を取り上げて学びます。企業は様々なタイプの従業員を雇用しています。企業のなかには明確な答えがない戦略や企画立案をするような非定型的業務もあれば，工場での生産業務のように作業範囲が決まっていて，仕事の出来栄えが明確な定型的な業務，飲食店や店舗の接客業のように対人スキルが求められる仕事など様々です。

　一方，働く人に目を向けると，子育てや介護あるいは本人が障がいを持つために働く時間が制約されている人もいますし，学生のように勉強の合間に働きたいというように多様なニーズを持っています。企業は，それぞれの仕事に求められるスキル（技能）や能力と個人のニーズを合致させて人材を配置し，コスト面でも効率面でも組織成果を高めるために様々なタイプの従業員を活用しています。

　従業員のタイプについて，なかでも皆さんがよく耳にするのは正社員や非正社員といった(1)労働契約期間による違いによる分け方でしょう。川口大司（2018）は，他にも(2)労働時間の長短，(3)直接雇用・間接雇用による違い，(4)身分・呼称の違いも含めて4次元を挙げています。身分・呼称の違いとは，総合職，一般職，エリア総合職といったそれぞれの企業で呼ばれている従業員のタイプのことを指します。本章では，基本的な労働契約期間の違いからまずは説明をしますが，近年では「無期転換ルール」の適用により従来の労働契約期間による違いによる区分が曖昧になってきています。

　本章で扱う非正社員とは，図表11-1-1をみると，契約期間の定めのない労働契約（無期雇用）を結んだいわゆる正社員に対して，契約期間に定めがある労働契約（有期雇用）を結んだ従業員（非正社員）を指します。さらに非正社員は，正社員同様にフルタイムで勤務する契約社員と，ある一定の時間や時間帯で働くパートタイマー（パート）とアルバイトがあります。パートとアルバイトは，業務内容が比較的単純なものが多く，パートは，主婦・主夫

■図表11-1-1　雇用形態の類型化

正社員			無期雇用	同じ会社で働く労働者
非正社員	契約社員	フルタイム勤務	直接雇用	
	パート・アルバイト	パートタイム勤務	有期雇用	
	派遣労働者	同社の指揮命令下	間接雇用	
	請負労働者	他社の指揮命令下		

（出所）　西岡由美（2022）「社員区分制度と格付け制度」西村孝史・島貫智行・西岡由美編著『1からの人的資源管理』碩学舎，図4-2（p.51）

■図表11-1-2　派遣労働者と請負労働者の違い

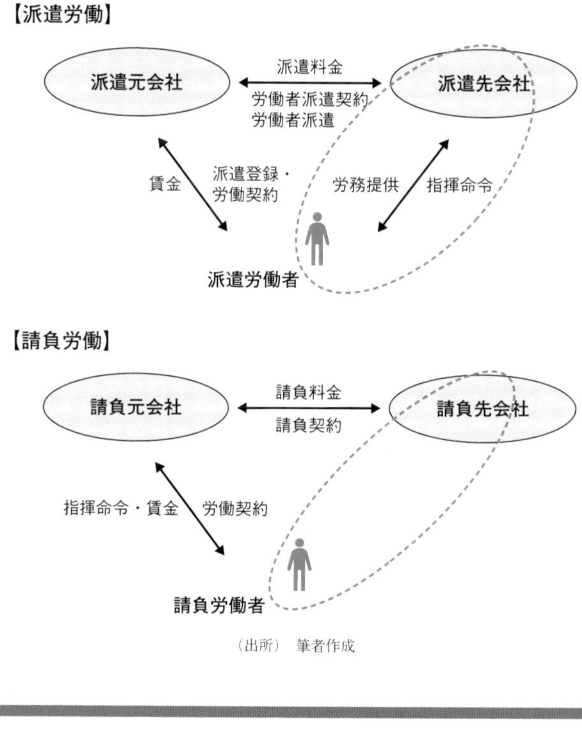

【派遣労働】

派遣元会社　　派遣料金／労働者派遣契約／労働者派遣　　派遣先会社

賃金　派遣登録・労働契約　　労務提供　指揮命令

派遣労働者

【請負労働】

請負元会社　　請負料金／請負契約　　請負先会社

指揮命令・賃金　労働契約

請負労働者

（出所）　筆者作成

が都合のよい時間を用いて，ある程度継続的に働くのに対して，アルバイト
は，学生としての本業の傍ら一時的に働くことが多いという違いがあります。
また，法律や政府の統計上，パート，アルバイトの両者を短時間労働者とい
うこともあります。正社員も含めた契約社員，パート，アルバイトは勤務し
ている企業と直接労働契約を結んでいるため直接雇用となります。

　それに対して，派遣労働者と請負労働者は，職場のある企業と直接の雇用
関係はなく，他社と雇用関係を結んでいる形態であることから間接雇用と呼
ばれます。両者は企業からみると自社以外の外部の労働者を活用することか
ら外部人材とも呼ばれます。派遣労働者と請負労働者の違いは，派遣労働者
が職場のある企業の従業員の指揮命令下で働くのに対して，請負労働者は，
たとえ勤務先の職場が雇用関係を結んだ企業（請負元企業）とは異なってい
ても，指揮命令は，労働契約を結んだ企業の従業員から指揮命令を受けて働
くという違いがあります。そのため請負先の従業員が同じ職場にいる請負労
働者に指示を出すことは禁止されています（図表 11-1-2）。

　また，派遣労働には登録型派遣と常用型派遣に分けることができます。登
録型派遣は，人材派遣企業（派遣元）に登録を行い，派遣先会社に派遣され
て働いている期間中にのみ労働契約が発生する派遣業態です。それに対して
常用型派遣は，人材派遣会社に雇用されている従業員を派遣先に派遣する働
き方で，仮に派遣先で働いていない期間であっても，人材派遣会社の従業員
であることから給与や社会保険等が保証されます。

非正社員の実態

　非正社員として働く人はどれくらいいるのでしょうか。ここでは 2 つの図
から推移をみてみましょう。図表 11-1-3 は，雇用者に占める非正社員の割
合を示したものです。各年の棒グラフが正社員と非正社員の人数を示し，折
れ線グラフが非正社員の割合を示します。図表 11-1-3 から読み取れること
として，第 1 に，非正社員の割合が右肩上がりに上昇し，2021 年では 4 割
弱を推移していること，第 2 に，雇用者の人数自体は，1984 年の 4000 万人
前後から過去約 30 年で 5000 万人を超えている点，第 3 に，バブル経済が崩
壊した以降の 1990 年代半ばからの約 10 年間で非正社員の割合が一挙に

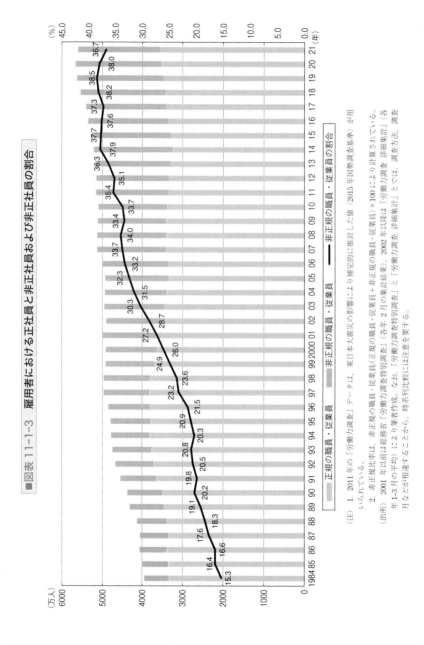

■図表 11-1-3 雇用者における正社員と非正社員および非正社員の割合

（注）1. 2011年の「労働力調査」データは、東日本大震災の影響により補完的に推計した値（2015年国勢調査基準）が用いられている。
2. 非正規比率は、非正規の職員・従業員（正規の職員・従業員＋非正規の職員・従業員）×100により計算されている。
（出所）2001年以前は総務省「労働力調査」（各年2月の集計結果）、2002年以降は「労働力調査 詳細集計」（各年1-3月の平均）により筆者作成。なお、「労働力調査特別調査」と「労働力調査 詳細集計」とでは、調査方法、調査月などが相違することから、時系列比較に注意を要する。

凡例：正規の職員・従業員　■ 非正規の職員・従業員　■ 非正規の割合

10％増加した，という3点を挙げることができます。

　次に，非正社員のタイプ別にみた推移をみてみましょう。図表11-1-4は，調査票が変更になっていたり，集計カテゴリが途中で変更になっているため，経時的な変化の解釈には注意が必要ですが，パートとアルバイトが増加傾向にある様子がうかがえます。また，派遣労働者は集計を開始した直後の2000年代にその数を急増させて，以降はほぼ横ばいで推移しています。同様に嘱託社員や契約社員もほぼ横ばいで推移しています。嘱託社員とは，企業によって位置付けが異なりますが，一般的には定年退職後に一定期間再雇用することを目的に雇用される労働者を指すことが多いといわれています。

企業が非正社員を活用する理由・個人が非正社員を選ぶ理由

　具体的に企業が非正社員を積極的に活用する理由としてどのようなものが考えられるでしょうか。厚生労働省「令和元年 就業形態の多様化に関する総合実態調査」の企業側の回答によれば，「正社員を確保できないため」（38.1％）「1日，週の中の仕事の繁閑に対応するため」（31.7％）「賃金の節約のため」（31.1％）などが上位に挙げられています（図表11-1-5）。

　非正社員が現在の働き方を選んだ理由もみてみましょう。ただ，一口に非正社員といっても図表11-1-1で説明したように様々な雇用形態があり，雇用形態によって現在の雇用形態を選択した理由が異なります。図表11-1-6は，非正社員のタイプ別でも数の多かったパート，契約社員，派遣労働者の理由についてみたものです。パートは「自分の都合のよい時間に働けるから」（45.4％），契約社員は「専門的な資格・技能を活かせるから」（49.9％），派遣労働者は，「正社員として働ける会社がなかったから」（31.1％）が最も多くなっています。派遣労働者の割合が多いものの，正社員になりたくても正社員になれなかった不本意非正社員が他の雇用形態でも一定数存在しており，図にはありませんが，全体サンプルでみると約1割にあたる12.8％存在しています。

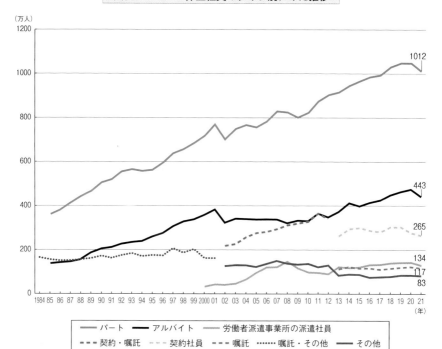

■図表11-1-4　非正社員のタイプ別にみた推移

（万人）

凡例:
- パート
- アルバイト
- 労働者派遣事業所の派遣社員
- 契約・嘱託
- 契約社員
- 嘱託
- 嘱託・その他
- その他

（注）　1. 2011年の「労働力調査」データは，東日本大震災の影響により補完的に推計した値（2015年国勢調査基準）が用いられている。
　　　　2. 非正規比率は，非正規の職員・従業員/(正規の職員・従業員＋非正規の職員・従業員)×100により計算されている。
　　　　3. 調査票の変更に伴って「契約社員」「嘱託」「その他」は集計のカテゴリが異なるため，折れ線が途切れている。具体的には，「嘱託・その他」として集計されていたカテゴリが2001年に「契約社員・嘱託」「その他」に変更されている。また，2013年から従来「契約社員・嘱託」とまとめて集計されていたカテゴリが「契約社員」と「嘱託」に分割されている。派遣社員は2000年から集計がなされている。

（出所）　2001年以前は「労働力調査特別調査」（各年2月の集計結果），2002年以降は総務省「労働力調査 詳細集計」（各年1-3月の平均により筆者作成。なお，「労働力調査特別調査」と「労働力調査 詳細集計」とでは，調査方法，調査日などが相違することから，時系列比較には注意を要する。

11.2 人材ポートフォリオ

　企業はなぜ，どのように複数の雇用形態の労働者を活用するのでしょうか。ここでは，代表的な考え方として(1)ジョン・アトキンソン（John Atkinson）が1985年に主張した中核−周辺モデル（core-peripheral model）による柔軟な企業モデル，(2)日本経営者団体連盟（現，日本経済団体連合会：経団連）が1995年に提唱した雇用ポートフォリオ論，(3)ディビット・リパックとスコット・スネル（David P Lepak and Scott A Snell）が1999年に提唱した人材アーキテクチャ（人的資源アーキテクチャ：Human Resource Architecture）を取り上げます。

柔軟な企業モデル

　柔軟な企業モデルでは，企業を取り巻く様々な経営環境の変化に対応するために3つの柔軟性を備えることが重要であると主張します。3つの柔軟性とは，企業が労働需要の変動に対応できるように従業員数を柔軟に調整する「数量的柔軟性」，多技能・多能工化によって従業員を新しい職務や業務内容に対応する「機能的柔軟性」，企業の支払い能力に応じて人件費を変動費化させる「金銭的柔軟性」を指します。数量的柔軟性は，例えば，パートやアルバイトといった直接雇用の従業員だけでなく，派遣労働者や請負労働者などの間接雇用の従業員も雇用することで，雇用量を量的に調整することを指します。それに対して，機能的柔軟性は，質的な側面で対応することを指し，従業員にジョブ・ローテーションや能力開発を実施することで様々なスキルや知識を身につけてもらい，業務の繁忙に対応することを意味します。金銭的柔軟性は，企業の業績に応じて賃金が変動したり，本人の業績に応じて処遇にメリハリをつけることで得られる機能です。

　柔軟な企業モデルが「中核−周辺モデル」とも呼ばれる理由は，社内で働く労働者を①正社員を中核としたグループ，②主として直接雇用の非正社員により構成される周辺グループ，③派遣労働者や請負労働者などの外部人材による外部労働力グループの3つに分けている点です。図表11−2−1のように3つのグループは，①の中核グループが円の中心に位置し，中核グループの

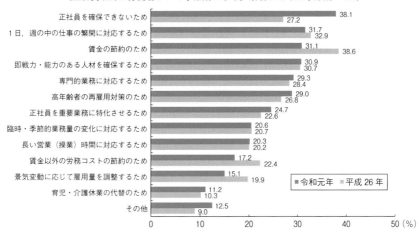

■図表 11-1-5　企業が非正社員を活用する理由

（正社員以外の労働者がいる事業所のうち，解答があった事業所＝100）

	令和元年	平成26年
正社員を確保できないため	38.1	27.2
1日，週の中の仕事の繁閑に対応するため	31.7	32.9
賃金の節約のため	31.1	38.6
即戦力・能力のある人材を確保するため	30.9	30.7
専門的業務に対応するため	29.3	28.4
高年齢者の再雇用対策のため	29.0	26.8
正社員を重要業務に特化させるため	24.7	22.6
臨時・季節的業務量の変化に対応するため	20.6	20.7
長い営業（操業）時間に対応するため	20.3	20.2
賃金以外の労務コストの節約のため	17.2	22.4
景気変動に応じて雇用量を調整するため	15.1	19.9
育児・介護休業の代替のため	11.2	10.3
その他	12.5	9.0

（出所）　厚生労働省（2021）「令和元年 就業形態の多様化に関する総合実態調査」

■図表 11-1-6　非正社員が現在の働き方を選択した理由

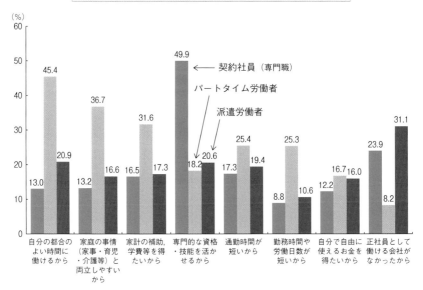

（注）　現在の就業形態を選んだ理由については，「正社員以外の労働者（出向社員を除く）計」の上位8つまでを掲載している。
（出所）　厚生労働省（2021）「令和元年 就業形態の多様化に関する総合実態調査」

外周に②の非正社員が配置され，外縁部に③の外部労働力が配置されます。このうち中核グループには，様々なスキルや知識を身につける機能的柔軟性が重要とされ，②と③のグループは日々変化する環境に対応するために数量的柔軟性が求められます。そのため，一般的に不景気になり企業が人員削減をせざるを得なくなると③のグループから削減され，次いで②のグループ，最後に①の中核グループと人員調整がなされます。さらに日本の法律では，労働契約法16条により正社員の解雇を極力回避することを企業に求めており，正社員の解雇が難しいという理由もあります。

雇用ポートフォリオ

2つ目の日経連の雇用ポートフォリオ論は，横軸に企業が当該グループの従業員の定着を前提とするのか移動を前提とするのかという程度を示し，y軸に雇用される従業員が同一企業で長期的に勤続するのか短期勤続を望むのか否かを示し，両方の軸を組み合わせて大きく3つの雇用タイプを提示しています。1つは，企業も従業員も定着（長期勤続）を前提とした「長期蓄積能力活用型」で，主として期間の定めのない労働契約を結んだ正社員（管理職，総合職等）が想定されています。2つ目は，反対に企業も従業員が移動することを前提に従業員側も短期勤続を前提とする「雇用柔軟型」で，有期労働契約を結んだ一般職や販売職，非正社員などが想定されています。3つ目は，「長期蓄積能力活用型」と「雇用柔軟型」の中間に位置付けられる「高度専門能力活用型」です。この型には，企画職，研究開発職など専門性の高い職種が想定されており，彼ら・彼女らに有期労働契約を結ぶことが想定されています。この報告書では，各企業が3つの雇用タイプを効果的に組み合わせて自社独自の雇用ポートフォリオを構築することが重要であると主張しています。なお，図表11-2-2では，それぞれのタイプの大きさ（人数）は同じように描かれていますが，企業の業種やビジネスモデルなどによって異なることに注意が必要です。例えば，モノづくりをする製造業では，長期蓄積能力活用型の従業員が多いかもしれませんし，IT企業のように高い専門性が求められる場合は有期労働契約を結んでプロジェクト単位で参加する高度専門能力型の従業員が多いかもしれません。外食産業や小売業は，非正社員の割

■図表 11-2-1　Atkinson の柔軟な企業モデル

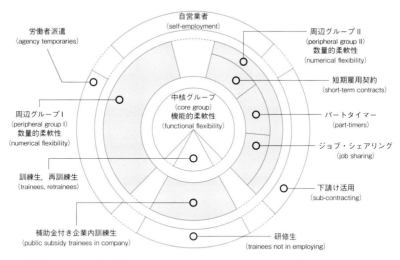

自営業者
(self-employment)

労働者派遣
(agency temporaries)

周辺グループ II
(peripheral group II)
数量的柔軟性
(numerical flexibility)

短期雇用契約
(short-term contracts)

中核グループ
(core group)
機能的柔軟性
(functional flexibility)

パートタイマー
(part-timers)

周辺グループ I
(peripheral group I)
数量的柔軟性
(numerical flexibility)

ジョブ・シェアリング
(job sharing)

訓練生，再訓練生
(trainees, retrainees)

下請け活用
(sub-contracting)

補助金付き企業内訓練生
(public subsidy trainees in company)

研修生
(trainees not in employing)

（出所）　Atkinson, J.（1985）. "Flexibility, Uncertainty, and Manpower Management," *IMS Report*, 89, p.16

■図表 11-2-2　日経連の雇用ポートフォリオ論

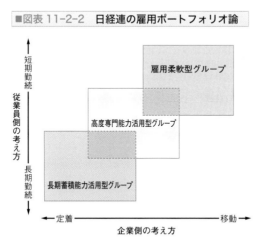

短期勤続

従業員側の考え方

長期勤続

雇用柔軟型グループ

高度専門能力活用型グループ

長期蓄積能力活用型グループ

← 定着　　　　　　　　　　　　　　　　移動 →

企業側の考え方

（注）　1．雇用形態の典型的な分類
　　　　2．各グループ間の移動は可
（出所）　新・日本的経営システム等研究プロジェクト編（1995）『新時代の「日本的経営」：挑戦すべき方向とその具体策』
　　　　日本経営者団体連盟，図表 7（p.32）

合が多いため「雇用柔軟型」の従業員が他の2つの型に比べて多いことが予想されます。

人材アーキテクチャ

　3つ目は，リパックとスネルが提唱した人材アーキテクチャです。横軸は，コアビジネスにおける人材の価値の高低を示し，縦軸が外部労働市場から人材を獲得できる容易さを示す人材の希少性の高低を示します。その結果大きく4つの人材タイプが存在することになります（図表11-2-3）。

　第1象限は，コアビジネスにおける人材の価値も，人材の希少性も高い人材群です。彼ら・彼女らは企業にとって欠かせない人材であるため，内部で育成することを基本として組織への忠誠心（組織コミットメント）を高める施策が望ましいとされます。第2象限は，人材の価値は高いものの，人材の希少性は低く，労働市場から調達することが容易なタイプの人材です。例えば，小売業や飲食店における販売員などを思い浮かべるとわかりやすいかもしれません。彼ら・彼女に企業内部の仕事を覚えてもらい，より成果を出してもらうためには，彼ら・彼女にとってこの会社にいたいと思ってもらえるような施策が必要になります。第3象限は，2つの軸において双方が低いと位置付けられるタイプの人材です。このタイプの人材は，労働市場からの調達が容易であるため，企業内部の人材として取り込む必要はなく，各国で定められている最低賃金や労働時間を遵守しつつ（コンプライアンス），契約ベースで企業が提示する労働条件で活用することが提唱されています。第4象限は，コアビジネスにとっても価値は高くないものの，人材の希少性が高いタイプの人材です。弁護士や会計士などのように企業が常時雇用するよりも，協力関係を結んで必要な時に専門知識を提供してもらう方が，企業の負担が少なくて済みます。

　ただし，人材アーキテクチャについては，中村圭介（2015）のように，第1に，人事部が2つの軸を事前に測定することが難しいこと，第2に，人材タイプ別の需要量の把握が難しいことなどに加え，日本企業が自社内の人材の組み合わせを考えるプロセスが欧米とは異なるという批判もあります。

　ここでは人材を類型化する代表的な3つ見方を簡単に説明しました。人材

■図表 11-2-3　人材アーキテクチャ

<table>
<tr><td rowspan="2" align="center">高い

人材の希少性

低い</td><td>

第4象限（Alliance/Partners）
- 人材確保の方法：提携
- 雇用における関係性：協力関係
- 必要な人事施策：他社・他者との提携

</td><td>

第1象限（Core Employees）
- 人材確保の方法：内部育成
- 雇用における関係性：組織への一体化
- 必要な人事施策：
　　組織へのコミットメントを高める工夫

</td></tr>
<tr><td>

第3象限（Contract Workers）
- 人材確保の方法：契約
- 雇用における関係性：取引
- 必要な人事施策：コンプライアンス

</td><td>

第2象限（Job-based Employees）
- 人材確保の方法：社外からの獲得
- 雇用における関係性：共生関係
- 必要な人事施策：外部市場からの調達

</td></tr>
<tr><td></td><td align="left">低い</td><td align="center">コアビジネスにとっての人材の価値</td><td align="right">高い</td></tr>
</table>

（出所）　Lepak, D. P. and Snell, S. A.（1999）．"The human resource architecture: Toward a theory of human capital allocation and development," *Academy of Management Review*, 24（1）, Figure 2（p.37）をもとに筆者作成

■図表 11-2-4　人材の組み合わせに関する考え方の変遷

2元論	3B	6B
Make（内部育成） Buy（外部調達）	Build（内部育成） Buy（外部調達） Borrow（契約・提携）	Build（内部育成） Buy（外部調達） Borrow（契約・提携） Bind（リテンション） Bounce（再配置） Balance 　（上記5つのバランス）

（出所）　筆者作成

の類型化は，内部育成（Make）か外部調達（Buy）の2元論で論じられることが多かったのですが，デイブ・ウルリッチ（Dave Ulrich）(1998)は，人材の3Bや6Bといった議論が必要であると述べています。3Bとは，外部調達（Buy），内部育成（Build），契約・提携（Borrow）を指し，6Bは，3Bに加えて優秀人材の引き留め（Bind），低業績者や力を発揮できていない者の社外転出も含めた再配置（Bounce），5つのBを上手く使いこなすバランス（Balance）を指します。いずれの3つのモデルも写真のように静態的なモデルに見えますが，実際に働いている人々は能力を身につけたり，人事異動や転職をすることでカテゴリ間を動く存在であるため，モデル内の人員構成や定義は日々変化します。特に人手不足から様々な人材を活用する必要のある現代では，6Bが組み合わせることが企業に求められています（図表11-2-4）。

11.3 基幹労働力化と均等・均衡待遇

正社員と非正社員の仕事の境界線と均等・均衡待遇

小売業やサービス業のようにパートやアルバイトなどの非正社員をメインに活用しないと成立しない企業では，非正社員も企業にとって付加価値を生み出す大切な人材です。全従業員のなかで非正社員の割合が増えることを量的拡大というのに対して，企業の付加価値を生み出す業務にかかわる非正社員の割合が増えていくことを基幹労働力化といいます。例えば，パートタイマーが，従来正社員が担っていた店長職を担当することや，アルバイトが，閉店時のお金の管理を任されるなど，担当する仕事についてより高度化した仕事を担う職域拡大がなされるケースが挙げられます。図表11-3-1は，縦軸に企業での役職を並べ，従業員のタイプに応じた担当業務の幅をみたものです。従業員のタイプによっては仕事レベルが重なっていることがわかります。無限定正社員は，学校を卒業して新規学卒者として入社し，仕事を覚えていくことから仕事レベルの幅が他のタイプよりも広くなっています。

非正社員の基幹労働力化が進むことは，正社員と非正社員との境界が曖昧になることを意味します。しかし，図表11-3-2をみると，正社員と非正社

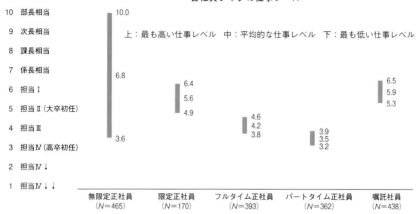

■図表 11-3-1　正社員と非正社員との仕事の重なり

各社員タイプの仕事レベル

上：最も高い仕事レベル　中：平均的な仕事レベル　下：最も低い仕事レベル

	無限定正社員 (*N*=465)	限定正社員 (*N*=170)	フルタイム正社員 (*N*=393)	パートタイム正社員 (*N*=362)	嘱託社員 (*N*=438)
上	10.0	6.4	4.6	3.9	6.5
中	6.8	5.6	4.2	3.5	5.9
下	3.6	4.9	3.8	3.2	5.3

縦軸：10 部長相当／9 次長相当／8 課長相当／7 係長相当／6 担当Ⅰ／5 担当Ⅱ（大卒初任）／4 担当Ⅲ／3 担当Ⅳ（高卒初任）／2 担当Ⅳ↓／1 担当Ⅳ↓↓

(注)　図内では「担当Ⅳと比較してやや低い」＝「担当Ⅳ↓」、「担当Ⅳと比較して低い」＝「担当Ⅳ↓↓」と表記。
(出所)　西岡由美（2021）「日本企業の人材ポートフォリオ：仕事配分と賃金管理による検討」『日本労働研究雑誌』737,
図 2（p.55）

■図表 11-3-2　正社員と非正社員の賃金格差

正規雇用労働者・非正規雇用労働者の賃金の推移
（雇用形態別・時給（実質）ベース）

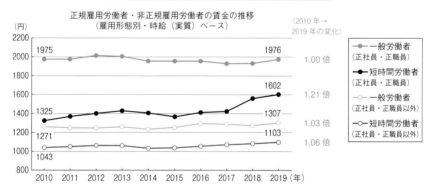

（2010 年→
2019 年の変化）

- 一般労働者（正社員・正職員）　1.00 倍
- 短時間労働者（正社員・正職員）　1.21 倍
- 一般労働者（正社員・正職員以外）　1.03 倍
- 短時間労働者（正社員・正職員以外）　1.06 倍

一般労働者（正社員・正職員）：1975 → 1976
短時間労働者（正社員・正職員）：1325 → 1602
一般労働者（正社員・正職員以外）：1271 → 1307
短時間労働者（正社員・正職員以外）：1043 → 1103

(資料)　厚生労働省政策統括官付参事官付賃金福祉統計室 「賃金構造基本統計調査」より厚生労働省政策統括官付政策立
　　　案・評価担当参事官室において作成。
(注)　賃金は各調査年の 6 月分の所定内給与額（一般労働者については，民営事業所の労働者の所定内給与額を所定内労働
　　　時間数で除した値）を 2015 年基準の消費者物価指数（持ち家の帰属家賃を除く総合）で補正した。「一般労働者」は，
　　　常用労働者のうち，「短時間労働者」以外の者である。「短時間労働者」は，同一の事業所の一般の労働者より 1 日の所
　　　定労働時間が短い又は 1 日の所定労働時間が同じでも 1 週の所定労働日数が少ない労働者である。「正社員・正職員」
　　　は，事業所で正社員・正職員とする者であり，「正社員・正職員以外」は事業所で正社員・正職員以外の者である。
(出所)　厚生労働省（2020）「令和 2 年版 厚生労働白書」図表 1-3-24
　　　（https://www.mhlw.go.jp/stf/wp/hakusyo/kousei/19/backdata/01-01-03-24.html）（2022 年 1 月 4 日アクセス）

員とで賃金に差が生じています。この現状を踏まえ，正社員と正社員に近い非正社員との間の均等・均衡待遇の議論や非正社員の活用の在り方が問い直されています。

　均等・均衡待遇は，正確には均等待遇と均衡待遇を合わせた用語です。厚生労働省によると，均等待遇とは，①職務内容（業務の内容＋責任の程度）と②職務内容・配置の変更の範囲といった人材活用の仕組みが同じ場合，非正社員の待遇を正社員と同じ取り扱いにするものです。ただし，職務内容や人材活用の仕組みが異なる場合でも，手当や福利厚生は同一の支給を行わなければなりません。例えば，同じ職場で働いているのに社員食堂で正社員は社員割引価格で食べられるのに，非正社員が社員割引を受けられないというのは差別に該当し禁止されます。一方，均衡待遇は，正社員と非正社員の働き方に違いがある場合，均等待遇の①と②に加えて③その他の事情の違いに応じた範囲内で待遇を決め，不合理な待遇差を禁止するものです。また，③の「その他の事情」として職務の成果・能力・経験，合理的な労使慣行，労使交渉の経緯などが挙げられており，企業は雇用形態間の賃金の仕組みを法律に合わせて変更しました。

　均等・均衡待遇は，政府の働き方改革のなかでも特に同一労働同一賃金という考え方と深く関係します。日本で同一労働同一賃金とは，「会社に同じ価値をもたらす労働（価値労働）であれば，支払う賃金は同じであるべき」という賃金の決め方に関するルールです。厚生労働省の定義では，日本の同一労働同一賃金は，「同一企業・団体におけるいわゆる正規雇用労働者（無期雇用フルタイム労働者）と非正規雇用労働者（有期雇用労働者，パートタイム労働者，派遣労働者）との間の不合理な待遇差の解消を目指すもの」とされています。

　あえて「日本で」と傍点がついているのは，諸外国の同一労働同一賃金と異なるからです。諸外国では，正社員と非正社員といった雇用形態による賃金の違いではなく，同じ仕事をしている人の人種・性別・年齢といった個人属性の違いによる賃金格差が発生しないということを意味します。

Column 11.1 ● メトロコマース事件

(1) 概　要

　メトロコマース事件は，株式会社メトロコマース（以下，メトロコマース）で売店業務に従事していた契約社員 4 名が，正社員との労働条件の相違（退職金，賞与など）について旧労働契約法第 20 条（現：パートタイム・有期雇用労働法第 8 条）における不合理な格差にあたるとして損害賠償等の請求を求めた裁判です。この裁判は正社員との退職金の待遇格差について，初めて最高裁で判決が示された事件で，最高裁の判決では，退職金の支払いがないことは不合理とまではいえないとして判決が確定しました。

(2) 最高裁判所の判断（退職金）

　メトロコマースの退職金の目的・性質について，最高裁は，退職金とは本給に勤続年数に応じた支給月数を乗じた金額を支給するものとされるものであり，その支給対象である正社員は，本社や事業所等に配置され，場合によっては業務都合により配置転換等を命ぜられることもあるものとしています。そのため，メトロコマースの退職金は，職務遂行能力や責任の程度等を踏まえた労務の対価の後払いや継続的な勤務等に対する功労報償等の複合的な性質を有するものであるとしています。

(3) 待遇差を判断する 3 要素

　待遇差を判断するにあたっては，旧労働契約法第 20 条に基づいて①職務の内容，②当該職務の内容および配置の変更の範囲，③その他の事情，を考慮して判断されます。①「職務の内容」について，比較対象とされた売店業務に従事する正社員は，不在販売員の代替業務やエリアマネージャー業務に従事することがあったのに対し，訴訟を起こした契約社員の雇用区分（メトロコマースでは 2 つのタイプの契約社員がある）は，売店業務に専従しており，両者の職務内容に違いがありました。②「変更の範囲」について，売店業務に従事する正社員は，配置転換等を命じられる可能性があったのに対し，訴訟を起こした契約社員の雇用区分は，配置転換等を命ぜられることはなかったこと，③「その他の事情」について，売店業務に従事する正社員は少数で，他の正社員と職務内容等が異なること，また，訴訟を起こした契約社員の雇用区分から他の雇用区分への登用制度を設け，相当数が区分変更されていました。

（出所）菅野百合・阿部次郎・宮塚 久編著，西村あさひ法律事務所 労働法グループ著
（2021）『働き方改革とこれからの時代の労働法（第 2 版）』商事法務。一部加筆

無期転換ルール

　日経連の雇用ポートフォリオでも，人材アーキテクチャでも異なるグループ（型）への移動可能性が想定されています。これまで一部の優秀な非正社員や限定正社員が企業の転換制度によって別の従業員グループにカテゴリを変更していました。しかし，非正社員の全てが必ずしも転換制度によって自らの望む雇用形態に移動できるわけではありません。そこで有期社員が安心して働けるような雇用の安定化を目的として非正社員が本人の申し出によって正社員になることができる無期転換ルール（無期転換申込権）が改正労働契約法（2013 年 4 月 1 日施行）のなかに盛り込まれました。

　労働契約法第 18 条 1 項に盛り込まれた無期転換ルールとは，同一の使用者（企業）との間で，有期労働契約が通算 5 年を超えて反復・更新された場合，労働者本人が申し出ることによって期間の定めのない雇用関係（無期労働契約，無期雇用）に転換できるルールです。ここでいう有期契約労働者とは，パート，アルバイト，契約社員，派遣労働者などが対象となります。

　2013 年 4 月 1 日施行された改正労働契約法から 5 年が経過した 2018 年 4 月 1 日から有期社員の無期転換申込権が本格的に発生しており，2018 年問題ともいわれています。しかし，実際には有期労働契約のパートタイマーがそのまま無期労働契約に変わりながらも，その他の処遇に大きな変化がない無期パートタイマー（無期パート）となるケース，高度な専門的知識等を有する有期雇用労働者は通算期間が異なること，定年後も引き続き雇用される一部の有期雇用労働者について無期転換ルールが適用されないことなどの例外事項に加え，有期社員が無期転換ルールをよく理解していないなど課題も残されています。

11.4 新しい非正社員

エッセンシャルワーカー

　今日の企業は，非正社員への依存度を高めつつあります。他方で非正社員に頼ることの危うさや課題もあります。2019 年 12 月に中国の武漢で発見さ

BOX11.1 EU，ギグワーカー保護へ新法　従業員認定に基準

　欧州連合（EU）の欧州委員会は9日，ネットを介して単発の仕事を請け負う「ギグワーカー」の保護を柱とする法案を公表した。料理宅配やライドシェアといった仕事を手掛ける個人事業主の不安定な労働環境を問題視。従業員と個人事業主の線引きを明確にする。企業側の負担は増すことになる。宅配業務などのギグワーカーについては，個人事業主として扱われ，最低賃金や労働災害，年金などの企業による保護が適用されないケースが多い。

　欧州委によると，インターネット上で仕事を仲介する企業は域内に約500あり，約2800万人が労働に従事する。欧州委はこのうちの一定数が，実質的な雇用関係があるにもかかわらず，企業の保護が及ばない状態にあると指摘。約55％が加盟国の最低賃金未満の報酬で働いているという。

　欧州委は法案と関連文書で従業員とみなす基準を明示した。①企業側が報酬の水準や上限を決定する②電子機器などで労働状況を監督する③服装にルールを設ける —— などの基準を設定。少なくとも2つに合致していれば従業員に認定され，最大410万人が対象になる可能性があるという。

　米ウーバーテクノロジーズや料理宅配大手の英デリバルー，オランダのジャスト・イート・テイクアウェー・ドットコムといった，業務を仲介する企業側の負担は増える。欧州委の試算では，税や社会保険料の負担は年16億〜40億ユーロ（約2000億〜5200億円）になる。欧州委はEU加盟各国と欧州議会での法案の議論・審議を経て成立させる方針だ。記者会見したEUのシュミット欧州委員（雇用・社会権担当）は「働く人が安心して将来の計画を立てられるように，不安定さを減らすことが重要だ」と述べた。ギグワーカーの法的地位を巡っては世界各地で訴訟が相次いでおり，EUの基準が他国の法案や規制に影響を与える可能性もある。（中略）

　日本では基本的にギグワーカーを含むフリーランスは自営業者と見なされる。政府は21年3月，フリーランス保護のガイドラインを策定したが，最低賃金や雇用保険などは，依然としてフリーランスに適用されない。スキルがあり価格交渉力の高いエンジニアなどでは，個人事業主としての地位を望む声もあるが，料理宅配員などからは雇用者と同等の安全網整備を求める声が強い。働き方の多様化に対応した労働法や社会保障制度の再設計が求められている。

（出所）　日本経済新聞 2021年12月9日より抜粋

れたとされる新型コロナウイルス感染症（COVID-19）は，私たちの生活を大きく変えることになりました。非正社員からみると，感染防止のためにお店が閉まることは，アルバイトやパートタイマーにとって働きたくても働けない現状が発生することを意味し，彼ら・彼女らの生活を大きく圧迫しました。

　また，諸外国でも感染拡大防止のため濃厚接触者の出勤が制限されたことから，人手不足によりカフェやレストランでお店が開店できない状況やフロアの一部のみで営業するといったことが起きています。イギリスでは，Brexit（イギリスの欧州離脱）の影響もありEU諸外国からの入国が厳しくなったことに加え，コロナ禍における人々の出勤制限のために，一時的に人手不足と物資不足になりました。

　医療・福祉や保育，運輸・物流，小売業，公共機関といった社会基盤を支える仕事に従事する労働者は，エッセンシャルワーカーと呼ばれます。図表11-4-1をみてわかるとおり，諸外国だけでなく，日本でも宿泊・飲食サービス業，生活関連サービス業・娯楽業，卸売業，小売業，医療・福祉など社会基盤を支える業種で働く人々の多くが非正社員で構成されており，彼ら・彼女らなくして生活が成り立たないことがうかがえます。

ギグワーカーとクラウドソーシング

　本章の**11.2節**で紹介した人材ポートフォリオに組み込まれていない新しい就業形態として，**フリーランスやギグワーカー**（Gig Worker）があります。フリーランスは，元々傭兵として渡り歩く騎士を語源としているように古くから存在し，現在でも通訳やライターなど専門性を活かした仕事に従事する人々を指します。フリーランスは請負労働と似ていますが，特定の企業や組織に所属せずに個人が業務委託によって自らのスキルを提供する個人事業主です。ギグワーカーは，料理・食料雑貨宅配やライドシェアといったウーバー（Uber：アメリカ）や料理・食料雑貨宅配のデリバルー（Deliveroo：イギリス）に代表されるようにインターネット経由で単発や短期に請け負う労働者を指し，必ずしもどこかの組織に所属しているわけではりません。BOX11.1にあるように，ギグワーカーは一般的には個人事業主とされるため最低賃金，労働災害，雇用保険などは適用されません。他方で，ギグ

■図表 11-4-1　産業別にみた正社員・非正社員の割合（2020 年）

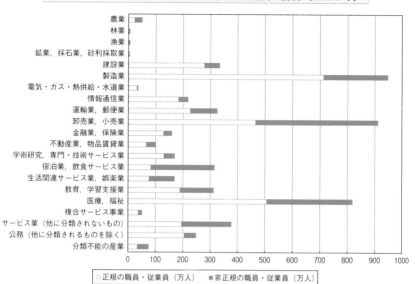

凡例: □ 正規の職員・従業員（万人）　■ 非正規の職員・従業員（万人）

縦軸項目:
農業
林業
漁業
鉱業，採石業，砂利採取業
建設業
製造業
電気・ガス・熱供給・水道業
情報通信業
運輸業，郵便業
卸売業，小売業
金融業，保険業
不動産業，物品賃貸業
学術研究，専門・技術サービス業
宿泊業，飲食サービス業
生活関連サービス業，娯楽業
教育，学習支援業
医療，福祉
複合サービス事業
サービス業（他に分類されないもの）
公務（他に分類されるものを除く）
分類不能の産業

（出所）　総務省「労働力調査 基本集計」をもとに筆者作成

■図表 11-4-2　クラウドソーシングのイメージ

（出所）　総務省（2014）「平成 26 年度 情報通信白書」図表 4-1-2-28

ワーカーのなかには実質的に企業に雇用され，企業の人材ポートフォリオに組み込まれている労働者も一定数いることから，実態に合うような法律の整理が求められています。

　また，インターネットを経由して仕事を請け負うという点では，クラウドソーシングがあります。クラウドソーシングは，インターネット上で企業が不特定多数の労働者に業務を発注（アウトソーシング）する業務形態です（図表11-4-2）。例えば，アマゾンが展開するクラウドソーシング空間としてAmazon Mechanical Turk があります。クラウドソーシングでは，特にプログラミングや web デザインの分野でみられるほか，近年では海外の心理学研究で被験者をこれまでの「大学生」とする研究からクラウドソーシングで広く一般の被験者を集めて研究を行うケースも増えています。

第12章

国際経営とダイバーシティ・マネジメント

◆ 本章のねらい

本章では，以下の点について学んでいきます。

・国際経営とは何か。

・国際人的資源管理とは何か。

・ダイバーシティ・マネジメントとは何か。

・これまで，日本企業では主にどのような人たちを対象にダイバーシティ・マネジメントを行ってきたか。

◆ キーワード

国際経営，多国籍企業，国際人的資源管理，ダイバーシティ・マネジメント

12.1 国際経営と多国籍企業

　皆さんは「世界的に活躍している日本企業」といわれると，どのような企業を思い浮かべますか？　様々な企業が頭に浮かぶかもしれません。例えば，レーザープリンターやレンズ交換式カメラで世界シェア1位の電気機器メーカーであるキヤノンはその1つといえます。キヤノンの2021年12月時点の連結子会社の数は329社であり，そのうちの273社が海外子会社です。実にキヤノングループの8割以上が海外の子会社なのです。まさに，キヤノンは，国境を越えて世界規模でのビジネスを行っている代表的な企業です（図表12-1-1）。

　現在では，キヤノン以外にも，ビジネスの活動領域を国内のみならず海外へと拡大し，複数の国や地域をまたいで経営活動を行う企業がたくさん存在しています。このように，国境を越えて複数の国や地域で行われる事業活動を一般的には「国際経営」と呼びます。そして，国際経営を行う企業こそが「多国籍企業（Multinational Corporation/Company，MNC）」です。もう少し厳密にいうと，多国籍企業とは，少なくとも2カ国において資産を有し，直接事業活動を行っている企業のことです。多国籍企業は親会社と子会社によって構成されています。親会社が立地する国が多国籍企業の母国または本国（home country）で，海外子会社が立地する国が受入国（host country）となります。一般的に，日本では，キヤノンのような製造業の国際化が進んでいるといわれていますが，銀行や証券会社などの金融業のみならずコンビニエンスストアや総合スーパーなどの小売業の国際化も進んできています。例えば，コンビニエンスストア大手のファミリーマートは，1988年の台湾を皮切りに海外出店を開始し，現在では数多くの海外店舗を持つようになっています（図表12-1-2）。

　ちなみに，キヤノンの2021年のグループ全体の（連結）売上高は，3兆5134億円です。そして，そのうちの国内が8304億円（23.6％），アジア・オセアニアが，8192億円（23.3％），欧州が8949億円（25.5％），米州が9688億円（27.6％）となっています。このようにキヤノンは，1つの地域に偏ること

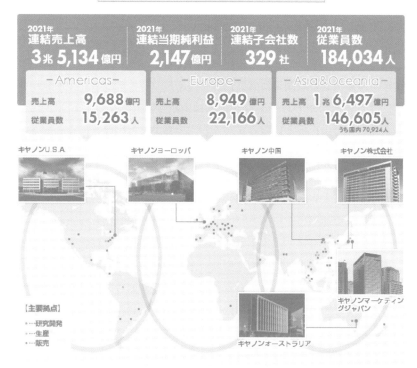

■図表 12-1-1　多国籍企業としてのキヤノン

（出所）　2022 年 12 月末時点のキヤノン公式グローバルサイト「個人投資家の皆様へ キヤノンってどんな会社」より
（https://global.canon/ja/ir/individual/detail/01.html）（2022 年 12 月 29 日アクセス）

■図表 12-1-2　コンビニ大手 3 社の店舗数

	セブン-イレブン （2021 年 7 月末時点）	FamilyMart （2021 年 7 月末時点）	LAWSON （2021 年 2 月末時点）
国内	21208	16645	14476
海外	9884※	8307	3621

（注）　※セブン・イレブンの海外店舗数は，2020 年 12 月末時点の 7-Eleven, Inc のみ。
（出所）　各社の公式サイトを参考に筆者作成

なく，それぞれの地域で売上高をあげている世界的に活躍している多国籍企業の１つなのです。

12.2 国際化の理由とプロセス

　企業が事業活動の範囲を海外に拡大する際には多くのリスクや困難が伴います。それにもかかわらず，なぜ企業は国際化を図るのでしょうか？ 必ずしも積極的な理由だけとは限りませんが，究極的には国際化によってさらなる成長を目指すことが目的だといえます。より具体的には，３つの理由が考えられます。第１の理由は，新しい市場を獲得するためです。世界には国内よりもはるかに大きな市場が存在します。第２の理由は，海外にすでに存在している経営資源（ヒト・モノ・カネ・情報）の獲得を目指して行われます。一国のみで経営していては入手することができない様々な経営資源を得るために国際化するのです。第３の理由は，国際化を進めるなかで海外企業との競争を通じて技術や経営のノウハウを新たに学習することを目指して国際化がなされます。このように，企業は，新しい市場の獲得のため，新たな経営資源の獲得のため，新しい学びのため，国境を越えて複数の国や地域で事業活動に取り組むのです。なお，通常では，企業は単一の理由ではなく，これらの複合的な理由によって国際化を進めると考えられます。

　次に，国際化はどのように進展するのかを確認しましょう。各企業の国際化の進展には様々なプロセスがあり，一般化することは容易ではありません。しかし，多くの場合（特に製造業）は，一定のプロセスを経て国際化が進展されると考えられています。それは，第１段階が「販売の国際化」，第２段階が「生産の国際化」，第３段階が「研究開発の国際化」の３段階のプロセスです。企業が国際化を図る際に，最初から直接投資をして海外子会社を作るのではなく，まずは間接・直接輸出からスタートし，海外販売子会社の設立を経て，生産活動の海外への移転後に研究開発（R&D）活動の海外移転を行うことで，時間をかけて海外市場の経験と知識を蓄積する漸進的なプロセスが考えられています。しかし，1980年代以降，創業と同時もしくは２〜３

アメリカ・インディアナ大学のアラン・ラグマン（Alan M. Rugman）とカナダ・カルガリー大学のアレン・ベルヴィク（Alain Verbeke）が 2004 年に発表した論文によれば，世界規模で活躍している多国籍企業（彼らは「グローバル多国籍企業」と呼んでいます）はそれほど多くないことが示されています。

この論文では，まず世界市場を「北米」「EU」「アジア」の 3 つの地域に分けました。そして「本社が存在する地域（日本企業ならアジア，イタリア企業なら EU）での売り上げが全体の 50％以下」でかつ「ほかの 2 地域からの売り上げがそれぞれ 20％以上」となっている企業を「グローバル多国籍企業」と定義しました。そして，世界トップ 500 社の中から 2001 年の売り上げデータがわかる 365 社の 3 つの地域での売上高を確認しました。その結果，「グローバル多国籍企業」は，365 社中 9 社しか存在しないことがわかりました。同時に，320 社は売り上げの半分以上を，本社が存在する地域からあげていることがわかりました。なお，ここでの 9 社は IBM，ソニー，フィリップス，ノキア，インテル，キヤノン，コカ・コーラ，フレクストロニクス，モエ・ヘネシー・ルイ・ヴィトンです。日本企業では，ソニーとキヤノンだけでした。

その後，ラグマンは 2008 年にイギリス・ウォーリック大学のサイモン・コリンソン（Simon Collinson）と共同で日本企業を対象に同様の分析を行いました。この論文では，2003 年の時点で世界トップ 500 社に入っていた日本企業 64 社が分析の対象となりました。この 64 社のうち本社が存在する地域であるアジアでの売り上げが 50％以上の企業は 57 社ありました。対して，「北米」「EU」「アジア」の 3 つの地域でそれぞれ売り上げをあげている世界規模で活躍している多国籍企業（グローバル多国籍企業）は，ソニーとキヤノンに新たにマツダを加えた 3 社だけでした。これらの結果は，世界規模で市場をカバーできている多国籍企業は決して多くないということであり，世界規模で活躍することの難しさを示唆しています。

年の間に海外市場への参入を目指す企業も増えてきました。このように，生まれながらの多国籍企業は「ボーングローバル」企業などと呼ばれ，国際経営における新しい研究対象としても注目されています。

12.3 国際経営の4つのタイプ

　国際経営を行う際に，多国籍企業は少なくとも部分的には相反する2つのプレッシャーに対処しなければなりません。それは，全体的としての「統合（Integration）またはグローバル統合（Global Integration）」を求めるプレッシャーと現地への「適応（Responsiveness）またはローカル適応（Local Responsiveness）」を求めるプレッシャーです。ここでの「統合」とは，効率的なオペレーションのネットワークを構築し，各拠点間の類似性を最大限に活用するために，国境を越えた事業活動の調整を意味します。つまり，事業活動をより広範囲で標準化することで効率性を追求することです。対して，「適応」とは，現地国の特定のニーズへの対応を意味します。このように，多国籍企業は，全体としての効率性と柔軟性という2つの相反するプレッシャーにさらされながらも最適な解を選ぶ必要があります。なお，この考え方は，統合と適応のそれぞれの頭文字をとって「I–R フレームワーク」や「I–R グリッド」と呼ばれます。この I–R フレームワークの考え方を発展させると，クリストファー・バートレット（Christopher A. Bartlett）とスマントラ・ゴシャール（Sumantra Ghoshal）（1998）による多国籍企業の類型論となります（図表 12-3-1）。バートレットとゴシャールは，日米欧の多国籍企業9社への調査をもとに，多国籍企業をマルチナショナル企業，グローバル企業，インターナショナル企業の3つのタイプに分類しそれぞれの特徴をまとめました。そして，これら3つのタイプとは異なる理想的な組織としてトランスナショナル企業の特徴を示し，必要性と有用性を主張したのです（図表 12-3-2）。

　まず，マルチナショナル企業は，各国の環境の違いに敏感に適応できる組織的能力を有する組織で，統合度が低く，適応度が高いタイプといえます。

　一般的に多国籍企業というと，キヤノンのような歴史のある大企業をイメージすると思いますが，必ずしも大企業のみとは限りません。1980年代以降，創業して間もなく海外ビジネスを狙う中小企業が現れてきました。このような生まれながらの多国籍企業はボーングローバル企業と呼ばれ，国際経営に関する研究においても注目されています。ボーングローバル企業の定義は一様ではありませんが「創業当初より，複数の国における資源の活用と産出物の販売から競争優位性の構築を目指す企業」や「創業20年未満で，創業時から平均3年以内に国際化を果たし，総売上高の25％以上が海外である企業」などといわれています。いずれにせよ，ボーングローバル企業とは，漸進的な国際化の道をたどらずに，創業時またはその後間もなくして，世界市場でビジネスを行う企業といえます。ボーングローバル企業は，アメリカのシリコンバレーやスウェーデン，フィンランドなどの北欧に多く存在するといわれています。北欧では，人口が少なく国内市場は小さいため，高い技術力を有する企業が成長するためには，海外に市場を求めなくてはならないといった背景があるようです。

　多国籍企業の人的資源管理（HRM）に関する知見は，歴史のある大企業の多国籍企業を対象とした研究から得られたものが多いといえます。そのため，ボーングローバル企業のHRMに関する知見はあまり蓄積されていません。今後は，ボーングローバル企業のHRMの実態だけでなく競争優位を築くうえでHRMがどのようにかかわっているのか，または，かかわれるのかについての研究が求められます。

■図表 12-3-1　I-R フレームワーク

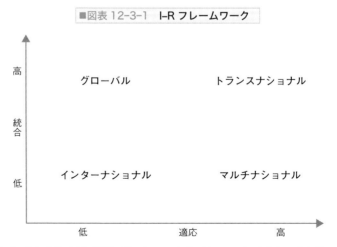

（出　所）Bartlett, C. A., & Ghoshal, S.（1998）. *Managing across borders: The transnational solution*, 2nd ed., Harvard Business School, pp.55–63 をもとに筆者作成

このタイプの企業は，各国の市場の違いに敏感に対応するため，子会社に資産や資源を分散させ，責任が委譲された分権的連合体（Decentralized Federation）の組織構成を特徴としています。

　次にグローバル企業は，世界市場を全体として統合されたものと捉えており，地球規模の効率性を求めて戦略や意思決定の権限を中央に集中させる，統合度が高く，適応度が低いタイプとなります。このタイプの企業は，資産や資源および権限を本社に集中させます。また，現地組織の役割は，組み立てと販売および本社の計画の実行と限定的となります。そのため，このタイプの企業は，マルチナショナル企業やインターナショナル企業に比べて，子会社に対して製品や戦略を生み出す自由をほんの少ししか与えない中央集権ハブ型（Centralized Hub）の組織構成になります。

　続いて，インターナショナル企業は，主に親会社の知識や専門性を海外市場に移転し，適用させる戦略をとります。グローバル企業ほどではないが，親会社はかなりの影響力と支配力を保持することになります。また，現地組織は本社からの製品やアイデアを適用する自由はありますが，マルチナショナル企業に比べて独立性と自律性は低くなります。このタイプの企業では，新しい製品やプロセス，アイデアの開発を親会社に大きく依存しているため，本社による調整やコントロールを必要とする調整型連合体（Coordinated Federations）の組織構成となります。

　最後のトランスナショナル企業とは，地球規模での効率性と各国の適応力にくわえて世界中での知識の開発と活用の同時達成を目指す，統合と適応がともに高い組織といえます。トランスナショナル企業の組織構成は，効率性，適応，イノベーションという異なる戦略的な目的を達成するために，世界中の専門化された現地組織が統合されたオペレーションのネットワークを構成する統合ネットワーク（Integrated Network）が適しています（図表 12-3-3）。多国籍企業にとってこのトランスナショナル企業は目指すべき最良のタイプとされています。その一方で，トランスナショナル企業は理想形（理念型）であり実現は難しいという指摘もされています。そのため，どのタイプを選ぶかは，産業や製品の特性，自社が保有しているリソースなどに応じて適切に選択した方がよいという見方もあります。

■図表 12-3-2　国際経営の 4 つのタイプの組織的な特徴

組織の特徴	マルチナショナル	グローバル	インターナショナル	トランスナショナル
資産とケイパビリティの構成	分権型で国内での自給自足	集権型で地球規模	コアコンピタンスの源泉は集権型でそれ以外は分権型	分散型，相互依存，専門化
海外子会社の役割	現地の好機を感じ取って利用	親会社の戦略の実行	親会社のコンピテンシーを適用させ活用	統合された世界的オペレーションへの海外組織単位による分化された貢献
知識の開発と普及	各組織単位内で知識を開発して保有	中央で知識を開発して保有	中央で知識を開発し海外組織に移転	共同で知識を開発し世界中で共有
カギとなる戦略的ケイパビリティ	国の違いを敏感に感じ取り，適応することで，現地での強いプレゼンスを確立	地球規模のオペレーションを集中的に行うことで，コスト面での優位性を構築	世界的な普及と適用によって親会社の知識とケイパビリティを活用	世界規模での競争優位，各国での柔軟性，世界中での学習の同時達成

（出所）　Bartlett, C. A., & Ghoshal, S.（1998）．*Managing across borders: The transnational solution*, 2nd ed., Harvard Business School, p.18, 75, 77 をもとに筆者作成

■図表 12-3-3　統合ネットワークの特徴

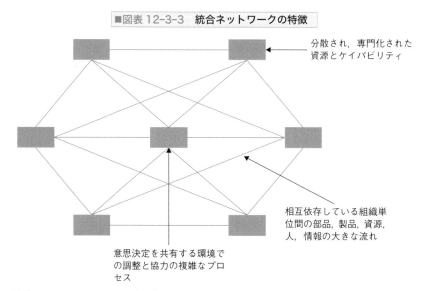

分散され，専門化された資源とケイパビリティ

相互依存している組織単位間の部品，製品，資源，人，情報の大きな流れ

意思決定を共有する環境での調整と協力の複雑なプロセス

（出所）　Bartlett, C. A., & Ghoshal, S.（1998）．*Managing across borders: The transnational solution*, 2nd ed., Harvard Business School, 図 5.1（p.102）をもとに筆者作成

12.4 国際人的資源管理

　企業の事業活動が複数の国や地域に拡大すると，人材の獲得と活用にかかわる HRM も国際化することになります。このように，多国籍企業が事業活動に必要な人材の獲得と活用を行うことを「国際人的資源管理（International Human Resource Management，IHRM)」と呼びます。基本的には，HRM と目指すべき目的や内容と大きな違いはありませんが，活動する国と対象とする人材の幅が広がることになります。通常，IHRM では，企業の活動の場が，本国に加え，現地国（受入国)，さらには他の第三国へと広がり，対象となる人材も「本国籍人材（Parent Country Nationals，PCNs)」，「現地国籍人材（Host Country Nationals，HCNs)」，「第三国籍人材（Third Country Nationals，TCNs)」となりますので，HRM よりも範囲が広がり，複雑さが増大します（図表 12-4-1)。

　IHRM を効果的に行ううえでも「統合」と「適応」のバランスをどのようにとるかが重要な問題となります。国境を越えてビジネスを行おうと思うと，法律や制度，政治，経済，文化，宗教などが異なってきます。さらには，労働慣行，商習慣，教育水準なども国ごとに違いがあります。そのため，日本では当たり前と思っていたことも，国が違えば当たり前ではないことが多々あります。例えば，日本には高校や大学などの教育機関を 3 月に卒業した翌月の 4 月に企業に入社するいわゆる新卒一括採用といった慣行がありますが，海外では当たり前ではありません。IHRM では，現地の事情や違いを踏まえ，現地の状況に適応するために，各地の環境に合わせた IHRM を行っていくことが必要になります。同時に，企業全体としての効率性や統一性を実現するために，IHRM を統合し標準化する必要もあります。統合と適応のそれぞれのメリットを考慮したうえで，統合と適応のバランスをどのようにして図るかが重要となります（図表 12-4-2)。

　さらには，IHRM における重要な意思決定を本国の人事部に集中させる（集権化）のか，それとも現地に委ねる（分権化）のかのバランスも重要になります。IHRM の決定に関して，より多くの意思決定権限を本国人事部に集

■図表 12-4-1　国際人的資源管理の範囲

人的資源管理の諸機能

採用　配置・異動　能力開発　評価・処遇　福利厚生　労使関係

現地　本国　第三国

現地国籍人材

本国籍人材

第三国籍人材

従業員のタイプ

（出所）　Morgan, P. V.（1986），"International human resource management: Fact or fiction，" *Personnel administrator*，31（9），図 1（p.44）をもとに筆者作成

■図表 12-4-2　統合と現地適応のメリット

統合のメリット	現地適応のメリット
●HRM の効率性の向上 ●全社的視点からのコントロールや調整のしやすさ，人的資源や戦略の統合のしやすさ ●企業としての一体感の醸成	●現地国からの要望の反映のしやすさ ●現地の優秀な人材へのアクセスのしやすさ ●現地の状況への対応の柔軟性

（出所）　関口倫紀・竹内規彦・井口知栄（2016）『国際人的資源管理』中央経済社，p.68 ををもとに筆者作成

約し，本国人事部による海外子会社への統制を強めると「集権化」となります。一方，より多くの意思決定権限を子会社へ委譲し，子会社の IHRM の決定に対する自律性を高めると，「分権化」となります。

　これらの IHRM に関する「統合」・「適応」および「集権化」・「分権化」の問題は，どちらか一方を選べばよいというわけではなく，その企業の国際化の段階や扱うべき HRM の内容（採用・異動・報酬・労使関係），HRM のレベルなどを考慮して適宜選択する必要があるといえます。HRM のレベルとは HRM は上位概念から HR Philosophy（HR 哲学），HR Policy（HR 方針），HR Program（HR プログラム），HR practices（HR 施策），HR Process（HR 運用）と階層的にとなっているという考え方です。

　また，IHRM においても，経営戦略との関係も考慮に入れる必要性が指摘されています。多国籍企業の戦略と HRM のポリシーや施策との関係性を強調する IHRM を「戦略的国際人的資源管理（Strategic International Human Resource Management, SIHRM）」と呼びます。このように，多国籍企業は，効果的に IHRM を行うためには，対象とする人材の国籍や文化的背景が多岐にわたることや各国の政治，経済，法律，文化などの違いを理解し適切に対応するとともに，多国籍企業としての経営戦略との適合を図ることが求められるのです。

12.5　ダイバーシティ・マネジメント

　現代の企業の多くは，組織内の「ダイバーシティ」を高めるだけではなく，あらゆる人材が尊重され，誰もが自分らしく働くことができる働きやすい職場の醸成を通して組織の活性化やイノベーションの促進，競争力の向上を図る「ダイバーシティ・マネジメント」に取り組んでいます。特に，複数の国や地域にまたがって事業活動を行う多国籍企業は，より積極的にダイバーシティ・マネジメントに取り組むことが求められます。

　企業によるダイバーシティへの取り組みは決して新しくはありません。職場におけるダイバーシティへの注目の歴史は，アメリカにおいて「1964 年

Column 12.3 ● ダイバーシティとは

　企業においてダイバーシティが注目されるようになって半世紀以上が経ちました。しかし，ダイバーシティとは何かに関して，アカデミックな世界において現段階では必ずしも統一的な定義は存在していません。様々な使われ方がなされているのが実情です。ダイバーシティ・マネジメントについての理解を深めるためにはダイバーシティそのものについての理解が欠かせません。そこで，ここではアカデミックな世界のなかでも，組織のなかで働く人の心理や態度を研究する組織行動論において「違い（difference）」に注目した代表的な考え方を紹介します。

　この立場では，ダイバーシティを「集団のメンバー間に存在する主観的または客観的な違いの程度を反映する社会集団の特性」としています。つまり，ダイバーシティは，チームや会社などの社会的集団の特性を表す概念なのです。そのため，ダイバーシティは，年齢，性別，民族などの人口統計学的な背景ならびに専門領域や勤続年数などの仕事関連の特性に加えて，より深層的な心理的特性であるパーソナリティ，態度，価値観などの個人の幅広い属性における違いに関連しているのです。

　ダイバーシティ・マネジメントを理解するうえで重要なことは，ダイバーシティをもたらす要因としての個人属性の分類です。これまで，ダイバーシティ研究では様々な観点から分類されてきました。代表的なものに，表層的な属性と深層的な属性としての分類があります。表層的な属性とは，比較的外見から識別可能なもので，一般的には性別，年齢，人種などがこれに該当します。一方，深層的な属性とは，外見からは判断しにくいものです。そこには，パーソナリティ，態度，価値観，考え方などといった内面的な属性が含まれます。

　最近，日本において注目されている障がいの有無は表層的な属性であるのに対して，性的指向や性自認は，外見からうかがい知ることが難しい場合が多いので深層的な属性に含まれるといえます。これらの分類以外にも個人の属性を仕事との関連性の強さからの分類や個人による可変性の観点からの分類も存在しています。

公民権法第7編（Title Ⅶ of the Civil Rights Act of 1964)」のなかで，人種，肌の色，宗教，性別，出身国に基づく雇用差別を禁止したことが始まりとされています。この公民権法に基づき，1965年に米国雇用機会均等委員会（EEOC）が設置され，人種，肌の色，性別などを理由に雇用差別を受けたと感じれば誰でも訴訟を起こせるようになりました。このころのダイバーシティ・マネジメントとは，人種や性別，民族などの個人の属性の違いを肯定し，保護することが中心でした。そのため，企業は必ずしも積極的に取り組んでいたわけではなく，訴訟に対するリスクの回避という側面が強かったと言えます。このように，アメリカにおけるダイバーシティ・マネジメントは1960年代の人材の属性の違いによる差別や格差是正のための取り組みから始まり，1980年代の人材の違いに価値を認め尊重する段階を経て，1990年代以降の人材の違いを活かして企業のパフォーマンス向上や価値創造を目指すより積極的な取り組みへと変遷を遂げてきました。なお，現在の日本企業の多くにとってのダイバーシティ・マネジメントとは，組織内のダイバーシティ推進とともに，あらゆる人材を尊重し，誰もが自分らしく働くことができる働きやすい環境の醸成を通して組織の活性化やイノベーションの促進，競争力の向上を目指した取り組みとなっています。

12.6 日本企業のダイバーシティ・マネジメントの実践

　これまで，日本におけるダイバーシティ・マネジメントの対象は主に女性でした。そのため，企業は，女性が働きやすく，能力を発揮しやすい職場環境を実現するための制度や仕組みづくりに積極的に取り組んできました。特に，出産・育児や介護といった家庭の事情のみならず「性別役割分担意識」などが理由で男性に比べて平均勤続年数が短いことや女性の管理職比率が低いことが主要な課題とされてきました。ここでの，性別役割分担意識とは，夫は外で働き，妻は家庭を守るべきであるという考え方のことです。

　なお，近年では，性別役割分担意識に対して肯定的な人は男女ともに減ってきているようです（図表12-6-1）。

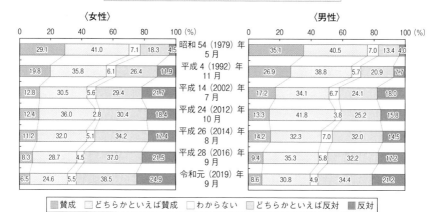

■図表12-6-1　性別役割分担意識に関する変化

〈女性〉

年月	賛成	どちらかといえば賛成	わからない	どちらかといえば反対	反対
昭和54 (1979) 年5月	29.1	41.0	7.1	18.3	4.5
平成4 (1992) 年11月	19.8	35.8	6.1	26.4	11.9
平成14 (2002) 年7月	12.8	30.5	5.6	29.4	21.7
平成24 (2012) 年10月	12.4	36.0	2.8	30.4	18.4
平成26 (2014) 年8月	11.2	32.0	5.1	34.2	17.4
平成28 (2016) 年9月	8.3	28.7	4.5	37.0	21.5
令和元 (2019) 年9月	6.5	24.6	5.5	38.5	24.9

〈男性〉

年月	賛成	どちらかといえば賛成	わからない	どちらかといえば反対	反対
昭和54 (1979) 年5月	35.1	40.5	7.0	13.4	4.0
平成4 (1992) 年11月	26.9	38.8	5.7	20.9	7.7
平成14 (2002) 年7月	17.2	34.1	6.7	24.1	18.0
平成24 (2012) 年10月	13.3	41.8	3.8	25.2	15.8
平成26 (2014) 年8月	14.2	32.3	7.0	32.0	14.5
平成28 (2016) 年9月	9.4	35.3	5.8	32.2	17.2
令和元 (2019) 年9月	8.6	30.8	4.9	34.4	21.2

■賛成　□どちらかといえば賛成　□わからない　□どちらかといえば反対　■反対

(出所)　内閣府男女共同参画局 (2020)「男女共同参画白書 令和2年版」

■図表12-6-2　役職別管理職に占める女性割合の推移（企業規模100人以上）

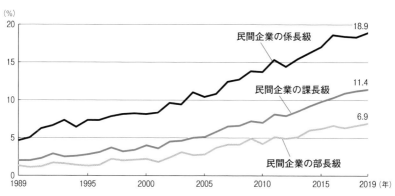

民間企業の係長級　18.9
民間企業の課長級　11.4
民間企業の部長級　6.9

(出所)　内閣府男女共同参画局 (2020)「男女共同参画白書 令和2年版」をもとに筆者作成

政府や各企業が主要な課題の解決に向けて積極的に取り組んできた効果も
あり，現在では女性一般労働者の勤続年数は徐々にですが長期化傾向に
なってきました。また，女性管理職比率も上昇傾向にありますが，依然とし
て低い状態です（図表12-6-2）。特に女性管理職比率は国際的にみて低い水
準にとどまっているのが現状です（図表12-6-3）。また，最近では，家庭の
要因よりも，仕事のやりがいのなさや仕事への不満といった仕事そのものに
かかわる要因が離職の原因であることが指摘されており，特に高学歴な女性
にその傾向が強いことが示されています。ダイバーシティ・マネジメントの
一環としての女性活躍推進の目的は，女性が男性と同じのように働けるよう
にすることや女性管理職比率を海外と同水準にすることではなく，性別に関
係なく誰もが自分らしくやりがいを持って働くことができる働きやすい環境
を醸成することで競争優位の実現を目指すことにあることを忘れてはなりま
せん。

　近年では，日本におけるダイバーシティ・マネジメントの対象が障がい者
やセクシュアル・マイノリティまで広がってきています。厚生労働省が実施し
た「障害者雇用状況」集計によれば，2020年6月1日時点で57万8292人
が雇用されており，障がい種別では，身体障がい者は35万6069人で最も多
く，知的障がい者は13万4207人，精神障がい者は8万8016人となってお
り，民間企業に雇用されている障がい者の数は年々増え続けています（図表
12-6-4）。

　1960年に「身体障害者雇用促進法」が制定されたことが日本において障
がい者の雇用が促進されるようになった契機といえます。これにより，事業
主に対して法定雇用率に基づく身体障がい者の雇用努力義務が課せられまし
た。そして，1976年の改正で，事業主は法定雇用率以上の身体障がい者を
雇用することが義務化されました。身体障害者雇用促進法の制定以降，身体
障がい者の雇用状況は少しずつ進展していきました。その後，1987年に身
体障害者雇用促進法は「障害者雇用促進法」へと改名されるとともに適用対
象が知的障がい者と精神障がい者を含む全ての障がい者に拡大されました。

　障害者雇用促進法はその後も何度かの改正が行われており，1998年には
知的障がい者が，2018年には精神障がい者が雇用義務の対象として加わる

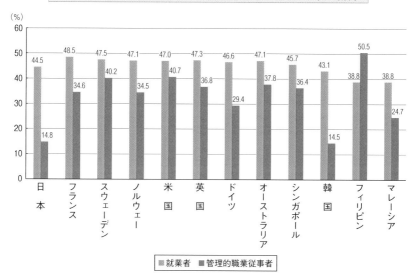

■図表 12-6-3　就業者及び管理的職業従事者に占める女性の割合

（出所）　内閣府・男女共同参画推進連携会議（2020）「ひとりひとりが幸せな社会のために～令和2年版データ～」

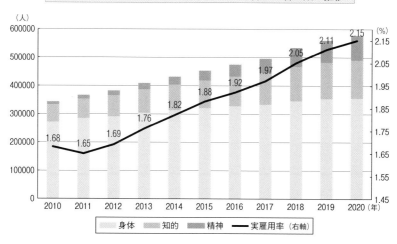

■図表 12-6-4　実雇用率と雇用されている障がい者の数の推移

（出所）　厚生労働省（2021）「令和2年 障害者雇用状況の集計結果」をもとに筆者作成

ことになりました。また，2019年には障がい者の雇用義務対象となる民間企業が従業員数50人以上から45.5人以上へと範囲が拡大され，2021年の3月には民間企業の法定雇用率が2.3％へと引き上がり，障がい者雇用を促進する法的な整備は整ってきています。

　障がい者雇用における日本企業（特に大企業）の特徴は「特例子会社」の活用にあります。特例子会社とは，障がい者の雇用の促進と安定を図るため，事業主が障がい者の雇用に特別に配慮をした子会社のことです。特例子会社の活用には，事業主・障がい者の両者にとってのメリットがあることが指摘されています（図表12-6-5）。そして，特例子会社を設立し，一定の要件を満たす場合には，その子会社に雇用されている労働者を親会社に雇用されているものとみなして，実雇用率を算定することができるという制度を「特例子会社制度」と呼びます。

　現在の日本における障がい者雇用は，人権尊重や法令順守，社会的責任（Corporate Social Responsibility，CSR）といった側面を多分に含んでいますが，ダイバーシティ・マネジメントの一環としてより積極的な取り組みを行っている企業も増えてきています。例えば，情報システム大手の日本ユニシスの特例子会社であるNULアクセシビリティでは，ICTを利用したテレワークによる在宅勤務を可能にすることで，障がい者の戦力化に積極的に取り組んでいます。日本ユニシスのように近年では，特例子会社を活用する企業が増加しています（図表12-6-6）。しかし，私たちは特例子会社を設立することがダイバーシティ・マネジメントに取り組んでいるというわけではないことを理解しておく必要があります。

　日本においてダイバーシティ・マネジメントの対象として最も取り組みが遅れている分野がセクシュアル・マイノリティといえます。2015年はLGBT元年とも呼ばれ，性の多様性に対する社会的な関心は高まってきています。現在では，「性の在り方はグラデーション」という考え方が浸透してきました。これは，性は人によって様々であり，「男性」「女性」の2つだけではなく，①体の性，②心の性（性自認），③好きになる性（性的指向），④表現する性（性役割）の4つの要素の組み合わせから形作られているということです（図表12-6-7）。なお，今では全ての人にかかわるテーマであることを強調す

■図表12-6-5　特例子会社のメリット

事業主にとってのメリット	障がい者にとってのメリット
①障がい者の特性に配慮した仕事の確保・職場環境の整備が容易となり，これにより障がい者の能力を十分に引き出すことができる ②職場定着率が高まり，生産性の向上が期待できる ③障がい者の受け入れにあたっての設備投資を集中化できる ④親会社と異なる労働条件の設定が可能となり，弾力的な雇用管理が可能となる	①特例子会社の設立により，雇用機会の拡大が図られる ②障がい者に配慮された職場環境の中で，個々人の能力を発揮する機会が確保される

（出所）　厚生労働省「障害者雇用のルール：特例子会社制度の概要」をもとに筆者作成

■図表12-6-6　特例子会社の数

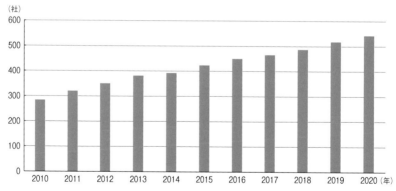

（出所）　厚生労働省「障害者雇用状況の集計結果」（各年）をもとに筆者作成

るために LGBTQ に代わり，「SOGI（ソジ）」や「SOGIE（ソジー）」という言葉が使われるようになってきました。SOGI は Sexual Orientation（性的指向）と Gender Identity（性自認）のそれぞれの頭文字をとった頭字語のことで SOGIE は，さらに Gender Expression（表現する性）が加わったものです。

　近年ではセクシュアル・マイノリティに対する社会的関心の高まりを受けて，ダイバーシティ・マネジメントの文脈で積極的に取り組んでいる大企業が徐々に増えてきています。例えば，三井物産では，「多様な人材の総戦力化による企業競争力の向上」を目指したダイバーシティ・マネジメントの一環として SOGI についての理解促進に取り組んでいます。具体的には，従業員の意識醸成のために，役職員行動規範のなかで性的指向・性自認に関して差別的言動や嫌がらせの禁止を明確に掲げ，規範遵守を徹底しています。また，「三井物産 LGBT ハンドブック」をイントラネットに掲載し，従業員の理解促進を図るとともに，社内セミナーを開催し意識醸成に向けた取り組みを行っています。加えて，職場環境の整備のために，社内外の相談窓口や多目的トイレを設置し設備面の充実を図っています。

　企業によるセクシュアル・マイノリティへの取り組みは途についたばかりです。セクシュアル・マイノリティの就労における問題は表面化しにくいという性質もあるため，まずは，就労上の課題やニーズの把握に努めることで自分らしく働くことができる働きやすい環境の醸成が何よりも喫緊の課題となります。そして，その取り組みを通して最終的には組織の活性化や競争力の向上を目指す努力が引き続き企業には求められます。

　本節で取り上げてきたように，日本でのダイバーシティ・マネジメントは主に特定の人材を対象としたものであり，日本の職場におけるマイノリティ（女性，障がい者，セクシュアル・マイノリティ）でした。近年では特定の人材に焦点を当てた取り組みによるマジョリティのやる気や生産性の低下などのデメリットも示されています。日本企業は今後もダイバーシティ・マネジメントに取り組むことになりますが，本来，ダイバーシティ・マネジメントの対象は「全ての人材」であることを忘れてはなりません。

■図表 12-6-7　性の４つの要素

体の性	心の性
	（性自認）
身体的・生物学的な性の特徴を指す	自分はどんな性別だと思うかを指す

好きになる性	表現する性
（性的指向）	（性表現）
恋愛や性愛の感情がどんな性に向かうかを指す	服装や言葉遣い，振る舞いを，自分自身がどのように表現したいか

（出所）　筆者作成

Column 12.4 ● インクルージョンの多様な使われ方

　近年，ダイバーシティとセットで議論されるようになってきたのがインクルージョンです。インクルージョンは，アカデミックと実務の両方の世界において多様な使われ方がされています。アカデミックな世界でもインクルージョンは，少なくとも①組織の取り組み，②リーダーシップ，③本人の経験（知覚），の３つの異なる使われ方がされています。ここでは，③本人の経験（知覚）としてのインクルージョンを紹介します。この立場では，インクルージョンを「従業員が所属性（belongingness）と独自性（uniqueness）の欲求を満たすような扱いを経験することで，仕事集団における尊重されたメンバーであることを認識する程度」としています。つまり，この考え方ではインクルージョンとは，職場に受け入れられつつも自分らしさを発揮できている状態となります。そのため，この立場ではインクルージョンを促進するための企業の取り組みは，インクルージョン・マネジメントと呼ぶほうが適切かもしれません。いずれにせよ，どの立場が正しいかではなく，どの立場から論じているのかを認識することが重要となります。

第13章

労使関係管理

◆ 本章のねらい

本章では，以下の点について学んでいきます。

・労使関係とは何か。
・労働組合とは何か。日本の労働組合にはどのような特徴があるか。
・集団的労使関係としての団体交渉や労使協議制とは何か。
・個別的労使関係とは何か。
・労使関係管理が HRM において果たす役割は何か。

◆ キーワード

労使関係，労働組合，企業別労働組合，集団的労使関係，団体交渉，労使協議制，個別的労使関係

13.1 労使関係とは

　労使関係とは，労働者と使用者の利害調整の過程および相互関係のことです。雇用する側の使用者と雇用される側の労働者の間においては，労働条件や待遇をめぐり利害が対立すると想定されています。例えば，労働者は労働時間に対し高い賃金を得たいと考えるのに対して，使用者としては賃金を低く抑えるか労働時間を長くしたいと考え，互いに利益を主張するでしょう。対立が長引けば両者の関係は敵対的になりかねませんが，協調して双方が納得できる労働時間と賃金を設定できれば，労働者は待遇が改善され生活の質が安定し，使用者は経営の効率性を向上させ労働者に動機づけをすることができます。

　労使関係には，集団的労使関係と個別的労使関係の2つがあります。集団的労使関係とは，労働条件や待遇について労働者に共通の利害があることを前提に，労働者を集団として捉えた労使関係のことです。労働者集団の典型例として労働組合があり，組合に加入する労働者全体の賃金水準や労働環境などが主要な論点となります。一方，個別的労使関係とは，個々の労働者に異なる利害があることを前提に，労働者を個別に捉えた労使関係のことです。労働者個人の処遇や就業環境などが主要な論点となります（図表13-1-1）。

　また，使用者を経営者と捉えることには留意が必要です。労働者を保護する基本的な法律の1つである労働基準法に，「使用者とは，事業主又は事業の経営担当者その他その事業の労働者に関する事項について，事業主のために行為をするすべての者をいう」とあり，部長や課長などの職場の管理者は労働者であるとともに，使用者の立場で部下の従業員との間に労使関係が存在するのです。経営者と職場の管理者は，自社の労使関係の方針や使用者としての役割分担の認識を共有したうえで，従業員への積極的な情報発信や対話を通じて労使関係を安定的に維持することが求められます（図表13-1-2）。

■図表 13-1-1　労使関係の2つの側面

使用者は，集団的労使関係と個別的労使関係の2つの側面を考慮に入れて，労使関係管理に取り組む必要があります。

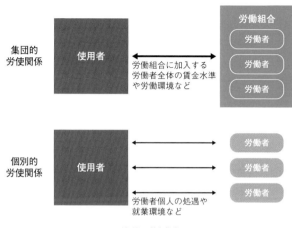

（出所）　筆者作成

■図表 13-1-2　労使関係についての認識

使用者と労働組合の双方とも8〜9割が，労使関係について安定的である（「安定的に維持されている」と「おおむね安定的に維持されている」の合計）と認識しています。

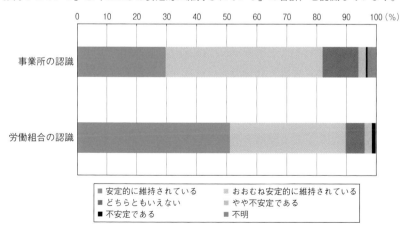

（出所）　事業所の認識は厚生労働省（2019）「令和元年 労使コミュニケーション調査」（事業所調査），労働組合の認識は厚生労働省（2020）「令和2年 労使間の交渉等に関する実態調査」をもとに筆者作成

13.2 労働組合とは

　集団的労使関係における労働者集団の中心となるのが，労働組合です。労働組合とは，「労働者が主体となって自主的に労働条件の維持改善その他経済的地位の向上を図ることを主たる目的として組織する団体又はその連合団体」と労働組合法に定義されており，その構成員を組合員と呼びます。なお，労働基準法と労働組合法，労働関係調整法の3つの法律を総称して，労働三法と呼びます。

　日本の労働組合の結成や運営は，団結権，団体交渉権，団体行動権（争議権）の労働三権として，日本国憲法第28条により保障されています（図表13-2-1）。団結権とは，労働者が労働組合を結成またはこれに加入する権利です。団体交渉権とは，労働者が団結して使用者と労働条件や待遇などを交渉する権利です。団体行動権（争議権）とは，労働者が要求実現のために団結して争議行為をする権利です。この争議行為の1つに，労働者が集団的に労務の提供を拒否するストライキ（同盟罷業）があります。

　この労働三権は，労働組合法や労働関係調整法などによって具体的に保障されています。労働組合は労働者が複数人集まれば，行政機関の認可や届出など必要なく自由に結成できます。また，労働組合は使用者と労働協約を締結することができます。労働協約とは，労働者の労働条件や待遇に関する事項や労使関係の運営に関する事項などについて労働組合と使用者の間で交渉し合意した内容を，書面に作成し両者が署名または記名押印したものです。さらに，労働組合の正当な争議行為については刑罰を科されることはなく，使用者に損害が生じても賠償を請求されることはありません。加えて，使用者が労働者に対して労働組合の結成や加入，正当な組合活動を理由に不利益な取り扱いをすることや，団体交渉を正当な理由なく拒否すること，労働組合の結成や運営を支配や介入したり経費援助したりすることなどは，不当労働行為として禁止されています。

　労働条件や待遇の交渉において，雇う側の使用者に対して雇われる側の労働者は個人では弱い立場にありますが，労働組合を結成し集団的労使関係を

日本国憲法第 28 条において保障された労働三権を具体化する法律として，労働組合法や労働関係調整法などが制定されています。

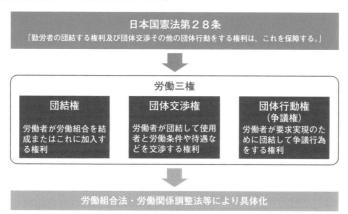

（出所）　筆者作成

■図表 13-2-2　労使コミュニケーションを重視する内容

労使双方とも労使コミュニケーションを重視する内容として，日常業務改善，作業環境改善，職場の人間関係，賃金・労働時間等労働条件を上位に挙げています。

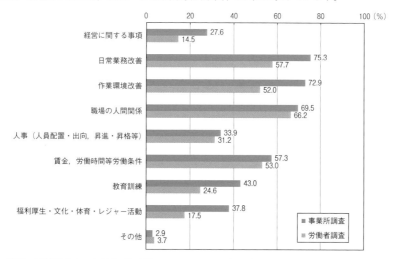

（出所）　厚生労働省（2019）「令和元年 労使コミュニケーション調査」（事業所調査・労働者調査）をもとに筆者作成

構築することにより，使用者と対等な立場に立つことができるのです。

労働組合には，組合員の範囲により以下のような組織形態があります。

①職業別労働組合

同一の職業・職種に従事する労働者（印刷工，機械工，看護師，教員等）が，産業や企業の枠を越えて横断的に組織する労働組合のことです。労働組合の歴史の初期に熟練労働者を中心に組織され発展した形態です。

②産業別労働組合

職業・職種の区別なく同一の産業（化学工業，鉄鋼業，自動車製造業等）に従事する労働者が，企業の枠を越えて組織する労働組合のことです。欧米において主流を占める形態ですが，日本では労働者が個人加入する団体は少なく，産業別労働組合といわれる多くは企業別労働組合が団体加盟する連合団体です。

③企業別労働組合

職業・職種の区別なく同一の企業または事業所に所属する労働者が組織する労働組合のことです。日本の労働組合の大多数がこの形態です。他の形態の労働組合は失業者にも組合員資格があるのに対して，企業別労働組合は退職等により使用者との雇用関係が終了すると組合員資格を失うことになります。

これら以外にも，一般労働組合（職業・職種や産業，企業の区別にとらわれず広範に組織する労働組合）や，合同労働組合（職業・職種や産業，企業の区別にとらわれず，主に中小企業で働く労働者が一定の地域単位で組織する労働組合）などがあります。

このように，様々な形態の労働組合が組合員の労働条件の維持改善などに取り組んでいますが，その取り組みは単一の団体によるものだけではありません。複数の団体が産業や地域ごとに集まり連合団体を組織し，加盟組合の連携・支援や使用者団体との協議などを行っています。連合団体のうち，加盟組合の連絡や相互扶助などを目的とするにとどまるものを協議体組織，その決定が加盟組合を拘束しうるようなものを連合体組織と呼びます。また，労働組合の全国中央組織として連合団体が結集するナショナル・センターがあり，労働組合の全国規模の取り組みを主導したり，使用者団体の全国組織

Column 13.1 ● **労働組合の2つの機能**

労働経済学者のリチャード・フリーマン（Richard B. Freeman）とジェームス・メドフ（James L .Medoff）は，アメリカの労働組合を念頭に，労働組合には2つの機能があると主張しています。

1つは，使用者に対して労働力を独占し交渉力を高める機能です。労働組合は，労働者を組織して使用者への労働力の供給を独占することができます。この強い独占力を背景として，使用者側に賃金や労働条件の向上を断固として要求することが可能になります。もう1つは，労働者に対して彼らの集団的発言を促進する機能です。労働組合は，労働者の意見を集約して彼らの発言を強化し使用者側に伝えることができます。この労働者の集団的発言によって，使用者側に企業経営や労働環境の改善を積極的に要請することが可能になります。

フリーマンとメドフは，第一の労働力を独占し交渉力を高める機能は，労働者の賃金を労働市場での競争水準以上に引き上げたりストライキを生じさせたりすることで，企業の生産性を低下させてしまう一方，第二の集団的発言を促進する機能は，労使の意思疎通を円滑にして労働者の意欲を高め離職率を低下させることで，企業の生産性を向上させると指摘しています。そして，労働組合の集団的発言の機能が労働力独占の機能を上回ると，生産性に対して正の効果があると述べています。

■**図表 13-2-3　労働組合の必要度**

労働者全体でみると，半数以上が労働組合を必要である（「是非必要である」と「どちらかといえば必要である」の合計）と認識しています。ただし，就業形態や役職等によって差異もみられます。

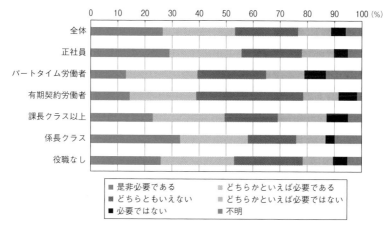

（出所）　厚生労働省（2019）「令和元年 労使コミュニケーション調査」（労働者調査）をもとに筆者作成

や政府・行政機関に対して労働問題や社会政策などの提言や要請を行ったりしています。日本のナショナル・センターとして日本労働組合総連合会（連合）や全国労働組合総連合（全労連）などが，使用者団体の全国組織として日本経済団体連合会（経団連）や日本商工会議所，全国中小企業団体中央会，経済同友会などがあります。さらに，日本企業における経営のグローバル化に伴い，今日では企業が事業展開する世界各国の法制度のもと，使用者と労働者・労働組合との健全な労使関係を構築する必要があります。労使関係は多層的な構造になっているのです（図表 13-2-4）。

13.3 日本の労働組合

　前述のとおり，日本の労働組合は企業別労働組合が主流であり，その背景には長期雇用慣行による労働市場の流動性の低さが指摘されています。労働者が特定企業で長期就業する状況においては，企業の実態に即した労使関係を構築できる企業別労働組合が組織されるのです。他方で，労働市場の流動性が高く，例えば労働者が特定の職業・職種に従事しながら企業横断的に移動する状況においては，職業別労働組合が組織されるということになります。

　日本の企業別労働組合の特徴として，以下の4点が挙げられます。

　第1に，組合員資格を当該企業に無期雇用される正社員に限定していることです。正社員は必ず労働組合に加入する義務や脱退・除名の場合に使用者が原則解雇する義務を定めた**ユニオン・ショップ協定**を使用者と締結している労働組合も多く，また組合費の徴収を使用者が組合員の賃金から控除し一括して労働組合に引き渡す**チェック・オフ**が行われているのが一般的です。パートタイマーやアルバイトなどの非正社員は加入できないことになりますが，近年では非正社員も組合員として組織化する企業別労働組合も増えてきました。

　第2に，**ホワイトカラー**と**ブルーカラー**の労働者が区別なく同一の労働組合を組織することです。ホワイトカラーとブルーカラーとは職業分類の概念であり，前者は管理職や事務職，技術職などを，後者は生産現場の工程や作業

労使関係には，国・産業・企業などの複数のレベルがあります。HRM で特に注目するのは，企業レベルの労使関係です。

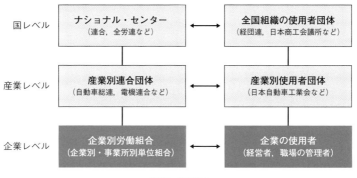

（出所）　筆者作成

■図表 13-3-1　日本の労働組合の組合員数，推定組織率の推移

日本の労働組合の組織率は，長期的には減少傾向にあります。その背景として，就業形態の多様化による非正社員の増加と組織化の低さや，労働者の価値観や行動様式の変化による労働組合に非加入の正社員の増加などが指摘されています。

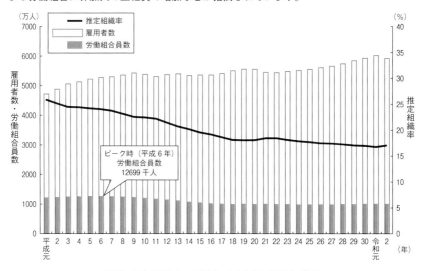

（出所）　厚生労働省（2021）「令和 3 年労働組合基礎調査の概況」

に直接携わる職種を指します。このような特徴は工職混合組合と呼ばれ，欧米ではあまり例がありません。

　第3に，組合役員は組合業務に専念する専従者と就業しながらの非専従者に分かれますが，専従者であっても使用者との雇用関係が維持される場合が多いことです。彼らを在籍専従者と呼び，専従期間中は休職扱いとするのが通例であり，任期終了後には復職します。

　第4に，上部組織からの独立性が高いことです。多くが上部組織である産業別の連合体組織に加盟していますが，加盟組合は各々独自の規約や財政，人事などにより運営されています。また，連合体組織の決定が加盟組合を拘束することは少なく，統一行動をとる場合も加盟組合の主体性が尊重されます。欧米では産業別労働組合が活動の中心的な役割を果たしており，企業内部に組合組織や産業別労働組合の支部が設置されている場合も，産業別労働組合による決定の拘束力が強く，独自の行動範囲は限定されています。

13.4　団体交渉と労使協議制

　集団的労使関係の枠組みとして，団体交渉と労使協議制があります。団体交渉とは，労働組合と使用者または使用者団体との間で労働者の労働条件や待遇，労使関係の運営について行う交渉のことであり，労働者が使用者と対等の立場に立ち労働条件や待遇を改善していくことができる重要な制度です。前述のとおり，日本では労働者の団体交渉権は日本国憲法第28条や労働組合法で保障されており，労働組合からの団体交渉の申し入れを使用者が正当な理由なく拒否することは不当労働行為にあたり，誠実に交渉に応じる義務があります。団体交渉において使用者は，労働組合の要求や主張に対し具体的な根拠や必要な資料を提示して回答や主張を行い，合意達成の可能性を模索する義務があるということです。また，双方の主張が対立したまま交渉が膠着状態になると，これを打開するために労働組合がストライキなどの争議行為を行う場合があり，これも前述の団体行動権（争議権）として保障されています。

■図表 13-3-2　労働組合組織率の国際比較

労働組合の組織率には国や地域に差がみられます。組織率が高い国としてアイスランドやスウェーデン，ベルギーが，低い国にはフランスやアメリカ，トルコなどがあります。

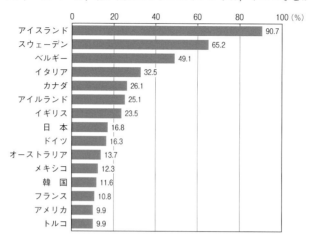

(注)　フランスは 2016 年，オーストラリアと韓国は 2018 年，その他は 2019 年の数値。
(出所)　OECD「Trade union density」をもとに筆者作成

■図表 13-4-1　労使間の交渉内容

過去 3 年間に「何らかの労使間の交渉があった」事項として，「賃金・退職給付に関する事項」と「労働時間・休日・休暇に関する事項」が上位に挙げられています。

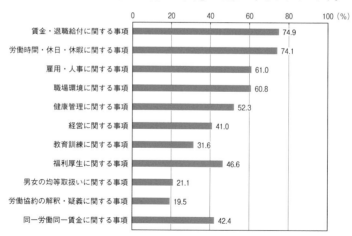

(出所)　厚生労働省（2020）「令和 2 年 労使間の交渉等に関する実態調査」をもとに筆者作成

団体交渉の対象事項の範囲については，労働組合法に明確な規定はなく，企業として処理しうる事項であって使用者側が任意に応じる限りどのような事項も団体交渉の対象事項になりますが，使用者側が応じない場合に不当労働行為が成立する事項を義務的団交事項と呼び，一般に過去の判例から「組合員である労働者の労働条件その他の待遇や当該団体的労使関係の運営に関する事項であって，使用者に処分可能なもの」と定義されます。具体的には，労働者の労働条件や待遇に関する事項として賃金，労働時間，休日・休暇，安全衛生，災害補償，教育訓練，評価制度などが，集団的労使関係の運営に関する事項として組合員の範囲，団体交渉や争議行為の手続き，組合活動への便宜供与，ユニオン・ショップなどがあります。経営や生産に関する事項は，義務的団交事項ではありませんが，労働者の労働条件や待遇に影響を及ぼす場合はその限りにおいて団体交渉の対象となります。団体交渉で合意に達した内容を書面で取り交わしたものが前述した労働協約であり，就業規則や労働者個々の労働契約に優先して効力が与えられています。労働協約が締結されると，その有効期間中は労使双方が合意内容を遵守することになり，労働者は一定の労働条件が保障され，使用者も労使関係の安定を維持することができるのです（図表13-4-1）。

　団体交渉の例として「春闘」があります。日本では毎年2〜3月の春季に，労働組合がナショナル・センターや産業別の連合団体の指導・調整のもと，4月以降新年度の賃金水準の引上げを使用者に要求し，足並みをそろえて団体交渉を行います。この春闘方式は，日本において1955年を起源に半世紀以上の歴史があり，通常はパターンセッターと呼ばれる賃金水準の引上げ見込みの高い産業別連合体組織や企業別労働組合が先行して交渉を行い，使用者側からより良い回答を引き出し賃金相場を形成したうえで，それを幅広い産業や中小企業の団体交渉に波及させます。労働組合のない企業もそれに準じて賃金を決定することになり，また近年は賃金以外の多様な労働条件や待遇を交渉対象としています（図表13-4-2）。

　集団的労使関係においては，労使協議制も活用されます。労使協議制とは，労働者の集団と使用者が経営や生産，労働条件，待遇，福利厚生などの諸課題について協議する手続きのことであり，団体交渉とは区別されるものです。

国や産業レベルで全体方針や要求水準を決定し，企業レベルで団体交渉が行われます。

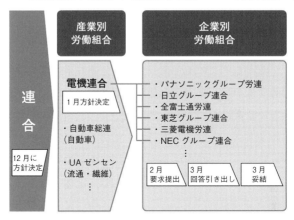

（出所）労働組合 電機連合オフィシャルサイト（https://www.jeju.or.jp）（2022年12月27日アクセス）

BOX13.1　トヨタ，異例の春季交渉続く　ベア非開示・交渉一部公開

　トヨタ自動車の春季労使交渉が例年と異なる様相だ。2019年春は会社側も組合側もベースアップ（ベア）に相当する賃金改善分の実額を非公表とする姿勢のまま交渉に入った。会社側は自社の情報発信サイトで内容を即時に一部公開する取り組みも始めた。ベア非開示で賃金相場の先導役を降りたい思惑と，賃金水準以外の課題を多く議論している点を訴求したい狙いがあるようだ。

　（中略）13日の回答日に向け，今春は例年にない交渉風景がみられる。1つはベアの非開示だ。今春の交渉で労使が足並みをそろえた。グループ会社の交渉が親会社見合いで賃上げを低めに設定する慣行を改めて，格差を縮めるのが主な目的だ。「全員一律に賃金を改善する必要性は，これからよく考えていかなければいけない」。人事担当幹部は交渉でこう強調した。賃上げ自体は否定していないが，改善分について「成長し続ける人，頑張った人にまず報いたい」と説明する。一方で組合は「配分がゼロになる人が出ることは受け入れられない。一時金も満額を求めていく」と会社側をけん制する。賃上げそのものの是非や水準感ではなく，「一律」を巡る労使の応酬が顕著になっている。

　交渉の様子を自社サイトで公開する点も異例だ。トヨタの交渉は原則，一定の役職以上の幹部全員と組合執行部，各職場の代表者などが出席し総勢300人を超える人が一堂に会する。「競争力強化やプロ人材の育成など，トヨタの交渉では賃金水準以外の課題に大半の時間を割いていることを知ってほしい」とある幹部は公開の狙いを話す。

（出所）日本経済新聞2019年3月9日より抜粋

日本では労使間の合意による自主的手続きとして，一般に労使協議会や経営協議会などの名称で呼ばれる常設的な機関が主として企業単位で設置されます。事業所・職場単位の設置や，下部組織として専門委員会（生産性委員会，福利厚生委員会，安全衛生委員会等）が設置される場合もあり，また多くの産業に労使会議や労使懇談会などの産業別労使協議機関が設置されています。労働組合が組織されている企業の大半に労使協議機関も設置されていることから，労働者側の役割を労働組合が担うのが一般的ですが，労働組合が組織されていない企業においても労使協議機関の設置はみられます。

　前述した団体交渉は，労使の利害対立を前提として賃金のような主に労使間の資源分配の問題を，法制度に基づき争議行為も視野に入れながら合意形成を行うものです。これに対して労使協議制は，団体交渉事項にこだわらず経営戦略や設備投資，事業計画などの経営や生産に関する事項も幅広く取り上げ，争議行為を想定しない合意形成や情報共有，意見交換を行うものであり，労使の協力や相互理解のための場でもあります（図表13-4-3）。労使協議制は団体交渉との関係から，団体交渉の開始に先立って情報開示や意向打診を行うものや，団体交渉に代替して団体交渉事項を解決するもの，団体交渉事項と区別して経営・生産事項を協議するものなどがあります。また，非公式の協議もあり，例えば前述のとおり労働条件に影響を与える設備投資や事業計画は義務的団交事項となりますが，労働組合が実質的に意味のある団体交渉を行うためには，その計画等が変更可能な時点で協議しておく必要があります。しかし，使用者にとっては早期に公式の提案を行うことは経営の自由度を損なうことにもなるため，両者の妥協点として，非公式の事前協議が慣行として行われるのです。このように労使協議制は，団体交渉と並んで労使間の諸問題を解決するための重要な手段となっています。

13.5　個別的労使関係と苦情処理

　前述のとおり労使関係には集団的労使関係に加えて個別的労使関係があり，近年その重要性が高まっています。これは，集団的労使関係の枠組みでは対

BOX13.2　味の素，休日2日増　出勤日数を年241日に固定

　味の素は春季労使交渉で2019年度以降の出勤義務日数を年241日に固定化することで労働組合と妥結した。年平均で休日が2日増えるため，年間の所定労働時間は14.5時間減る。ベースアップ（ベア）はゼロで妥結したが，経営側は働く時間が減るため「賃金換算で約2900円（0.8％）のベアに相当する」と説明している。

　同社は，働き方改革を進め，20年をメドに年間総労働時間を1750時間とすることを目標に掲げている。労組側から「暦によって出勤義務日数や年間休日数が変わると，長時間労働の是正に向けた計画が立てづらい。出勤義務日数を241日に固定化してほしい」との要求があったという。

　正社員約4000人が対象。18年度の定期昇給分は平均約8400円で，月例の賃上げ率は2.4％となる。

　5月2日を全社休日化し，ゴールデンウイークに長期で休日を取得しやすくした。

（出所）　日本経済新聞 2018年3月13日

■図表13-4-3　**労使協議制における付議事項と事業所割合**

　労使協議制においては，労働条件や賃金だけでなく生産性向上や経営に関する事項などの幅広い内容が付議事項とされ，労使で協議されています。

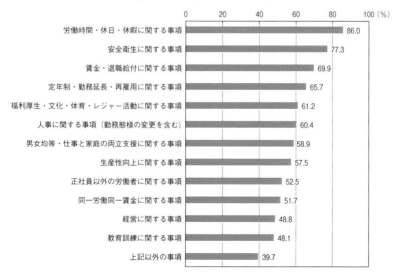

（出所）　厚生労働省（2019）「令和元年 労使コミュニケーション調査」（事業所調査）をもとに筆者作成

応の難しい問題が増えていることが背景にあります。賃金を例にとると，従来は前述の春闘を通じて組合員全体の賃金水準を一律に引き上げるベースアップや，年齢や勤続年数に応じた定期昇給が実施されてきましたが，近年は労働者個人の能力や成果を重視して個別に賃金に反映させる制度に移行してきており，個々人の評価や賃金額，賃金格差の公平性や納得性など，労働者個人と使用者との間の個別的な問題が増加しているのです。また，労働組合の組織率が低下していることも，個別的労使関係の重要性を高めています。就業形態の多様化や労働者の価値観や行動様式の変化などにより非正社員や労働組合に加入しない正社員が増えており，労働者個人が自身の労働条件や待遇の改善を使用者と個別に交渉する必要があるのです。

　個別的労使関係は，集団的労使関係と比較して以下の2点が重要になります。1つは，職場の管理者です。前述のとおり部長や課長などの職場の管理者は，使用者の立場で部下の従業員に対応する必要があり，また個々の労働者の処遇や就業環境の問題に対処できるのは，経営者よりも職場で日常的にかかわる管理者です。職場の管理者には，従業員と日常的なコミュニケーションをとり信頼関係を築きながら，評価面談などの機会を活用して労働者個々人の現状や要望を把握し，具体的な問題解決を図ることが求められます。

　もう1つは，苦情処理機関です。労働者個人の日常の労働条件・待遇への不平不満や労働協約・就業規則などの解釈適用に関する苦情の大半は，まずは職場の管理者へ相談し解決しようとします。しかし，職場内での話し合いで解決できない場合も多いことから，それらの苦情を処理する目的で労使により設置されるのが，相談窓口や苦情処理委員会などの苦情処理機関です。苦情処理機関には，苦情の申し立てを理由に不利益な取り扱いをしないことや秘密の厳守が重要であり，迅速かつ公正で実情に即した問題解決を図ることが求められます。なお，企業内で自主的解決が望めない場合には，都道府県労働局などの個別労働紛争解決制度や裁判所の労働審判制度などが整備されており，これらの外部の機関を利用することができます。

民事上の個別労働紛争の相談内容は，「いじめ・嫌がらせ」が最も多く，「自己都合退職」「解雇」「労働条件の引下げ」などが続いています。

ほか　計 128,744		
雇止め	13,110	(3.8%)
出向・配置転換	10,163	(3.0%)
雇用管理等	7,107	(2.1%)
募集・採用	2,803	(0.8%)
採用内定取消	1,995	(0.6%)
その他の労働条件	52,487	(15.3%)
その他	41,079	(12.0%)

令和元年度
民事上の個別労働紛争
相談件数
計 342,966 件
（※内訳述べ合計件数）

いじめ・嫌がらせ
87,570
(25.5%)

自己都合退職
40,081
(11.7%)

解雇
34,561
(10.1%)

退職勧奨
22,752
(6.6%)

労働条件の引下げ
29,258
(8.5%)

（出所）　厚生労働省（2020）「令和元年 度個別労働紛争解決制度の施行状況」

■図表13-5-2　ワークルールに関する理解

良好な労使関係を構築するうえで，労働者のワークルール（労働に関する法律や制度）に関する理解を促進する取り組みが労使双方に望まれます。

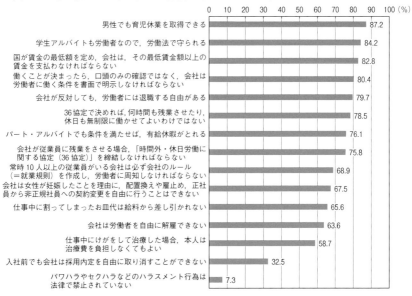

項目	正答率 (%)
男性でも育児休業を取得できる	87.2
学生アルバイトも労働者なので，労働法で守られる	84.2
国が賃金の最低額を定め，会社は，その最低賃金額以上の賃金を支払わなければならない	82.8
働くことが決まったら，口頭のみの確認ではなく，会社は労働者に働く条件を書面で明示しなければならない	80.4
会社が反対しても，労働者には退職する自由がある	79.7
36協定で決めれば，何時間も残業させたり，休日も無制限に働かせてよいわけではない	78.5
パート・アルバイトでも条件を満たせば，有給休暇がとれる	76.1
会社が従業員に残業をさせる場合，「時間外・休日労働に関する協定（36協定）」を締結しなければならない	75.8
常時10人以上の従業員がいる会社は必ず会社のルール（＝就業規則）を作成し，労働者に周知しなければならない	68.9
会社は女性が妊娠したことを理由に，配置換えや雇止め，正社員から非正規社員への契約変更を自由に行うことはできない	67.5
仕事中に割ってしまったお皿代は給料から差し引かれない	65.6
会社は労働者を自由に解雇できない	63.6
仕事中にけがをして治療した場合，本人は治療費を負担しなくてもよい	58.7
入社前でも会社は採用内定を自由に取り消すことができない	32.5
パワハラやセクハラなどのハラスメント行為は法律で禁止されていない	7.3

（注）　数字は正答率
（出所）　連合（2018）「20代のワークルールに関する意識・認識調査」をもとに筆者作成

13.6　HRMと労使関係管理

　HRMを円滑に実践するうえで，労使関係は重要な役割を果たします。**第1章**で前述したようにHRMの目的は，従業員（労働者）を活用して企業（使用者）の経済・社会活動に貢献することです。従業員は，企業組織の構成員として企業経営のあらゆる活動に必要とされ，また企業のステークホルダーに対する社会活動の観点からは，そのステークホルダーの一員でもあります。HRMには，経営環境の変化に対応しながら多様化する従業員との信頼関係を構築し，企業と従業員が共に成長する健全で協調的な労使関係を形成することが求められます。そして，そのためにはHRMにおける労使関係管理として，①従業員への情報発信，②従業員との対話，③従業員の意思や行動の尊重の三点が重要になります。

　①従業員への情報発信

　経営者が企業理念や経営戦略，HRMの方針を明確にしたうえで，従業員に対して積極的にメッセージを発信し，また経営状況や企業を取り巻く外部環境などの情報を開示・提供することにより，労使双方の成長の方向性を同じくしHRMを実践していくことができます。また，労使協議制の活用や人事部，職場の管理者によって具体的な課題や施策を提示することにより，HRMの意義や有効性を労使間で共有することができます。これは，企業経営に対する従業員の関心を高め，個々人が経営のあらゆる活動にかかわる一員であるという当事者意識の醸成にも寄与します。

　②従業員との対話

　経営者が団体交渉や労使協議制を通じて従業員との建設的な対話を進めることにより，HRMの優先課題を特定し労使協力して改善を重ねていくことができます。また，経営者と従業員との直接対話や職場の管理者と部下従業員との面談において，率直な意見交換を行い相互理解を深めることにより，HRMの説得力を高め労使双方の行動変容を促すことができます。これは，従業員の動機づけや職場への定着にもつながり，従業員が企業活動へ主体的，意欲的に取り組むようになります。

BOX13.3　フリーランスユニオン発足　働き手保護に多様なニーズ

　フリーランスが働きやすい法的な環境整備を求める動きが活発になっている。このたび報酬最低保障や団体交渉など労働者に認められる権利の強化を目指す任意団体「フリーランスユニオン」が発足。一方，エンジニアなど専門職の間には，契約条件の明示化など事業者としての保護を望む声も高まる。政府は新法の整備も進めるが，働き手の多様さに配慮したきめ細かな制度設計が求められる。

　「雇われている人と働き方は大して違わないのに，権利に雲泥の差がある」。5月下旬に発足した「フリーランスユニオン」の土屋俊明共同代表は訴える。同組織は「ウーバーイーツユニオン」や「ヤマハ音楽講師ユニオン」など3労組の有志らが「フリーランスの無権利状態」の是正を目指し立ち上げた任意団体。料理宅配員やインストラクターなど参加者の職業は様々だが，いずれも業務委託など雇用以外の働き手だ。

　雇用者が標準の日本の労働法では基本的にフリーランスは保護されない。最低賃金や企業が保険料を負担する労災保険，育休・産休制度などは対象外だ。新組織は，フリーランスと雇用者との社会保障の格差改善を政府などに訴える。

　団体交渉権の強化も求める。労働組合法は，雇用以外の働き手でも一定の「労働者性」があれば団体交渉を認めるが，労働者性の立証責任は働き手側にある。ウーバーイーツユニオンも2019年の発足以来，業務を仲介する米系企業に労働条件の改善を求めるが，企業側は「労働者性がない」として交渉に応じない。フリーランスユニオンは，企業側の団交応諾義務の法制化を目指している。

　一方，事業者としての側面から制度の拡充を求める動きも出ている。17年に設立したプロフェッショナル＆パラレルキャリア・フリーランス協会（東京・中央）は出産時の支援制度の拡充などを求めるのはユニオンと同様だが，発注者との契約条件の明示化など，事業者としての権利を強化するルール整備を重視する。約6万7千人の会員にはエンジニアやクリエーターなど高度専門職も含まれる。平田麻莉代表理事は「フリーランスは事業リスクも負う自律的な働き方だ。労働者としての保護を求めれば，労働時間規制の強化などで働き方の柔軟性が損なわれかねない」と話す。人材サービスのランサーズによると，21年の国内フリーランス人口（副業者など含む）は19年時点と比べて4割増の約1577万人。新型コロナウイルス下の雇用不安やテレワーク定着で急増した。政府の「新しい資本主義実現会議」は21年秋，フリーランス保護新法を早期に国会に提出する方針を示した。交渉力のある自営業者から最低賃金以下の報酬を強いられる宅配員までフリーランスは幅広い。適用される法制の整備には，多彩な実態とニーズの把握が不可欠となる。

各団体が求めるフリーランス保護の主な内容

フリーランスユニオン	・労災保険（一般）や傷病手当金などに相当する社会保障制度の構築 ・報酬最低保障の仕組み ・発注企業側の団体交渉応諾義務
プロフェッショナル＆パラレルキャリア・フリーランス協会	・発注者との契約条件明示の義務化 ・アシスタントを雇用する個人事業主などへの配慮 ・労働時間規制などに束縛されない柔軟な働き方

（出所）　日本経済新聞 2022 年 6 月 18 日

③従業員の意思や行動の尊重

　経営者が従業員の多様な価値観を積極的に取り込むことにより，HRM を変革し労使双方を持続的に成長させることができます。また，人事部や職場の管理者が従業員個々人と丁寧に向き合い，多様な個人が活躍できる支援や施策を推進することにより，HRM が活性化し労使双方の価値を向上させることができます。これは，従業員の自律的なキャリア形成と企業の新たな価値創造を促進することにもなります。

　HRM は，経営戦略の実現や組織能力の蓄積といった企業の経済活動への貢献と，社会的責任の遂行やサステナビリティの追求といったステークホルダーに対する社会活動への貢献のバランスをとりながら，当面の短期と将来に向けた長期の両視点で人的資源を確保し活用する活動です。従業員の人的資源としての価値を最大化するために，採用や育成，評価，処遇といった機能を有機的に結び付けて，経営戦略やビジネスモデルと連動し一貫した取り組みにする必要があります。そのためには，HRM の実践者である経営者や人事部，職場の管理者，また労働組合も巻き込んだ連携と，従業員との円滑なコミュニケーションが不可欠であり，労使間のコミュニケーションを積み重ね信頼関係を構築する労使関係管理は，HRM を実践する基盤といえます。

参 考 文 献

第 1 章　企業経営とヒューマン・リソース・マネジメント（HRM）

今野浩一郎・佐藤博樹（2022）.『マネジメント・テキスト 人事管理入門（新装版)』日本
　　経済新聞出版.
上林憲雄・厨子直之・森田雅也（2018）.『経験から学ぶ 人的資源管理（新版)』有斐閣.
佐藤博樹・藤村博之・八代充史（2019）.『新しい人事労務管理（第 6 版)』有斐閣.
島貫智行（2022）.「第 1 章　人的資源管理とは何か」西村孝史・島貫智行・西岡由美編著
　　『1 からの人的資源管理』碩学社，1–14.
デイビッド・ウルリッチ（梅津祐良訳）（1997）.『MBA の人材戦略』日本能率協会マネジ
　　メントセンター．（Ulrich, D. (1996). *Human Resource Champions: The Next Agenda for
　　Adding Value and Delivering Results*. Brighton: Harvard Business Review Press.）
平野光俊・江夏幾多郎（2018）.『人事管理：人と企業，ともに活きるために』有斐閣.
守島基博（2004）.『人材マネジメント入門』日本経済新聞出版社.

第 2 章　戦 略 人 事

江夏幾多郎・林有珍・西村孝史・守島基博（2007）.「「ヤマトは我なり」：コア競争力の源
　　泉としてのセールスドライバーのマネジメント」『日本労働研究雑誌』49(4)，48–52.
大和香織・市川雄介（2013）.「わが国サービス業の生産性：2000 年代後半の企業データを
　　用いた生産性動向と高生産性企業の特性分析」『みずほ総研論集』2013(1)，17–34.
守島基博（2021）.『全員戦力化　戦略人材不足と組織力開発』日本経済新聞出版.

第 3 章　雇用区分制度と社員格付け制度

石田英夫（1989）.『企業と人材』放送大学教育振興会.
今野浩一郎・佐藤博樹（2020）.『人事管理入門（第 3 版)』日本経済新聞出版.
佐藤博樹・藤村博之・八代充史（2019）.『新しい人事労務管理（第 6 版)』有斐閣.
坪谷邦生（2020）.『図解 人材マネジメント入門：人事の基礎をゼロからおさえておきた
　　い人のための「理論と実践」100 のツボ』ディスカヴァー・トゥエンティワン.
西村孝史・島貫智行・西岡由美編著（2022）.『1 からの人的資源管理』碩学舎.
濱口桂一郎（2009）.『新しい労働社会：雇用システムの再構築へ』岩波書店.
平野光俊（2010）.「社員格付制度の変容」『日本労働研究雑誌』597，74–77.
守島基博（2010）.『人材の複雑方程式』日本経済新聞出版社.

第4章　採用と定着

高橋弘司（1993）．「組織社会化研究をめぐる諸問題」『経営行動科学』8(1)，1–22.

リクルートワークス研究所（2010）．「『新卒採用』の潮流と課題：今後の大卒新卒採用の
　　あり方を検討する」．

労働政策研究・研修機構（2019）．「若年者の離職状況と離職後のキャリア形成Ⅱ」．

第5章　人材育成とキャリア

今野浩一郎・佐藤博樹（2020）．『人事管理入門（第3版）』日本経済新聞出版.

金井壽宏（2002）．『働くひとのためのキャリア・デザイン』PHP研究所.

金井壽宏・古野庸一（2001）．「「一皮むける経験」とリーダーシップ開発：知的競争力の
　　源泉としてのミドルの育成」『一橋ビジネスレビュー』49(1)，48–67.

金井壽宏・守島基博・金井則人（2003）．「リーダーシップ開発とキャリア発達：選抜型の
　　次期経営幹部の育成をめぐる理論と実践」『一橋ビジネスレビュー』51(1)，66–83.

小池和男（2005）．『仕事の経済学（第3版）』東洋経済新報社.

佐藤博樹・藤村博之・八代充史（2019）．『新しい人事労務管理（第6版）』有斐閣.

田尾雅夫（1999）．『組織の心理学（新版）』有斐閣.

西村孝史・島貫智行・西岡由美編著（2022）．『1からの人的資源管理』碩学舎.

本野省三（1995）．「トヨタ生産方式と能力開発」『生産管理』2(1)，76–83.

Becker, G. S. (1964). *Human capital: A theoretical and empirical analysis, with special reference
　　to education*. New York: National Bureau of Economic Research. （佐野陽子訳『人的資
　　本：教育を中心とした理論的・経験的分析』東洋経済新報社，1976年.）

Katz, R. L. (1974). Skills of an Effective Administrator. *Harvard Business Review*, 52(5), 90–
　　101. （「スキル・アプローチによる優秀な管理者への道」『DIAMONDハーバード・ビ
　　ジネス』7(3)，75–89，1982年.）

Kirkpatrick, D. L. (1998). *Evaluating Training Programs: The Four Levels*, 2nd edition. San
　　Francisco: Berrett-Koehler Publishers.

第6章　人事評価

今城志保（2017）．「「正確性の追求」から「パフォーマンスの向上」へ」『RMS Message』
　　45，7–10.

遠藤公嗣（1999）．『日本の人事査定』ミネルヴァ書房.

髙橋潔（2010）．『人事評価の総合科学：努力と能力と行動の評価』白桃書房.

日経連能力主義管理研究会（1969=2001）．『能力主義管理：その理論と実践』日本経団連
　　出版.

日本労働研究機構（1998）．『管理職層の雇用管理システムに関する総合的研究（下）：非
　　製造業・アンケート調査・総括編』．

平野光俊・江夏幾多郎（2018）．『人事管理：人と企業，ともに活きるために』有斐閣.

Adams, J. S. (1965). Inequity in social exchange. In Berkowitz, L. (ed.), *Advances in
　　Experimental Social Psychology*, 2, 267–299. Cambridge: Academic Press.

Armstrong, M., & Baron, A. (2004). *Managing performance: Performance management in action*. London: Chartered Institute of Personnel & Development.

Buckingham, M. & Goodall, A. (2015). Reinventing performance management. *Harvard Business Review*, 2015(4), 40–50.（倉田幸信訳「社員の成長につながる人事評価システムをつくる：信頼できる評価に必要な 4 つの項目」『ダイヤモンド・ハーバード・ビジネス・レビュー』2015(10)，15–26.）

Lawler, E. E. Ⅲ (1971). *Pay and organizational effectiveness: A psychological view*. New York: McGraw-Hill.

Lind, A. E., & Tyler, T. R. (1988). *The social psychology of procedural justice*. New York: Plenum.

Muller, J. Z. (2018). *The tyranny of metrics*. Princeton: Princeton University Press.（松本裕訳『測りすぎ：なぜパフォーマンス評価は失敗するのか？』みすず書房，2019 年.）

第 7 章　報 酬 管 理

厚生労働省（2021).「令和 3 年 就労条件総合調査」.

平野光俊・江夏幾多郎（2018).『人事管理：人と企業，ともに活きるために』有斐閣.

守島基博（2006).「成果主義に未来はあるか」労務行政研究所編『人事管理の未来予想図：10 年後の働き方，成果主義と組織改革のゆくえ（労政時報 別冊）』労務行政研究所，143–155.

連合総合生活開発研究所（2012).『日本の賃金：歴史と展望 調査報告書』.

Abegglen, J. C. (1958). *The Japanese factory: Aspects of its social organization*. Glencoe: Free Press.（占部都美監訳『日本の経営』ダイヤモンド社，1958 年）

Deci, E. L., & Ryan, R. M. (1985). *Intrinsic motivation and self-determination in human behavior*. New York: Plenum Press.

経済産業省（2022).「第 2 回 未来人材会議：資料 3 事務局資料」.
https://www.meti.go.jp/shingikai/economy/mirai_jinzai/002.html（2022 年 8 月 7 日アクセス）

第 8 章　昇進管理と異動・配置

一瀬敏弘（2013).「警察官僚の昇進構造：警察庁のキャリアデータに基づく実証分析」『日本労働研究雑誌』637，33–47.

今野浩一郎・佐藤博樹（2020).『マネジメント・テキスト 人事管理入門（第 3 版）』日本経済新聞出版.

エドガー H. シャイン，ジョン・ヴァン=マーネン（木村琢磨監・尾川丈一・藤田廣志訳）（2015).『キャリア・マネジメント——パーティシパント・ワークブック：変わり続ける仕事とキャリア』白桃書房.（Schein, E. H. & Van Maanen, J. (2013). *Career Anchors: The Changing Nature of Work & Careers, Participant Workbook*, 4th edition. Pfeiffer.）

小池和男（1981).『日本の熟練：すぐれた人材育成システム』有斐閣.

小池和男（2005).『仕事の経済学（第 3 版）』東洋経済新報社.

佐藤博樹（1995）.「新しい働き方と人事管理」連合総合生活開発研究所編『新しい働き方の創造をめざして』連合総合生活開発研究所, 36-55.

佐藤博樹・藤村博之・八代充史（2019）.『新しい人事労務管理（第6版）』有斐閣.

佐藤博樹・八代充史・藤村博之（2006）.『マテリアル人事労務管理（新版）』有斐閣.

Watts, D. J. (2003). *Six Degrees: The Science of a Connected Age*. New York: W.W.Norton & Company.（辻竜平・友知政樹訳『スモールワールド・ネットワーク〔増補改訂版〕：世界をつなぐ「6次」の科学』筑摩書房, 2016年）

南雲智映（2022）.「日本的経営の成り立ち」西村孝史・島貫智行・西岡由美編著『1からの人的資源管理』碩学舎, 29-42.

西村孝史（2020）.「配置転換・転勤」労務行政研究所編『戦略人事イノベーション：企業競争力を高めるこれからの人事部の在り方』労務行政, 169-180.

花田光世（1987）.「人事制度における競争原理の実態：昇進・昇格のシステムからみた日本企業の人事戦略」『組織科学』21(2), 44-53.

守島基博（2021）.『全員戦力化：戦略寺内不足と組織力開発』日本経済新聞出版.

守島基博・島貫智行・西村孝史・坂爪洋美（2006）.「事業経営者のキャリアと育成：「BU長のキャリア」データベースの分析」一橋大学日本企業研究センター編『日本企業研究のフロンティア2』有斐閣, 31-52.

労働政策研究・研修機構（2016）.「企業の転勤の実態に関する調査」調査シリーズNo. 174

Rosenbaum, James E. (1984). *Career Mobility in a Corporate Hierarchy*. London: Academic Press.

Schein, Edgar. H. (1971). The individual, the organization, and the career: A conceptual scheme. *Journal of Applied Behavioral Science*, 7(4), 401-426.

厚生労働省（2017）.「転勤に関する雇用管理のヒントと手法」.
https://www.mhlw.go.jp/stf/houdou/0000158686.html（2021年8月10日アクセス）

第9章　高年齢者と退職管理

柳澤武（2016）.「高年齢者雇用の法政策：歴史と展望」『日本労働研究雑誌』58(9), 66-75.

公益財団法人産業雇用安定センター「雇用を守る出向支援プログラム2020〜在籍型出向制度〜のご案内」.
https://www.sangyokoyo.or.jp/important/p1ii5q0000002kwp.html（2022年8月27日アクセス）

マイナビ転職（2020）.「社会人の学び直しに関する実態・意識調査」.
https://tenshoku.mynavi.jp/knowhow/careertrend/03（2022年8月27日アクセス）

労働政策研究・研修機構（2020）.「高年齢者の雇用に関する調査（企業調査）」.
https://www.jil.go.jp/institute/research/2020/198.html（2022年8月27日アクセス）

第10章　労働時間管理とワーク・ライフ・バランス

池田心豪（2021）.『仕事と介護の両立（佐藤博樹・武石恵美子責任編集「シリーズ ダイ

バーシティ経営」）』中央経済社.

佐藤博樹・武石恵美子編著（2011).『ワーク・ライフ・バランスと働き方改革』勁草書房.

佐藤博樹・武石恵美子・坂爪洋美（2022).『多様な人材のマネジメント（佐藤博樹・武石
　恵美子責任編集「シリーズ ダイバーシティ経営」）』中央経済社.

佐藤博樹・松浦民恵・高見具広（2020).『働き方改革の基本（佐藤博樹・武石恵美子責任
　編集「シリーズ ダイバーシティ経営」）』中央経済社.

武石恵美子編（2009).『女性の働きかた（橘木俊詔・佐藤博樹監修「叢書・働くというこ
　と」第7巻）』ミネルヴァ書房.

松浦民恵（2022).「第10章　労働時間管理」西村孝史・島貫智行・西岡由美編著『1か
　らの人的資源管理』碩学社，153–167.

森田雅也（2018).「第14章　多様化する労働時間と場所を組織はどう管理するのか：裁
　量労働・在宅勤務」上林憲雄・厨子直之・森田雅也『経験から学ぶ 人的資源管理
　（新版）』有斐閣，333–359.

第11章　非正社員と人材ポートフォリオ

今野浩一郎・佐藤博樹（2020).『マネジメント・テキスト 人事管理入門（第3版）』日本
　経済新聞出版.

川口大司（2018).「雇用形態間賃金差の実証分析」『日本労働研究雑誌』701，4–16.

菅野百合・阿部次郎・宮塚 久編著，西村あさひ法律事務所 労働法グループ著（2021).
　『働き方改革とこれからの時代の労働法（第2版）』商事法務.

中村圭介（2015).「人材ポートフォリオの編成：スーパーと百貨店の事例研究から」『日
　本労務学会誌』16(1)，4–20.

西岡由美（2021).「日本企業の人材ポートフォリオ：仕事配分と賃金管理による検討」
　『日本労働研究雑誌』737，51–62.

西岡由美（2022).「社員区分制度と格付け制度」西村孝史・島貫智行・西岡由美編著『1
　からの人的資源管理』碩学舎，43–57.

日本経営者団体連盟（1995).　新・日本的経営システム等研究プロジェクト編『新時代の
　「日本的経営」：挑戦すべき方向とその具体策』.

Atkinson, John. (1985). Flexibility, Uncertainty and Manpower Management. *Institute of
　Manpower IMS Report*, 89.

Lepak, David. P., & Snell, Scott. A. (1999). The human resource architecture: Toward a
　theory of human capital allocation and development. *Academy of Management Review*,
　24(1), 31–48.

Ulrich, Dave. (1998). Intellectual capital=competence x commitment. *MIT Sloan Management
　Review*, 39(2), 15–26.

厚生労働省「労働契約法の改正について～有期労働契約の新しいルールができました～」.
　https://www. mhlw. go. jp/stf/seisakunitsuite/bunya/koyou_roudou/roudoukijun/keiyaku/
　kaisei/index.html（2022年1月5日アクセス）

厚生労働省「同一労働同一賃金特集ページ」.
　https://www.mhlw.go.jp/stf/seisakunitsuite/bunya/0000144972.html（2022年1月5日ア
　クセス）

厚生労働省（2021）「令和元年 就業形態の多様化に関する総合実態調査」．
　https://www.mhlw.go.jp/toukei/itiran/roudou/koyou/keitai/19/index.html（2022 年 1 月
　5 日アクセス）

第 12 章　国際経営とダイバーシティ・マネジメント

浅川和宏（2003）．『グローバル経営入門』日本経済新聞社．
大沢真知子（2015）．『女性はなぜ活躍できないのか』東洋経済新報社．
関口倫紀・竹内規彦・井口知栄（2016）．『国際人的資源管理』中央経済社．
Bartlett, C. A., & Ghoshal, S. (1998). *Managing across borders: The transnational solution*, 2nd
　edition. Boston: Harvard Business School.
Cavusgil, S. T., & Knight, G. (2009). *Born Global Firms: A New International Enterprise*. New
　York: Business Expert Press.（中村久人監訳，村瀬慶紀・萩原道雄訳『ボーングロー
　バル企業論：新タイプの国際中小・ベンチャー企業の出現』八千代出版，2013 年）
Collinson, S., & Rugman, A. M. (2008). The regional nature of Japanese multinational
　business. *Journal of international business studies*, 39(2), 215–230.
Dowling, P. J., Festing, M., & Engle, A. D. (2017). *International Human Resource Manage-
　ment*, 7th edition. Hampshire: Cengage Learning EMEA Andover.
Morgan, P. V. (1986). International human resource management: Fact or fiction. *Personnel
　Administrator*, 31(9), 43–47.
Rugman, A. M., & Verbeke, A. (2004). A perspective on regional and global strategies of
　multinational enterprises. *Journal of international business studies*, 35(1), 3–18.
Shore, L. M., Randel, A. E., Chung, B. G., Dean, M. A., Holcombe Ehrhart, K., & Singh, G.
　(2011). Inclusion and diversity in work groups: A review and model for future research.
　Journal of Management, 37(4), 1262–1289.
Van Knippenberg, D., & Schippers, M. C. (2007). Work group diversity. *Annual Review of
　Psychology*, 58, 515–541.

第 13 章　労使関係管理

青木宏之（2022）．「第 13 章　労使関係」西村孝史・島貫智行・西岡由美編著『1 からの
　人的資源管理』碩学社，183–197.
今野浩一郎・佐藤博樹（2022）．『マネジメント・テキスト 人事管理入門（新装版）』日本
　経済新聞出版．
久本憲夫編著（2009）．『労使コミュニケーション（橘木俊詔・佐藤博樹監修「叢書・働く
　ということ」第 5 巻）』ミネルヴァ書房．
福井直人（2016）．「第 14 章　労使関係」上林憲雄『ベーシックプラス 人的資源管理』中
　央経済社，216–231.
森田雅也（2018）．「第 10 章　組織は労働組合とどのようにかかわるのか：労使関係」上
　林憲雄・厨子直之・森田雅也『経験から学ぶ 人的資源管理（新版）』有斐閣，230–
　251.
リチャード・B・フリーマン，ジェームス・L・メドフ（島田晴雄・岸智子訳）（1987）．

『労働組合の活路』日本生産性本部．（Freeman, R. B. & Medoff, J. L. (1984). *What Do Unions Do?* New York: Basic Books.）

索　引

編著者・執筆者紹介（編著者・執筆章順）

守島　基博（もりしま　もとひろ）【編者：第2章】

学習院大学経済学部教授・一橋大学名誉教授

慶應義塾大学文学部社会学専攻卒業。米国イリノイ大学産業労使関係研究所博士課程修了。人的資源管理論で Ph.D. を取得。サイモン・フレーザー大学経営学部助教授，慶應義塾大学総合政策学部助教授，同大学院経営管理研究科教授，一橋大学大学院商学研究科教授等を経て現職。主な著書に『全員戦力化：戦略人材不足と組織力開発』（日本経済新聞出版社，2021年）。

島貫　智行（しまぬき　ともゆき）【編者：第1・10・13章】

一橋大学大学院経営管理研究科教授

慶應義塾大学法学部卒業。総合商社人事部門勤務を経て，大学院に進学。一橋大学大学院商学研究科博士後期課程単位取得退学。一橋大学博士（商学）。山梨学院大学現代ビジネス学部専任講師，一橋大学大学院商学研究科専任講師・准教授を経て現職。主な著書に『派遣労働という働き方：市場と組織の間隙』（有斐閣，2017年）。

鳥取部　真己（とっとりべ　まき）【第3・5章】

北九州市立大学大学院マネジメント研究科教授

慶應義塾大学経済学部卒業。三菱電機株式会社にて総務・人事業務に従事後，大学院に進学。一橋大学大学院商学研究科博士後期課程単位取得退学。一橋大学博士（商学）。名古屋商科大学経営学部准教授，九州産業大学商学部准教授を経て現職。主な論文に「新事業を創造する技術者は育成できるか」『一橋ビジネスレビュー』64(1)，pp.24-36（2016年）。

初見　康行（はつみ　やすゆき）【第4章】

多摩大学経営情報学部准教授

同志社大学文学部卒業。株式会社リクルート HR マーケティングにて法人営業，人事業務に従事後，大学院に進学。一橋大学大学院商学研究科博士後期課程単位取得退学。一橋大学博士（商学）。いわき明星大学（現：医療創生大学）准教授を経て現職。主な著書に『若年者の早期離職：時代背景と職場の人間関係が及ぼす影響』（中央経済社，2018年）。

江夏　幾多郎（えなつ　いくたろう）【第6・7章】

神戸大学経済経営研究所准教授
一橋大学商学部卒業。一橋大学大学院商学研究科博士後期課程単位取得退学。一橋大学博士（商学）。名古屋大学大学院経済学研究科講師・准教授を経て現職。主な著書に『人事評価における「曖昧」と「納得』』（NHK出版，2014年）。

西村　孝史（にしむら　たかし）【第8・11章】

東京都立大学大学院経営学研究科准教授
株式会社日立製作所にて人事業務に従事後，大学院に進学。一橋大学大学院商学研究科博士後期課程単位取得退学。一橋大学博士（商学）。徳島大学総合科学部准教授，東京理科大学経営学部准教授を経て現職。その間 Henley Business School of Reading に visiting scholar として滞在。主な編著書に『1からの人的資源管理』（共編著，碩学舎，2022年）。

中野　浩一（なかの　こういち）【第9章】

共栄大学国際経営学部専任講師
一橋大学商学部卒業。一橋大学大学院商学研究科博士後期課程単位取得退学。一橋大学修士（商学）。流通経済大学就職支援センター専任所員を経て現職。主な論文に「認知的クラフティングに関する一考察」『流通経済大学社会学部論叢』32(2)，pp.31-42（2022年）。

林　有珍（いむ　ゆじん）【第10章】

一橋大学大学院商学研究科博士後期課程修了。一橋大学博士（商学）。一橋大学大学院商学研究科特任講師を経て山梨学院大学経営学部専任講師・准教授。主な論文に「The positive and negative effects of Work-Life Balance practice use」『山梨学院大学現代ビジネス研究』10，pp.65-78（共著，2017年）。

佐藤　佑樹（さとう　ゆうき）【第12章】

流通経済大学経済学部専任講師
一橋大学大学院商学研究科博士後期課程修了。一橋大学博士（商学）。一橋大学大学院商学研究科特任講師を経て現職。主な論文に「インクルージョン風土と従業員の創造性：知覚された組織的支援（POS）の媒介効果」『組織科学』54(1)，pp.16-31（共著，2020年）。

グラフィック経営学ライブラリ－5

グラフィック ヒューマン・リソース・マネジメント

2023 年 2 月 10 日 ©　　　　　　　初 版 発 行

編著者　守 島 基 博　　　　　発行者　森 平 敏 孝
　　　　島 貫 智 行　　　　　印刷者　小宮山恒敏

【発行】　　　株式会社　**新世社**
〒151-0051　東京都渋谷区千駄ヶ谷1丁目3番25号
編集☎(03)5474-8818(代)　　　サイエンスビル

【発売】　　　株式会社　**サイエンス社**
〒151-0051　東京都渋谷区千駄ヶ谷1丁目3番25号
営業☎(03)5474-8500(代)　　振替　00170-7-2387
FAX☎(03)5474-8900

印刷・製本　小宮山印刷工業(株)
《検印省略》

ISBN978-4-88384-364-0
PRINTED IN JAPAN

サイエンス社・新世社のホームページのご案内
https://www.saiensu.co.jp
ご意見・ご要望は
shin@saiensu.co.jp　まで.